小学数学理论透视

孙国春　编著

苏州大学出版社

图书在版编目(CIP)数据

小学数学理论透视 / 孙国春编著. —苏州：苏州大学出版社，2012.12(2024.1 重印)
ISBN 978-7-5672-0398-3

Ⅰ. ①小… Ⅱ. ①孙… Ⅲ. ①小学数学课—教学研究 Ⅳ. ①G623.502

中国版本图书馆 CIP 数据核字(2012)第 313109 号

小学数学理论透视
孙国春 编著
责任编辑 肖 荣

苏州大学出版社出版发行
(地址：苏州市十梓街 1 号 邮编：215006)
广东虎彩云印刷有限公司印装
(地址：东莞市虎门镇黄村社区厚虎路20号C幢一楼 邮编：523898)

开本 787 mm×960 mm 1/16 印张 16.5 字数 313 千
2012 年 12 月第 1 版 2024 年 1 月第 7 次印刷
ISBN 978-7-5672-0398-3 定价：49.80 元

苏州大学版图书若有印装错误，本社负责调换
苏州大学出版社营销部 电话：0512-67481020
苏州大学出版社网址 http://www.sudapress.com
苏州大学出版社邮箱 sdcbs@suda.edu.cn

序

学科知识是教师从事专业实践活动的基础.小学数学教师究竟应该拥有何种数学知识以及拥有多少数学知识才能胜任教学,目前尚难界定.在对小学课堂的大量现场观察中,我们发现,许多数学课堂教学存在着数学知识的纰漏或对数学知识的误读.实施新课改之后,一方面,小学数学的基本教学理念和课程教学内容发生了较大变化,增添了教师认识和解读小学数学课程内容的难度;另一方面,一些教师对新课改精神存在着偏颇的认识,将较多精力投放到“教学方式”与“学习方式”等外在形式的追求上,致使小学数学课堂在不经意间逐渐失去了应有的“数学味道”.这种现象在客观上违背了基础教育课程改革的初衷,阻碍了小学生创新能力的培养.往浅里说,是由教师对教学认识的偏差以及对课改精神的误读所致;往深里想,是因教师数学素养浅薄而丧失了学科判断力.由此可见,加强教师的本体性知识已经成为深化小学数学课程改革、提升小学数学教育质量的当务之急.

面对这种形势,一些高师小学教育专业数学与科学方向恢复了20世纪中师开设的“小学数学基础理论”课程,但这种做法显然不合时宜:其一,这门课程内容过于陈旧,不能覆盖现行小学数学课程标准新增的学科知识,如概率统计、几何变换等;其二,教材的学科化表达方式明显,叙述方式呆板,难以给教师解读、加工小学教材以方法上的启迪.有人试图通过编写小学数学疑难知识解析类资料的方式来解决问题,但这种努力的效果也不明显,虽然它可以帮助教师纠正过去对数学知识的误读,但是,采用查阅工具书的方式不能从根本上提升教师的学科认知,因而无法避免教师今后对数学知识的误读.因此,为在职以及未来小学数学教师提供兼具学科素养教育与教学实践指导的专业书籍,引导他们在提高学科认知的过程中改善专业实践品质,是数学教师及其他教育工作者义不容辞的责任.

眼前我们奉献给读者的《小学数学理论透视》一书,正是为了满足在职小学数学教师以及高师小学教育专业师范生提升数学学科素养与专业实践能力的实际需要而编写的.全书以《小学教师专业标准(试行)》(征求意见稿)为指导,以《全日制义务教育数学课程标准(2011版)》[书中简称《标准(2011)》]为依据,精心选择了现行小学数学课程中学科背景深厚、思想内涵丰富、抽象程度较高的“数系发展”“整除理论”“几何度量”“坐标思想”“图形变换”“方程与函数”“统计与概率”“极限思想”“数学建模”“解决问题的策略”等十个模块作为研究专题. 在撰写思路与价值定位上，本书根据数学学科的科学逻辑和数学发展的历史逻辑，重点阐述相关模块的学科背景、主干理论与本质联系，以帮助读者形成正确的数学观，领会并掌握数学的核心思想与通用方法；从学科理论的高度和知识系统的视域，深度剖析小学数学相关知识的内在结构、基本功能与关键难点，以帮助读者形成对小学数学的结构性认知与深度性理解；本着体现数学学科的科学要求和兼顾学生学力发展的原则，尝试提出小学数学相关知识的教学要点，以帮助读者科学处理小学数学教材，恰当把握小学阶段的数学教学要求.

在本书的撰写过程中，我们既尽量避免现行学科理论书籍脱离教学实践的“书院气”，又努力防止现行教学用书忽视理论品性的“工匠气”，力求在促进学科理论与教学实践的有机结合中彰显其学术特色和应用价值. 为了保证本书的质量和品位，我们采取了团队协作、集体攻关的方式，由孙国春任主编，负责全书的策划、撰写与审核工作，由曹军任副主编，负责部分内容的撰写与后期的统校工作，由于国海、王兴东、沈红霞、许冬云、顾新辉、刘加珍、丁海峰、曹建全、赵彦玲、许卫兵等参与本书的撰写与素材的收集工作. 全体撰写人员从立意到构思反复研讨，从选材到表达仔细推敲，力求达到本书既定的目标. 尽管我们非常用心，并数易其稿，但由于学力有限，时间仓促，书中难免存在疏漏、偏误，敬请广大读者批评指正.

目　录

第1章 数系发展

数学研究的基本对象是数量关系与空间形式，而数系则是数量关系研究的起点，空间形式的研究也离不开数系的发展. 因此，数系是数学科学逻辑体系的基石.

关于数系，人类最早认识的是自然数，其历史几乎与人类历史一样悠久，这也是现实世界中“实实在在”存在的数. 在自然数基础上逐步扩展形成的整数、有理数、实数，乃至复数、超复数等，本质上是更高层次的数学抽象. 数系扩展有其内在的逻辑过程，从数学科学的逻辑发展来看，通常是从自然数系开始，添加负整数，形成整数集合，再扩展成有理数系，添加无理数构成实数，再通过添加虚数扩展为复数. 但从数系发展的历史来看，当人们还普遍怀疑负整数也是一种数时，就已经在研究正的有理数与无理数，甚至已经开始使用复数了. 即是说，数系扩展的历史过程与逻辑过程有所不同. 例如，根据数系发展的历史顺序，分数的认识先于负数. 一开始认识的只是正的分数，是紧接非零自然数之后产生的.

本章首先介绍数系扩展的方法与原则，然后结合小学数学课程，从自然数系出发介绍数系扩展的逻辑脉络. 这些知识的学习有利于在高观点下形成对小学数学更为透彻的理解.

第1节　数系扩展的方法与原则

通常把对某种运算是封闭的数集叫作数系. 像自然数集 **N**、整数集 **Z**、有理数集 **Q**、实数集 **R** 和复数集 **C** 都是数系. 数学科学发展的基础就是数系的不断扩展. 数系扩展总是面临着某种实际需要，从数学科学本身发展的需要看，数系扩展的动力主要体现在两个方面：

(1) 某一运算的逆运算在原有数集中不能完全实施(如在自然数集中减法运算不能完全实施)；

(2) 某一方程在原有数集中无解(如 $x^2=-1$ 在 **R** 中无解).

1.1.1 数系扩展的方法与原则

数系扩展的方法一般有两种：

(1) 添加元素法. 即把新元素添加到已知数系中，形成新数系. 现行中小学教材通常采用这种方式.

(2) 构造集合法. 即按照代数结构的观点与比较严格的公理化方法，先从理论上构造一个集合，然后指出该集合的某个真子集与已知数系同构.

数系 A 扩展后得到新数系 B，不论采用哪种扩展方法，都应遵循以下原则：

(1) A 是 B 的真子集(即 $A\subsetneqq B$)；

(2) A 的元素间所定义的一些运算与基本关系，在 B 中被重新定义，而且对于 A 的元素来说，重新定义的运算和关系与 A 中原来的意义完全一致；

(3) 在 A 中不是总能施行的某种运算，在 B 中总能施行；

(4) 在同构意义下，B 应当是 A 的满足上述三条原则的最小扩展，而且由 A 唯一确定.

在上述四条原则中，第三条是最重要的.

1.1.2 群、环、域基本知识

不同的数系往往具有不同的代数结构. 常见的代数结构有半群、群、环、域. 这些不同的代数结构构成了数系的重要特征.

定义 1 一个非空集合 S，若在其上有一个二元运算"$*$"，满足结合律 $(a*b)*c=a*(b*c)$，则称 S 为半群.

半群 S 中如果有元素 e，对 $\forall a\in S$，都有 $a*e=e*a=a$，则称 e 是单位元.

例如，自然数系对加法与乘法均构成半群，并有加法单位元 0(这也是把 0 作为自然数的原因之一)，乘法单位元 1. 由于自然数系中的加法与乘法都是可以交换的，因此自然数系关于加法与乘法都构成交换半群.

定义 2 一个非空集合 G，若在其上有二元运算"$*$"，满足结合律，并存在单位元 e，也存在逆元素(即对任意 $a\in G$，都存在 a^{-1}，使得 $a*a^{-1}=a^{-1}*a=e$)，则称 G 为群.

根据定义 2，自然数系关于加法不能构成群，因为关于加法没有逆元. 当引进负整数后，自然数系扩展成整数系，每个整数 n 关于加法就有逆元了(即 $-n$). 因此，整数系关于加法构成群，并且是交换群. 但应注意，整数系关于乘法不能构成群，因为整数的逆元不是整数(± 1 除外).

定义 3 设 R 是一个具有加法与乘法两种运算的代数系统，关于加法是交换群，而且乘法对加法满足分配律，则称 R 为环.

根据定义 3，整数系构成环，由于整数乘法满足交换律，因此，整数系还是交换环.

定义 4　设 F 是一个具有加法与乘法两种运算的代数系统，如果对于加法与乘法都满足交换律与结合律，乘法对加法满足分配律；存在加法单位元(零元)，并且每个元素都有负元素；具有乘法单位元 e；最后，除了零元外，所有元素都有逆元素. 则称 F 为域.

根据定义 4，所有域必须是交换环. 如果交换环中的非零元都有逆元素，就成为域. 整数系是交换环，乘法单位元是 1，但由于整数系内关于乘法没有逆元素，因此，整数系还不是域. 添加分数后，每个非零数就都有逆元素. 因此，有理数系就是域了.

从以上论述可知，数系的逻辑扩展是基于运算的需要. 即是说，是为了使某种运算在新的数系中得以顺利施行. 例如，在自然数半群中减法不是总可以施行的，添加负整数构成整数环后，减法运算得以施行；但除法在整数环中又不是总可以施行，因此添加分数构成有理数域后，除法就通行无阻了. 到中学数学中，为了使正数总能开方而引进无理数，构成实数域；中学阶段最后的扩展是为了使负数也能开方，即把实数域扩展为复数域.

第 2 节　自然数系

自然数是数系扩展的基础，也是学习者积累数学知识的开端. 就小学数学来说，自然数及其四则运算是小学生数学学习的最基本内容之一，主要安排在第一学段，包括数的认识、数的表示、数的大小、数的运算、数量的估计等. 根据《标准(2011)》，这部分内容的教学应使学生“在运用数及适当的度量单位描述现实生活中的简单现象，以及对运算结果进行估计的过程中，发展数感”. 课程标准把“数感”列为十个关键词中首要的也是核心的关键词，并对“数感”的内涵进行了界定，指出“数感是指关于数与数量、数量关系、运算结果估计等方面的感悟”.

由此可见，课程标准突出了“数感”这一培养目标. 现行教材根据课程标准的这一理念，采用了多样化的处理方法. 如关于数概念的教学，注意“从日常生活中抽象出数”，力求使学生对现实生活中数的意义获得真实的理解. 关于四则运算，在使学生了解四则运算意义的同时掌握必要的运算技能，并且注重把计算问题置于现实生活或者具体情境中，以使学生对数的运用获得真切的感受.

虽然新课程关于自然数系的学习内容脉络分明、目标清晰，但教师在教学中依然存在一些难以把握的问题.如“0为什么是自然数?”“除法运算中为什么除数不能为0?”“加减法是否互为逆运算?”等等.教学中许多看似简单的内容,教师不仔细推敲往往也会出现一些问题.

案例 “5−2=3”的教学.(苏教版小学数学教科书一年级上册)

教学“5−2=3”的关键是对主题图中两幅连续图画的理解,明确原来有5个小朋友在给花浇水,后来走了2个小朋友,要我们计算还有几个小朋友在浇水.有位教师是这样教的:

师:原来有几个小朋友在给花浇水?

生:5个.(师板书5)

师:现在走了几个小朋友?

生:2个.(师板书2)

师:走了2个小朋友,就用减法算.(板书5−2)

然后交代减号名称,让学生认识减号.

师:还剩下几个小朋友在给花浇水?

生:3个.(师板书5−2=3)

最后教学读法.

上述思路看似清晰,仔细推敲存在如下问题:

(1) 主题图给学生创设了一个现实情境,引导学生在具体情境中解决问题,从而体会减法的含义.作为实际问题(过去教材称为“图画应用题”),解决之前必须先提出问题,上述教法中问题没有出现而算式却已确定,显然不科学.

(2) 决定该问题用减法的究竟是“走了”还是“去掉”或“求剩余”?求剩余用减法才是这一问题数量关系本质之所在.至于“走了2个小朋友”,仅仅是一个现象,现象是不能代替本质的.

(3) 减法算式应该是主题图的抽象,上述教法实际是对图意的解释,学生认识“5−2”的结果很大程度上不是通过思考得到的,而是从图中数出来的.即是说,学生的认识仍然停留在原有水平上,不能切实感受减法的实质是“从一个数里去掉一部分,求另一部分”.

从上述案例可以看出,为了避免自然数与四则运算教学中出现不科学的做法,需要在高观点指导下推敲小学数学教材与教学.

1.2.1 自然数的基数与序数理论

自然数虽然“自然”地存在于现实世界中,某种程度上可以说看得见摸得着,甚至小学生也可以通过自身的生活经验建立起朴素的自然数知识.但是自然数的数学意义却经历了漫长的认识过程. 在古代先人的生活实践中,由于记事和分配生活用品等方面的需要,才逐渐产生了数的概念. 比如,捕获了一头野兽,就用1块石子代表;捕获了3头,就放3块石子. 在我国,古有"结绳计数"与"刻画计数"(见《周易·系辞传下》);西方荷马史诗中也有"石子计数羊群"的故事;传说古代波斯王打仗时也常用绳子打结来计算天数.

系统的自然数系理论的构建,直到19世纪末、20世纪初才形成严格的基础. 这就是康托的基数理论与皮亚诺的序数理论. 现代数学通常使用集合语言来阐述自然数的基数与序数属性,并从集合论角度构建自然数的运算系统. 这一思想在小学数学教材中也得以通俗地呈现. 应用集合论基本原理构建自然数的基数理论,符合人们的认识规律,也有利于学习者获得更为清晰的理解. 关于集合论知识,如:属于、包含、子集、交集、并集、差集等概念,这里不再赘述.

我们知道,集合有有限与无限之分,而无限集又包括可数集与不可数集. 自然数可视为一切等价的有限集合的标记. 这里所说的等价集合即是彼此能够一一对应的两个集合,这里的标记就称为基数. 例如,三个人的集合、三只羊的集合、三棵树的集合,它们彼此都能一一对应,就用"3"表示. 即是说,基数就表示集合中元素的个数. 或者说,有限集合的基数(又称"势") 就是自然数. 如$\{a\}$的基数就是1,$\{a,b\}$的基数就是2,等等. 集合A的基数通常用符号card(A)表示. 但是,对于无限集合来说,基数或者说"元素的个数"不是一个确定的自然数,那是什么呢?

我们把全体自然数组成一个集合$\mathbf{N}$,$\mathbf{N}$是无限集,称其为可数集,并且把与$\mathbf{N}$等价的所有集合都称为可数集. 在离散数学中,可数集的基数用$\aleph_0$表示(读作"阿列夫零"),因此一个集合只要与自然数集等价,就是可数集,它们的基数就是一样的. 例如,偶数集$\{0,2,4,6,8,\cdots\}$可以与自然数集建立一一映射,即两个集合等价,因此,虽然偶数集是自然数集的子集,但偶数集与自然数集的基数是一样的,这与我们常识中的"整体大于部分"的认识不同. 再如,有理数集虽然包含整数集,在感觉上似乎"元素的个数"要比整数集大得多,但实际上,我们可以把有理数集的元素一个一个排列起来与自然数集建立一一映射,因此,有理数集与自然数集也是等价的,它们的基数都是$\aleph_0$. 但无限集合中也有与自然数集合不等势的集合,如实数集,因为实数集不是可数集.

如上所述,自然数的基数理论依赖于集合论原理,意大利数学家皮亚诺在1889年运用公理化方法建立了自然数的序数理论,克服了这些缺陷. 该理论采用公理化方法,把自然数的一些最基本性质作为不加定义的公理,把"后继"作为不定义的关系.

定义 1 如果集合 N 的某些元素之间有一个基本关系“后继”(用符号“$'$”表示),并且满足以下四条公理:

(1) 存在一个元素(记作“0”),它不后继于任何元素;

(2) 对于任何元素“a”,有且仅有一个元素后继于它;

(3) 除“0”以外,任何元素后继于且仅后继于某一元素;

(4)(归纳公理)若 M 是 N 的子集,满足(i) $0\in M$,(ii) 当 $a\in M$ 时,就有 $a'\in M$,则 $M=N$.

那么,集合 N 就叫作自然数集,其中的元素叫作自然数.

上述定义中的这组公理称为皮亚诺公理.其中,(1)说明了自然数的有始性.(2)与(3)表明了自然数的无尾性与不重复性.即是说,自然数是无限多的,每个自然数都有唯一的后继数,不同自然数的后继数也不同.(4)则是第一数学归纳法的理论依据.有了这组公理,就能把自然数集合中的元素完全确定下来.例如,从 0 出发,$0'=1,1'=2,\cdots$,继续下去,就得到自然数集 $\mathbf{N}=\{0,1,2,\cdots\}$.

因此,自然数就具有了两重意义:当自然数用来表示集合中元素的个数时,用的是基数意义;当自然数用来表示有序集合中元素所在的位置时,用的是序数意义.例如,让一队学生从排头开始报数,排尾学生报数“20”,这里“20”既可表示这队学生有 20 人,也可表示该生处于第 20 个位置.

1.2.2 数制与十进制计数法

自然数有无限多个,如果每个自然数都用一个独立的名称来命名,用独立的符号来表示,显然不方便也不可能.因此,历史上各民族在文化发展的初期,都创造了分组计数的方法用来计数.

一、数制

数制也称计数制,是指用一组固定的符号与统一的规则来表示数值的科学方法.在人类文化发展的过程中,各个民族都形成了独特的计数制度,如:“满十进一”的十进制,“满五进一”的五进制,满“十二进一”的十二进制,满“六十进一”的六十进制等,现在某些方面还保留着十二进制与六十进制的痕迹.

在一种进位制中,某一单位满一定个数就组成一个相邻的较高的单位,这里的一定个数就是这种进位制的底数.例如,十进制的底数是 10,二进制的底数是 2,等等.每一种进位制都可以按照位值原则来计数(所谓位值原则就是计数时,每个数字除了本身所表示的数值以外,还有位置值).由于每种进位制的底数不同,所用数字个数也不同.例如,十进制需要十个数字(0,1,2,…,9),十六进制则需要十六个数字($0,1,2,\cdots,9,A,B,C,D,E,F$),二进制只需要两个数字 0 与 1.

二进制是人类思想的产物，通常认为是由莱布尼兹发明的．莱布尼兹在 1679 年写了《二进算术》论文，系统阐述了二进制．他想象"1"代表上帝，"0"代表混沌．上帝由混沌中创造世界万物，正如在他的计数法中用"1"与"0"表示一切数那样．当然，也有学者认为二进制起源于中国《周易》中的伏羲六十四卦图．由于二进制的特点是"满二进一"，写二进制数只需 1 与 0 两个数字，所以可用通电与断电两种状态表示，这样，用几组电路的通断就可表示任意二进制数，并且能进行四则运算．因此，电子计算机中广泛采用二进制．也正是由于二进制数的发明，电子计算机科学才得以迅猛发展．

一般地，$k(k>1)$进制的计数单位是 $k^0, k^1, k^2, \cdots$，这样，k 进制数就可以写成不同的计数单位上的数之和（即 k 的幂的和）的形式：

$$\overline{a_n a_{n-1} \cdots a_{1(k)}} = a_n k^{n-1} + a_{n-1} k^{n-2} + \cdots + a_2 k^1 + a_1 \ (a_n \neq 0).$$

根据上述公式，可以实现各种不同进位制之间数的换算，如把十进制数 49 改写成二进制数是 $110\,001_2$，把二进制数 $110\,111_2$ 改写成十进制数是 55.

二、十进制计数法

计数法包括命数与计数两个方面．在历史上各民族所创造的计数法中，最先进、最科学的应推古代中国的十进制计数法．十进制计数法对世界数学和文化的发展具有不可估量的作用．马克思称其为"最美妙的发明之一"，李约瑟则认为，"如果没有十进位制，就不可能出现我们现在这个统一化的世界了"．

按照十进制计数法，我国给自然数命名的方法是：自然数列前十个数，给以单独的名称，即零、一、二、三、四、五、六、七、八、九；按照"满十进一"规定计数单位，并且按照"四位一级"计数，十个一叫"十"，十个十叫"百"，十个百叫"千"，称为个级；十个千叫"万"，万以上单位不给以新的名称，而依次为十万、百万、千万，称为万级；亿级单位依次为亿、十亿、百亿、千亿，等等．同样是十进制，西方许多国家不是四位一级，而是三位一级，三位一级的计数制度在我国的科学文献、金融统计方面经常出现．

按照十进制计数法计数，只需要十个符号就可以了．这些符号就叫作数字（或数码）．现在国际上通用的数字是阿拉伯数字，最早起源于印度．用阿拉伯数字表示十进制数，采用位值原则计数，如 123 这个数，"2"不仅具有本身的数值，还有位置值，表示 20.

关于计数法，除了上述阿拉伯数字计数外，历史上许多民族都有自身的计数方法．如古巴比伦计数符号只有两个楔形符号，"↓"表示 1，"←"表示 10，计数采用六十进制，根据单位累加与位值原则相结合的方法计数，如 1 853 写作"←←←←←←←← ↓↓↓"．古埃及计数法采用象形符号，根据单位累加原则计数，基本象形符号有七个,如用一朵花表示一千,一只鸟表示十万,等等.玛雅人计数方法比较独特,采用20进制,只用三个符号,"●"表示1,用"—"表示5,用"⊙"表示0,计数根据单位累加与位值原则.古罗马计数法在今天一些场合依然使用,基本符号共有七个:I(代表1)、V(代表5)、X(代表10)、L(代表50)、C(代表100)、D(代表500)、M(代表1,000).这7个符号不论位置上怎样变化,它所代表的数字都是不变的.计数时采用加减法原则,把几个罗马数字写成一列,从左到右,先写较大数字,再写较小数字,把这些数字所表示的数加在一起,就是所要表示的数,如215写成CCXV.当一个数根据加法原则书写,需要连续写四个相同数字时,改用减法原则,先写较小数字,再写较大数字,表示相减.这种数只有六个:IV表示4,IX表示9,XL表示40,XC表示90,CD表示400,CM表示900.如1489写成MCDLXXXIX,49写成XLIX.

我国古代也很重视计数符号,最古老的甲骨文和钟鼎中都有计数的符号,不过难写难认,后人没有沿用.到春秋战国时期,生产迅速发展,为适应这一需要,我们祖先创造了一种独特的计算方法——筹算.筹算用的算筹是竹制或骨制的小棍,按规定的横竖长短顺序摆好,就可用来计数和进行运算.随着筹算的普及,算筹的摆法也就成了计数符号.算筹摆法有纵横两式,都能表示同样的数字.筹算计数采用位值原则,并且严格遵循十位进制,但筹算数码中开始没有"零",遇到"零"就空位.数字中没有"零",是很容易发生错误的.所以后来有人把铜钱摆在空位上,以免弄错,这或许与"零"的出现有关.不过多数人认为,"0"这一数学符号的发明应归功于公元6世纪的印度人.他们最早用黑点(.)表示零,后来逐渐变成了"0".

1.2.3 自然数的四则运算

在自然数的基数理论与序数理论的基础上,可以定义自然数的加法、减法、乘法与除法.

一、基数理论下自然数加法、减法、乘法与除法的定义

首先指出,所谓自然数 a,b 相等就是指它们所代表的有限集合元素能够一一对应,即具有相同的基数;所谓 $a<b$,是指它们代表的两个集合 A,B,满足 $A\subseteq B$,但 $A\neq B$.

1. 加法定义

设 A,B 是两个不相交的有限集合,它们的基数分别是 a,b,如果集合 A 与 B 的并集是 C,C 的基数是 c,那么 c 叫作 a 与 b 的和.简单地说,求两个不相交的有限集合并集的基数的运算叫作加法.

由于集合的“并”运算满足交换律与结合律，所以自然数的加法运算也满足交换律与结合律.

2. 减法定义

减法通常定义为加法的逆运算. 即“已知两个数 a,b，求一个数 c，使得 c 与 b 的和等于 a，这种运算就叫减法”. 也可用集合观点直接解释减法运算：设 A 是有限集合(基数是 a)，B 是 A 的一个子集(基数是 b)，由所有属于 A 但不属于 B 的一切元素组成的集合 C(基数是 c)，叫作 A 与 B 的差集，即 $C=A\backslash B$. 因此，求自然数 a 与 b 的差 c 的运算就是求集合 A 与 $B(B\subseteq A)$的差集的基数.

3. 乘法定义

乘法定义有多种方法，大部分是建立在加法定义的基础上，即定义为一种特殊的加法运算，也可以运用笛卡尔乘积直接定义.

定义 2　求 b(b 是大于 1 的整数)个相同加数 a 的和 c 的运算叫作乘法.

这一定义与当前小学教材中的定义基本一致，也容易理解. 但严格的定义还需要对 b 等于 1 或 0 时的运算做补充规定.

乘法的一种直接定义需要先定义集合的直积(笛卡尔乘积). 所谓集合 A 与 B 的笛卡尔乘积 $A\times B$，是以 A 的一个元素为第一坐标，B 的一个元素为第二坐标的所有有序数对组成的集合，即

$$A\times B=\{(a,b)\mid a\in A,b\in B\}.$$

例如，如果 $A=\{a_1,a_2,\cdots,a_p\}$，$B=\{b_1,b_2,\cdots,b_q\}$，则 $A\times B=\{(a_1,b_1),(a_1,b_2),\cdots,(a_1,b_q),(a_2,b_1),(a_2,b_2),\cdots,(a_2,b_q),\cdots,(a_p,b_1),(a_p,b_2),\cdots,(a_p,b_q)\}$. 显然，$\mathrm{card}(A\times B)=p\times q$.

定义 3　假设有限集合 A 与 B 的基数分别是 p,q，则集合 A 与 B 的笛卡尔乘积的基数就叫作 p 与 q 的积.

4. 除法定义

除法与减法类似，通常也定义为乘法的逆运算. 即“已知两个数 a,b，求一个整数 q，使得 q 与 b 的积等于 a，这种运算就叫除法”. 在集合背景下，可给予除法下述解释：自然数的除法是指一个有限集合 A(基数为 a)，能够恰好分解成 q 个具有相同基数 b 的子集 B，那么 $a\div b=q$.

从自然数加、减、乘、除法的定义可以看出，减法通常定义为加法的逆运算，除法通常定义为乘法的逆运算，乘法可以视为连加运算，因此除法与减法也就存在必然的联系. 事实上，除法也可以用同数连减来说明. 具体地说，就是把被除数 a 作为被减数，除数 b 作为相同的减数，连减的最多次数 q 就是 a 除以 b 所得的商，最后的差 r 如果不是零，就属于有余数的除法运算.

二、序数理论下自然数加法、减法、乘法与除法的定义

在皮亚诺自然数序数理论的基础上，可采用公理化方法进一步定义自然数的四则运算，进而运用严格纯粹的逻辑推理，建立起整个逻辑系统.

加法定义 自然数的加法是指这样的对应，对于任意 $a,b\in\mathbf{N}$，在 $\mathbf{N}$ 中有且仅有一个记为 $a+b$ 的自然数与之对应，并且具有性质：

(1) $a+1=a'$，

(2) $a+b'=(a+b)'$.

例如，$2+3=2+2'=(2+2)'=(2+1')'=((2+1)')'=(3')'=4'=5$.

乘法定义 自然数的乘法是指这样的对应，对于任意 $a,b\in\mathbf{N}$，在 $\mathbf{N}$ 中有且仅有一个记为 $a\cdot b$ 的自然数与之对应，并且具有性质：

(1) $a\cdot 1=a$；

(2) $a\cdot b'=ab+a$.

例如，$4\cdot 3=4\cdot 2'=4\cdot 2+4=4\cdot 1'+4=(4\cdot 1+4)+4=(4+4)+4=8+4=12$.

关于减法与除法，与基数理论相同，也是定义为加法与乘法的逆运算，在此不再赘述.

三、自然数的性质与四则运算定律

1. 自然数的有关性质

(1) 自然数的大小关系：

关于自然数的大小关系，基数理论是建立在集合等价与包含概念基础上的定义，而在序数理论中定义如下：

定义 4 设 $a,b\in\mathbf{N}$，若存在非零自然数 k，使得 $a=b+k$，则称 a 大于 b，记为 $a>b$，也称 b 小于 a，记为 $b<a$.

根据定义，可以证明：

定理 1 自然数的大小关系具有对逆性、传递性与全序性.

① 对逆性：对 $\forall a,b\in\mathbf{N}$，当且仅当 $b<a$ 时，$a>b$；

② 传递性：对 $\forall a,b\in\mathbf{N}$，若 $a<b$，$b<c$，则 $a<c$；

③ 全序性：对 $\forall a,b\in\mathbf{N}$，在 $a<b$，$a=b$，$a>b$ 中有且仅有一个成立.

(2) 自然数列的离散性：

定理 2 任意两个相邻自然数 a 与 a' 之间不存在自然数 b，使得 $a<b<a'$.

(3) 阿基米德性质：

定理 3 对于 $\forall a,b\in\mathbf{N}$，必有 $n\in\mathbf{N}$，使得 $na>b$.

(4) 最小数定理：

定理 4　$\mathbf{N}$ 的任何一个非空子集 A 中必有最小数.

这个定理与归纳公理实际上是等价命题.

2. 四则运算定律

加法结合律　对 $\forall a,b,c\in\mathbf{N}$,总有 $a+(b+c)=(a+b)+c$.

加法交换律　对 $\forall a,b\in\mathbf{N}$,总有 $a+b=b+a$.

右分配律　对 $\forall a,b,c\in\mathbf{N}$,总有 $(a+b)\cdot c=a\cdot c+b\cdot c$.

乘法交换律　对 $\forall a,b\in\mathbf{N}$,总有 $a\cdot b=b\cdot a$.

乘法结合律　对 $\forall a,b,c\in\mathbf{N}$,总有 $a\cdot(b\cdot c)=(a\cdot b)\cdot c$.

加法单调性　若 $a,b,c\in\mathbf{N}$,则

① $a=b\Leftrightarrow a+c=b+c$；

② $a<b\Leftrightarrow a+c<b+c$；

③ $a>b\Leftrightarrow a+c>b+c$.

乘法单调性　若 $a,b,c\in\mathbf{N}$,则

① $a=b\Leftrightarrow ac=bc\ (c\neq 0)$；

② $a<b\Leftrightarrow ac<bc\ (c\neq 0)$；

③ $a>b\Leftrightarrow ac>bc\ (c\neq 0)$.

上述四则运算定律都可以在自然数基数理论或序数理论背景下严格证明.这里选择加法结合律在序数理论背景下运用归纳公理证明.

证明　固定 a,b,设使得结论成立的所有 c 组成的集合为 M,则 $M\subseteq\mathbf{N}$.

由 $a+(b+1)=a+b'=(a+b)'=(a+b)+1$,得 $1\in M$.

假设 $c\in M$,即 $a+(b+c)=(a+b)+c$.下证 $c'\in M$,即证 $a+(b+c')=(a+b)+c'$.

由于 $a+(b+c')=a+(b+c)'=[a+(b+c)]'=[(a+b)+c]'=(a+b)+c'$,故 $c'\in M$.

所以 $M=\mathbf{N}$,即对 $\forall c\in\mathbf{N}$,有 $a+(b+c)=(a+b)+c$,又根据 a,b 的任意性知结论成立.

第 3 节　从自然数系到有理数域

数学科学发展的基础就是数系的不断扩展.从自然数系扩展到有理数域,其逻辑过程是先添加负整数扩展成整数环,再添加分数(包括负分数)形成有理数域.但在小学数学课程中,自然数系的第一次扩展则是通过添加正分数扩展成非

负有理数. 至于负数的学习则作为小学数学与中学数学的衔接过渡. 毕达哥拉斯学派的信条是“万物皆是数”，认为“宇宙间一切现象都归结为整数与整数之比”. 这里所说的数就是自然数与分数.

分数并不像自然数那样在自然界中“实实在在”地存在，而是人类的思想成果. 因此，对于小学生来说，分数的引进在他们的数概念的发展过程中是一个质的飞跃. 而负数的引进则为中学阶段有理数的学习奠定了基础.《标准(2011)》关于这部分内容强调应使学生“体验从具体情境中抽象出数的过程；理解分数、百分数的意义，了解负数的意义，掌握必要的运算技能；理解估算的意义；能用方程表示简单的数量关系，能解简单的方程”.

这部分内容还有小数. 但从数系发展的逻辑过程看，小数并非已有数系的扩展. 小数的引进，是基于十进制表示数量的需要. 人们最先把小数看成十进分数的改写形式，甚至小数可以按照分数的读法来读. 因此，小数与分数学习内容的处理在各类教材中均非常受重视，处理不当易对学习数系扩展形成负面影响. 关于小数与分数的编排顺序问题，从数学科学本身的发展顺序来讲，应当先教分数，再教小数. 但是，分数的书写形式和运算法则与整数大不相同，并且需要数的整除知识作基础，学生接受起来有困难. 而小数和整数都是十进位的，小数的写法和运算法则与整数基本相同，学生可以通过类比迁移进行学习. 同时，有关小数的生活经验要比有关分数的生活经验丰富得多. 所以，从小学生的认知发展顺序来说，应当先学小数. 现行教材(如人教版与苏教版实验教材)一般是把数学科学本身的发展顺序与学生的认知发展顺序有机结合，先教学小数，再教学分数，并根据课程标准的精神把分数与小数均划分成两个阶段教学. 但由于小数的引进需要一定的分数基础，因此在教学小数之前，让学生初步认识分数，尤其是分母为 10 和 100 的分数，为教学小数做好必要准备. 在此基础上教学小数的初步认识，然后教学小数的意义，最后教学分数的意义. 当然，在具体内容的教学时段上苏教版与人教版有所不同.

如上所述，新课程对这部分内容的处理力求把数学科学本身的发展顺序与学生的认识发展顺序结合起来. 但教学实践中，依然存在一些难以把握的问题. 如分数与整数、小数与分数的关系？$0.999\cdots=1$ 吗？等等. 一个典型的案例是异分母分数加减法的教学. 教师往往习惯先让学生复习同分母分数的加减法法则，再请学生口算：(1) $\frac{3}{6}+\frac{2}{6}=$，(2) $\frac{8}{10}-\frac{3}{10}=$. 然后提问：这些题中哪些分数不是最简分数，你能把它约成最简分数吗？随着学生的回答，教师板书：(1) $\frac{3}{6}+\frac{2}{6}=$

$\frac{1}{2}+\frac{1}{3}$，(2) $\frac{8}{10}-\frac{3}{10}=\frac{4}{5}-\frac{3}{10}$，并用纸将等号左边的式子盖住，指着右边式子说明：这是我们今天要学习的异分母分数的加减法. 并请学生思考两个问题：(1) 这两道题能直接加减吗？(2) 怎样计算呢？通过讨论，使学生认识到：分母不同的分数，不能像同分母分数那样直接进行加减，需要通过通分转化成同分母分数去计算. 从而获得异分母分数相加减的计算方法.

上述教学在实践中经常碰到. 复习同分母分数的加减法法则，抓住了新旧知识的联结点，这本无可非议，但这是不是给出了某种暗示？尤其是过渡练习的呈现，使得这种暗示变得明显. 如在得出 $\frac{3}{6}+\frac{2}{6}=\frac{5}{6}$ 以及 $\frac{3}{6}+\frac{2}{6}=\frac{1}{2}+\frac{1}{3}$ 的基础上，出现计算 $\frac{1}{2}+\frac{1}{3}=$，学生思维的积极性可能会受到压制(这使人联想到过去20以内进位加法按照得数相同教学的历史，课堂热热闹闹，但学生可能根本没有思考，因为课题明确标明得数是多少). 即是说，其后的启发引导可能会成为形式，学生知道要通分，但不知道为什么要通分. 使学生知其然而且知其所以然才是数学教学所追求的价值取向. 因此，弄清数系发展的内在规律是非常必要的.

1.3.1　从自然数系到整数环

自然数系扩展到整数环的动力不仅源自数学本身发展的需要，而且也是日常生活的需要. 在日常生活中，有些量可能会有两种相反的趋势，仅靠自然数来表示是不够的. 例如，说温度是 12 ℃是不明确的，还需要说明是在冰点以上还是冰点以下. 为了表示相反意义的量或相反的趋势，就要将有关的量加上符号以明确其意义. 从数学本身发展的需要看，引进整数是为了使加法的逆运算(减法)总能够施行. 这里就整数环的逻辑构造作一通俗介绍.

约定自然数对 (a,b) 表示 $a-b$. 当 $a\geqslant b$ 时，(a,b) 就是自然数 $a-b$；当 $a<b$ 时，(a,b) 相当于负数 $a-b$. 因此，所有自然数可以用自然数对 (a,b) 来决定. 除此之外，自然数对 (a,b) 还可以表示负数.

例如，$1=2-1=3-2=4-3=\cdots$，即 1 可以通过 $(2,1)$，$(3,2)$，$(4,3)$，…来确定. 同样，-1 可以由 $(1,2)$，$(2,3)$，$(3,4)$，…来确定. 从而 1 就成了无限多个不同的自然数对 $(2,1)$，$(3,2)$，$(4,3)$，…的共同特征，这些自然数对可以表示同一个数. 类似地，$(1,1)$，$(2,2)$，$(3,3)$，…可以表示同一个自然数 0，$(1,2)$，$(2,3)$，$(3,4)$，…可以表示同一个数 -1.

一般地，我们说能表示同一个数的自然数对 (a,b) 与 (c,d) 具有等价关系，属

于同一个等价类(其充要条件是 $a+d=b+c$),把(a,b)所属的等价类记为$(\overline{a,b})$,并且称$(\overline{a,b})=a-b$为整数.等价类集合 $\mathbf{Z}=\{a-b|a,b\in\mathbf{N}\}$称为整数集.当 $b=0$ 时就是自然数集,即是说自然数集是整数集的真子集.对于 $a<b$ 的情况再定义 $a-b=-(b-a)$,并在 $\mathbf{Z}$ 上根据数系扩展的原则定义加法、减法、乘法,这样就完成了整数环的构造.

1.3.2 从整数环到有理数域

从自然数系到整数环的扩展使得减法运算总能够施行,但除法运算在整数环中并不封闭.进一步的扩展就是将整数环添加分数构成有理数域.由于这里所说的"整数"包括负整数,"分数"自然也包括负分数.从数系的发展历史可知,负数的认同比较晚,并且当前小学数学课程中负数概念主要是作为中学数学的衔接过渡性知识,并不系统学习,所以小学里所涉及的分数主要为正的分数.这里重点阐述小学数学教材中的分数理论.

一、分数的定义

关于分数的定义,可以有不同的方法.

1. 商定义法

从数系扩展的角度看,分数的引进是基于除法运算的需要.两个自然数 $a,b(b\neq0)$相除,如果 b 能整除 a,那么 a 除以 b 的商是整数;如果 b 不能整除 a,那么 a 除以 b 的结果是什么数呢?这一问题在自然数系中不能解决,从而需要扩展自然数系,引进分数.于是,定义分数是两个自然数 $a,b(b\neq0)$相除的商,记为$\frac{a}{b}$,读作 b 分之 a,并且这一定义还包含了"非零自然数可视为特殊分数"的认识.

商定义法体现了分数的本质,符合数系扩展的思想,并且也能在现实世界中找到具体的事例.但现行教材大多回避这一定义,只是说明分数与除法的关系.

2. 小学教材中的定义

小学数学中一般是建立在"平均分"基础上的定义:将单位"1"平均分成 n 份,表示这样的一份或 m 份的数,叫分数.其中,把单位"1"平均分成的份数 n 叫作分母,表示取了多少份的数 m 叫作分子,写成$\frac{m}{n}$,读作 n 分之 m.

这一定义强调了"平均分",形象直观.实质是正有理数$\frac{m}{n}$的定义:当 n 能整除 m 时,$\frac{m}{n}$是整数;当 n 不能整除 m 时,$\frac{m}{n}$是分数.弄清"分数"这一定义,关键是对单位"1"的理解.单位"1"可以指一个物体,也可以指一群物体,还可以指度量单位.

事实上,分数的产生不仅是由于运算的需要,而且是由于度量的需要.用 B 作为度量单位去度量 A,如果能够恰好量尽,则度量结果可用非零自然数表示.如果不能恰好量尽,则可以把 B 分成 n 等份,用其中的一等份作为新的度量单位度量 A,如果量了 m 次恰好量尽,那么 A 就含有把 B 分成 n 等份后的 m 等份,度量的结果就是 $\frac{m}{n}$. B 分成 n 等份后的一等份就是 $\frac{1}{n}$,$\frac{1}{n}$ 称为 $\frac{m}{n}$ 的分数单位.当然,度量时还可能出现一种情况,即把 B 作为度量单位去度量 A,不能恰好量尽,并且无论把 B 分成多少等份,用其中的一等份度量 A 都不能量尽,这时度量结果就是无理数了.这一情形直接导致了数学发展史上第一次数学危机的产生.

二、分数的四则运算

分数的四则运算建立在整数运算的基础上.但由于分数的表示方法不唯一(分数的单位可能各不相同),需要运用通分、约分等运算技能,从而成为小学生学习的难点.

所谓通分,是把几个分数化成分母相同的分数,不改变每个分数的大小;而约分是指把一个分数的分子与分母同除以一个非零整数,化成与原分数相等的分数.

1. 分数的加法与减法

分数的加法有数量加法与比例加法之分,小学数学中通常采用数量加法.

加法定义　对于两个分数 $\frac{a}{b}$,$\frac{c}{d}$ 来说,$\frac{ad+cb}{bd}$ 叫作它们的和.

显然,这一定义包含了分数加法的运算法则:用两个分母的积作为公分母,进行通分,然后用公分母作为和的分母,用通分后两个分子的和作为和的分子.

但在实际计算时,如果分母相同,只需要根据“两个同分母分数相加,分母不变,分子相加”的法则运算;如果分母不同,通常是用两分数分母的最小公倍数作为公分母进行通分,变成同分母分数后再相加.为什么同分母分数可以直接把分子相加,而异分母分数必须先通分?这就要追溯到对分数单位的理解.两个整数相加,相同数位上的数才能直接相加,两小数相加,需要小数点对齐,实际也是为了保证相同数位上的数相加,两个数量相加,如“1 米+10 厘米=?”也需要化成相同单位才能相加.同样的道理,两个分数,如果分数单位相同,就可以直接相加,如果分数单位不同,就需要化成单位相同的分数才能直接相加.这就是异分母分数相加需要先通分的原因.不过小学教材中对这一原因并未突出说明.

关于分数的减法，其定义与整数减法类似，也是定义成加法的逆运算. 因此具体运算时遵循与加法类似的法则，此处不再赘述.

2. 分数的乘法与除法

分数乘法的定义也包含了分数乘法的法则，即“分子乘分子，分母乘分母”，操作简单. 这与分数加法不同. 我们知道，分数加法是不能分子加分子，分母加分母的，但乘法却可以分别相乘，这是为什么呢?

分数乘法与自然数乘法的思想有所不同. 例如，4 乘 3，就是 3 个 4 相加，或者说 3 条长为 4 的线段合起来是多长. 分数$\frac{1}{3}$乘$\frac{3}{4}$，则不能说$\frac{3}{4}$个$\frac{1}{3}$相加，也不能说$\frac{3}{4}$条长为$\frac{1}{3}$的线段是多长. 但我们可以根据分数的定义用几何的方法简单解释法则的合理性. 把单位线段平均分成 3 份，其中的一份就是$\frac{1}{3}$. 再把这一份平均分成 4 份，其中的一份就相当于原线段的$\frac{1}{12}$，取这样的 3 份，就是$\frac{3}{12}$，即$\frac{1}{4}$，这就是$\frac{1}{3}$乘$\frac{3}{4}$的结果.

关于分数的除法，其定义也与整数除法类似，定义成乘法的逆运算. 不过实际计算时涉及一个关键概念“倒数”，通过倒数，可以实现除法向乘法的转化，具体法则是：一个数除以分数，就是用被除数乘除数的倒数. 这一法则蕴涵了重要的数学思想——化归.

1.3.3 小数与分数

一、小数的定义

度量物体时，只要规定了计量单位，就可以根据十进制用自然数表示度量结果，但一般情况下还有“零头”，即需要计量比单位数量更小的量. 从而需要根据十进制设置更小的计量单位. 如规定了“元”的计量单位，为了计量比元更小的量，设置角、分，规定 10 分为 1 角，10 角为 1 元. 因此，小数的产生是由于计量的需要. 也正是这一原因，小数相对于分数来说，更容易理解. 并且小数的运算也与整数运算类似，相加相减时只要对准小数位，无需运用通分进行思考，相乘相除也容易转化成整数乘除法. 但这只是针对有限小数而言. 当小数概念扩展到无限小数(包括无限循环小数与无限不循环小数)后，对小学生就会产生理解上的困难. 无限不循环小数即无理数，超越了小学生的理解范围，而无限循环小数则是必须学习的内容. 因为大量的分数化为小数后是无限循环小数，因此，只有把小数概念进一步扩展，才能使小学生从本质上弄清小数与分数的关系. 但是，由于小学生并没有清晰的极限思想，因此，这部分内容自然成为学习的难点. 例如，对于0.99…=1，学生往往感到困惑.

二、分数与小数的互化

分数与小数的互化包括两个方面：分数化小数与小数化分数.

分数化小数的一般方法是用分子除以分母. 结果包含三种情况：有限小数、纯循环小数、混循环小数. 值得关注的问题是在不做除法的情况下判断一个分数能化为何种小数. 对于既约分数来说，有如下结论：

(1) 如果该分数的分母不含有 2 和 5 以外的质因数，那么这个分数能化成有限小数，并且所得结果小数部分的位数等于分母里 2 和 5 的指数中较大的一个数；

(2) 如果该分数的分母只含有 2 和 5 以外的质因数，那么这个分数能化成纯循环小数，并且循环节的最少位数与分母能整除$\overbrace{99\cdots9}^{t\text{个}9}$时 9 的最少个数 t 相同；

(3) 如果该分数的分母既含有质因数 2 或 5，又含有 2 和 5 以外的质因数，那么这个分数能化成混循环小数，并且小数部分不循环的位数等于分母里因数 2 和 5 的指数中较大的一个数，循环节的最少位数与分母里 2 和 5 以外的质因数的积能整除$\overbrace{99\cdots9}^{t\text{个}9}$时 9 的最少个数 t 相同.

关于小数化分数，也包括三种情况：

(1) 化有限小数为分数. 这种情况较简单. 因为有限小数是十进分数的改写形式，因此只需要先化为十进分数，再化简为既约分数.

(2) 化纯循环小数为分数. 关键是小数部分化分数. 纯循环小数的小数部分化为分数，分子是一个循环节数字组成的数，分母是由数字 9 组成的数，其中 9 的个数等于一个循环节的位数.

(3) 化混循环小数为分数. 混循环小数的小数部分化为分数，分子是小数点右面第一个数字到第一个循环节末位的数字组成的数减去不循环的数字组成的数所得的差，分母是由数字 9 后面带数字 0 组成的数，其中 9 的个数等于循环节的位数，0 的个数等于小数部分不循环部分的位数.

在本节最后，再谈谈小数的四则运算.

有限小数的加、减、乘、除运算，可以仿照整数的运算法则进行，只要正确处理小数点就可以了. 无限小数的四则运算则需要重新定义，严格的定义需要运用数列的极限理论，这在小学里是无法进行的. 所以小学一般不涉及循环小数的四则运算.如果遇到有关问题,可以把循环小数先转化成分数,再进行运算.

第 4 节　实数域与复数域

如前所述,自然数系到整数环的扩展是为了使加法的逆运算(减法)总可以施行,进一步扩展到有理数域是为了消除两个整数相除在整数集中不一定有解的缺陷,从而使有理数域具备了良好的代数性质,以至于毕达哥拉斯学派认为任何量的度量结果都是一个有理数.但有理数域依然存在许多不完备之处:从代数上看,有理数在开方运算下不封闭或者说方程 $x^2=2$ 的正解不是有理数(可以应用反证法证明);从几何上看,有理数在数轴上还有许多缝隙,毕达哥拉斯的一位学生发现单位正方形的对角线长不可公度,从数轴上看度量结果就是落在有理数的缝隙中;从分析上看,有理数对极限运算是不封闭的,例如,数列 $\left\{\left(1+\frac{1}{n}\right)^n\right\}$ 当 $n\to\infty$ 时的极限值为 e=2.718 28…就不是一个有理数.如果不对有理数进一步扩展,极限运算就无法进行,也就不会有微积分的产生.

由此可见,有必要对有理数域进一步扩展,使得新的数集能够表示所有度量结果,并且能使极限运算畅通无阻,扩展后的数集就是实数集.实数集相对于有理数集来说具有相当好的代数性质,但依然存在不足,就是开方运算不能普遍施行.也就是说,对于 $\forall a\in\mathbf{R}^-$,$x^n=a$ 在 $\mathbf{R}$ 中不一定有解,消除这一缺陷的做法就是把实数域进一步扩展到复数域.

1.4.1　实数域

与认识负数一样,人们对实数域的普遍认同也经历了漫长的历史过程.虽然毕达哥拉斯时期已经出现了 $\sqrt{2}$,欧几里得《几何原本》中也出现过 $\sqrt{\sqrt{2}+\sqrt{3}}$ 这种复杂的代数无理数,但直到 16 世纪,帕斯卡、巴罗这样伟大的数学家还拒绝接受简单无理数,他们评论说,"像 $\sqrt{3}$ 这样的数只能作为几何量来理解,无理数仅仅是记号,它们脱离连续的几何量便不能存在".再如圆周率 π,虽然早期的数学家就已接触到,但他们也只是把 π 作为一个特定的记号.他们热衷于利用几何方法计算圆周率的近似值(包括渐近分数).π 的符号由 16 世纪的韦达首先使用,直到 1882 年,德国一位数学家才首次证明了 π 不是有理数.

19 世纪 70 年代,德国的魏尔斯特拉斯、康托尔和法国的柯西以及戴德金等著名数学家都对实数理论进行了研究,获得了几种形异而实同的实数理论,其中以戴德金分割法与康托尔的有理数(也称基本序列)法最具代表性. 上述两种方法与魏尔斯特拉斯的实数理论合称为实数理论的三大派. 这里主要介绍戴德金分割法.

戴德金分割法构造实数集就是把实数集定义为有理数集 **Q** 的一切分割. 具体如下：

把有理数集 **Q** 分割为两个非空且不相交的子集 A_1 与 A_2，并使得对于 $\forall a_1 \in A_1$，$\forall a_2 \in A_2$，总有 $a_1 < a_2$. 这样的分割恰有三种可能，并且有且只有一种成立：

(1) A_1 中有最大元素. 如 A_1 是所有小于等于 1 的有理数集合，而 A_2 是所有大于 1 的有理数集合.

(2) A_2 中有最小元素. 如 A_1 是所有小于 1 的有理数集合，而 A_2 是所有大于等于 1 的有理数集合.

(3) A_1 中无最大元素，A_2 中无最小元素. 如 A_1 是所有负有理数、零以及平方小于 2 的正有理数组成的集合，而 A_2 是平方大于 2 的正有理数集合.

则称第三种分割定义了一个无理数. 如上述(3)定义了一个无理数$\sqrt{2}$.

戴德金分割法定义无理数，在数轴上可以粗略地解释为：每个有理数根据其大小与正负都唯一对应于数轴上的一个点，而无理数则处于有理数所形成的“空隙”中.

从学习的角度看，戴德金分割法有一定的抽象性，用无限不循环小数表示无理数更容易接受. 人们把有限小数与无限循环小数看作有理数，而把无限不循环小数作为无理数，从而获得如下定义：

若 a_0 是整数，$a_1, a_2, \cdots, a_n, \cdots$ 都是小于 10 的非负整数，则称十进小数 $\alpha = a_0.a_1a_2\cdots a_n\cdots$ 为实数. 当 α 是无限不循环小数时，称为无理数.

该定义表明，实数集 **R** 是有理数集与无理数集的并集. 并可进一步定义两个实数的大小关系，得到传递性、全序性、稠密性等代数性质. 在此略去.

1.4.2 复数域

复数概念的产生是数学史中最奇特的一页. 在数系扩展的历史过程中，实数的逻辑基础还未建立，数学家们就在研究复数了. 1484 年，法国数学家舒开(Chuquet，1445—1500)在一本著作中将方程 $x^2-3x+4=0$ 的根写为 $x=\frac{3}{2}\pm\sqrt{2\frac{1}{4}-4}$，这是人类历史上第一次对负数开平方. 1545 年，意大利数学家卡达诺

(Cardano,1501—1576)在所著的《大衍术》中提出一个问题：把 10 分成两部分，使其乘积为 40. 这需要解方程 $x(10-x)=40$，他求得的根是 $5+\sqrt{-15}$与 $5-\sqrt{-15}$，然后说“不管会受到多大的良心责备，把 $5+\sqrt{-15}$和 $5-\sqrt{-15}$相乘，得到 $25-(-15)=40$”. 于是他说：“算术就是这样神妙地搞下去，它的目标，正如常言所说，是又精致又不中用的.”1637 年，法国数学家笛卡尔把$\sqrt{-1}$这样的数称为虚数，意思是“虚假的、想象中的数”. 对复数的模糊认识，莱布尼兹（Leibniz，1646—1716）的说法最有代表性：“圣灵在分析的奇观中找到了超凡的显示，这就是那个理想世界的端兆，那个介于存在与不存在之间的两栖物，那个我们称之为虚的 -1 的平方根.”关于虚数单位，1777 年瑞士数学家欧拉首次用“i”表示$\sqrt{-1}$（imaginary 的第一个字母），并把其在 1748 年给出的著名的欧拉公式用“$e^{ix}=\cos x+i\sin x$”表示.

数学王子高斯的工作使得人们逐渐接受复数这个“怪物”. 他引进了术语“复数”（complex number），不仅将 $a+bi$ 表示为复平面上的一点 (a,b)，而且阐述了复数的几何加法和乘法. 他还说，如果 1，-1 和 $\sqrt{-1}$原来不称为正、负和虚单位，而称为直、反和侧单位，那么人们对这些数就可能不会产生种种阴暗神秘的印象. 他说几何表示可以使人们对虚数真正有一个新的看法.

在复数理论的构建过程中，值得一提的是爱尔兰数学家哈密顿. 哈密顿在对复数进行长期研究后，注意到复数实质上是有序实数对. 他指出：复数 $a+bi$ 不是 $2+3i$ 意义上的一个真正的和，加号的使用是历史的偶然，而 bi 不能加到 a 上去. 复数 $a+bi$ 只不过是实数的有序数对 (a,b)，并给出了有序数对的四则运算，同时，这些运算满足结合律、交换律和分配律. 在这种观点下，不仅复数被逻辑地建立在实数的基础上，而且至今还有点神秘的$\sqrt{-1}$也完全消除了. 既然实数对（二元数）可以构成一个完备数系，那么有序的三元实数组能否构成完备数系呢？有序的四元实数组呢？1843 年哈密顿发现有序三元实数组不能构成完备数系，而有序四元实数组却完全可以. 他把这类新数称为“四元数”，该数系中乘法不满足交换律. 1847 年，英国数学家凯莱进一步发现“八元数”. 该数系中乘法既不满足交换律，也不满足结合律. 并且可以证明：能够赋予代数运算并保证运算基本性质的“数”只能是 1,2,4,8,16 等 2^n 元的数.

关于系统的复数理论，超出本课程的研究范畴，因此略去.

回顾数系的发展历史，不难认识到：数系的每一次扩展，都是在旧数系中添加新的元素. 如分数添加于整数，负整数添加于自然数，无理数添加于有理数，复数添加于实数. 不过，严格的数系扩展理论并不是在旧数系中添加新元素，而是在旧数系之外构造一个新的代数系，其元素在形式上与旧的可以完全不同，但是，它包含一个与旧代数系同构的子集，这种同构必然保持新旧代数系之间具有完全相同的代数构造．当人们接受了复数概念后，自然地产生了问题：是否还能在保持复数基本性质的条件下对复数进行新的扩展呢？哈密顿四元数的发明昭示着传统观念下数系扩展的结束．但数学思想一旦突破传统模式，便能产生无穷的创造力．数学家们认识到既然可以抛弃实数和复数的交换性去构造一个有意义、有作用的新“数系”，那么就可以较为自由地考虑甚至偏离实数和复数通常性质的代数构造．数系的扩展虽然就此终止，但是却打开了通向抽象代数的大门．

第 5 节　小学数学中数系发展的若干问题辨析

作为学习的数学，数系的扩展过程既考虑到了数系扩展的内在逻辑顺序，又考虑到了其历史发展顺序．就义务教育阶段的数学课程来说，通常的扩展脉络如下：

第一学段：主要学习自然数的认识与四则运算（自然数在小学里也称整数）．一般来说，现行教材均根据学生的已有经验、心理发展规律按螺旋上升的编排原则分成若干阶段．如人教版教材从 20 以内数的认识与加减法开始，逐步扩大认数的范围．一般在认识 1～5 的非零自然数之后认识零，然后循序渐进地安排 100 以内数的认识以及加减法与表内乘、除法，万以内数的认识以及加减法与乘数、除数是一位数、两位数的乘除法．在第一学段的尾声，安排分数的初步认识，从而使学生的认识从自然数初步扩展成非负有理数（不出现有理数概念）．

第二学段：首先，进一步认识自然数，构建自然数的理论系统．如人教版教材安排了亿以内数的认识与加减法，乘数、除数是三位数的乘除法．苏教版教材的处理有所不同，将万以上的学习内容称为“大数的认识”．其次，比较系统地学习分数的意义与四则运算，最终使学生对数的认识扩展到非负有理数．最后，在本学段的中后期适当引进负分数，从而为初中阶段有理数的系统学习奠定基础．

第三学段：首先接触“有理数”的概念，通过全面地对“负分数”的学习，完成有理数系的扩展．第三学段的中后期，引入无理数，从而完成实数系的扩展．在此基础上，进入高中阶段的系统学习，由解方程引入虚数，完成复数系的扩展．

纵观整个小学阶段的数概念学习内容，主要包括自然数系与分数两大部分，不涉及无理数的学习内容（无理数 π 例外）．这些内容贯穿于小学数学学习的全过程，并通过负数概念的引进延伸到中学数学的学习．本节从学科理论提升的角度探讨数系扩展教学中的几个典型问题．

1.5.1 运算定律、运算性质与运算法则是一回事吗?

运算定律、运算性质与运算法则是四则运算学习的重要内容，教学实践中经常发现混淆不清的现象. 所谓运算定律是指基本的、能推导出其他运算性质的那些运算性质. 主要包括五条，即：加法交换律、加法结合律、乘法交换律、乘法结合律、乘法分配律. 运算性质是定义在某个集合上的运算所具有的性质. 运算性质是人们对大量的计算实践经验所做的理论概括，如减法的运算性质. 通常把五条运算定律排除在外. 运算法则是指完成运算、得出结果的方法、程序或途径，实质上也就是运算方法与程序的规定. 如笔算两位数的加法运算法则是：数位对齐，从个位加起，个位相加满十就向十位进一. 运算法则的理论依据通常称为算理. 如上述法则的理论依据是“计数的位值原则”，由于不同数位上的数字计数单位不同，相同计数单位上的数字才能直接相加. 因此，两位数加法的算理就是“计数的位值原则”与“相同单位上的数字才能直接相加”.

1.5.2 为什么规定“零是自然数”呢?

从历史上看，国内外数学界对于零是不是自然数历来存在两种观点：一种认为零是自然数，另一种认为零不是自然数.

1891 年，意大利数学家 G・皮亚诺在建立自然数公理化体系时，给出的第一个公理就是“零是一个自然数”. 因此欧美各国学术界中这种观点处于主导地位.

新中国成立之初，我国中小学教学大纲和教科书都是参照苏联版本编译的. 关于零与自然数的关系，就采用苏联的做法，规定“零不是自然数”. 实际上，科学概念的内涵与外延的界定，某种程度上说是一种人为规定. 它可以随着科学、技术的发展而由权威科学家群体重新定义.

20 世纪 80 年代以来，为了国际交流的方便与教育接轨的需要，1993 年颁布的《中华人民共和国国家标准》(GB 3100～3102—93)第 311 页的“量和单位”中规定自然数包括零. 所以随后在中小学数学教材的修订中，根据上述国家标准进行了修改，即一个物体也没有，用 0 表示，0 也是自然数. 1994 年 11 月国家技术监督局发布的《中华人民共和国国家标准——物理科学和技术中使用的数学符号》中，将自然数集记为 $\mathbf{N}=\{0,1,2,3,\cdots\}$，而将原自然数集称为非零自然数集 $\mathbf{N}_+$(或 $\mathbf{N}^*$)$=\{1,2,3,\cdots\}$.

自然数集扩充后，自然数的基数理论以及其他一些与自然数有关的理论问题会随之发生相应的变化，但由于零的特殊性，在某些具体问题中依然要具体分析. 如最小的一位数是什么？在 0 没有归入自然数以前我们都很清楚，现在规定

0 是自然数，那么最小的一位数是 1 还是 0 呢？我们认为还是 1. 因为在计数法中 0 本来就表示空位的符号. 另外，在小学阶段的"整除"部分，仍然不考虑自然数 0，因而在约数、倍数等概念中都不包括 0. 但过去的一些说法需加以纠正，如"一个自然数的最小倍数是它本身""自然数约数的个数是有限的"等分别更正为"一个非零自然数的最小倍数是它本身""非零自然数约数的个数是有限的".

1.5.3　除数为什么不能为零?

众所周知，除数为零没有意义. 小学数学教学中，许多教师往往只是把它当作一个结论来处理. 强调"0 作除数没有意义" 或"规定零不能作除数"，而不去考虑"为什么除数为零没有意义". 其实这正是理解"乘除法关系"的一个极好的材料. 我们可从两个方面理解：

(1) 当被除数 $a=0$ 时，假使商为 x，即 $0\div 0=x$. 根据被除数＝除数×商，这里除数已为零，商 x 无论是什么数(正数、负数或零)，它与零相乘都等于零，这样商 x 是不确定的. 我们知道四则运算的结果是唯一的，这就破坏了四则运算结果的唯一性.

(2) 当被除数 $a\neq 0$ 时，假使商为 x，即 $a\div 0=x$. 根据被除数＝除数×商，这里除数已为零，商 x 无论是什么数(正数、负数或零)，它与除数 0 相乘都得零，而不会得 a，因此该等式是不成立的，即 $a\div 0$ 的商不存在，这就破坏了四则运算结果的存在性.

鉴于以上两种情况，我们规定"零不能作除数"或者"零作除数没有意义".

1.5.4　加法与减法互为逆运算吗?

谈到加减法之间的关系时，经常有人说"加减法互为逆运算". 其实，这一说法是不科学的. 要弄清其中缘由，必须先了解什么是逆运算.

定义　设 A 为任意非空集，"$\circ$"是 A 上的一个二元代数运算，如果对于 $\forall a, b\in A$，都存在唯一元素 $c\in A$，使得 $c\circ b=a$，记作 $a\circ' b=c$. 则规则$\circ'$也是 A 上的一个代数运算，称为代数运算"$\circ$"的右逆运算.

类似地，如果存在唯一元素 $d\in A$，使得 $b\circ d=a$，记作 $a\circ'' b=d$. 则规则$\circ''$也是 A 上的一个代数运算，称为代数运算"$\circ$"的左逆运算.

如果代数运算"$\circ$"既有右逆运算 $\circ'$，又有左逆运算$\circ''$，并且它们是 A 上的同一运算(即对于 $\forall a, b\in A$，都有 $a\circ' b=a\circ'' b$)，则称其为代数运算"$\circ$"的逆运算，记作$\bar{\circ}$.

根据上述定义，在自然数系中，加法运算既没有右逆运算，也没有左逆运算.

如对于 $1,2\in\mathbf{N}$，没有 $c,d\in\mathbf{N}$，能使得 $c+2=1,2+d=1$. 因此没有逆运算，即是说，减法不是加法的逆运算.（注：§1.2.3 中，“减法定义为加法的逆运算”只是通常意义下的一种习惯表述）

但是在整数系（包括负整数）中，加法运算既有右逆运算，也有左逆运算，并且左逆运算与右逆运算结果相同. 因此，加法运算存在逆运算，就是减法.

类似地，在正实数集合中，加法运算没有逆运算，而在实数集中，减法运算是加法的逆运算. 那么，减法运算有没有逆运算呢？

在整数集 $\mathbf{Z}$ 中，因为方程 $x-b=a$ 对于 $\forall a,b\in\mathbf{Z}$，都在 $\mathbf{Z}$ 中有唯一解 $x=a+b$，所以，$\mathbf{Z}$ 中的减法运算有右逆运算 $-'$：$a-'b=a+b$，即加法运算；对于 $\forall a,b\in\mathbf{Z}$，方程 $b-y=a$ 有唯一解 $y=b-a$，即 $\mathbf{Z}$ 中的减法运算有左逆运算 $-''$：$a-''b=b-a$. 显然左逆运算与右逆运算是不同的运算. 因此，整数集中的减法没有逆运算，实数集中也是如此.

综上，加法不是减法的逆运算. 说减法是加法的逆运算，其前提是在整数集或实数集中. 从而说加减法互为逆运算是不科学的认识.

思　考　题

1. 什么是自然数？试举例说明自然数的两重意义.

2. 用罗马数字写出下列各数.

二十七　　　五十五　　　一千二百零八　　　四十九

3. 运用皮亚诺自然数序数理论证明：$3+4=7$.

4. 简述加、减、乘、除四则运算之间的关系.

5. 下列分数，哪些能化成纯循环小数，哪些能化成混循环小数，它们小数部分不循环的数字的个数和循环节的最小位数各是多少？

$\frac{5}{12},\frac{2}{7},\frac{37}{101},\frac{346}{505}$.

6. 把下列循环小数化成分数：

$0.\dot{1}2\dot{3}$，$0.2\dot{3}$，$1.2\dot{0}$，$0.2\dot{9}$.

7. 简述现行中小学教材中从自然数系到复数域的扩展过程.

第2章 整除理论

整除理论通常包括数的整除和多项式的整除. 整除问题的历史非常悠久，早在古希腊时期，欧几里得在他的著作《几何原本》中就有所涉及，该书的第七、八、九三卷专门讲述了整数和整数之比的性质. 其中提及的算术基本定理，计算两个整数最大公因数的方法（今称“欧几里得算法”），还有关于质数有无限多个的证明等等都是现在研究数的整除的基本内容. 关于多项式的研究，源于“代数方程的求解”，是最古老的数学问题之一，多项式中的整除问题可以看成是数的整除的推广，它是研究多项式问题的基础.

数的整除是小学数学的基本内容之一，这部分内容安排在学生已经掌握了自然数的基本知识之后，系统地学习分数的意义和性质之前. 一方面可以使学生进一步丰富对自然数的知识，了解自然数之间存在倍数与因数的关系，掌握整除的基本性质；另一方面还能为以后教学分数和小数相关知识做必要的准备.

现行小学数学教材中有关整除性的概念很多，如整除与不能整除、倍数与因数、奇数与偶数、质数与合数和最大公因数与最小公倍数等等，彼此联系紧密，且有些概念容易混淆（如除尽与整除、倍与倍数等），因而这部分内容常常是小学生学习的难点之一.

小学数学中研究倍数与因数一般在非零自然数（正整数）范围内进行，可以减少不必要的麻烦，同时也不影响学生对整除本质的把握.

此外，整除性质的论证严格，数学思想方法丰富，思维技巧性强，因而是培养学生逻辑思维和合情推理能力的主要内容之一，也经常被数学竞赛命题者采用.

第1节　整除的基本知识

本节讨论数的整除和多项式的整除，由于小学阶段只涉及数的整除问题，因此本节也主要讨论数的整除，多项式的整除作为数的整除的推广作简要介绍.

2.1.1 整除的概念

把两个整数相加、相减、相乘，所得的和、差、积仍然是整数. 但是，把两个整数相除，所得的商却不一定是整数. 当商为整数，且余数为零时，我们称这时的整数除法为整除；当商为整数，且余数不为零时，我们称这时的整数除法为带余除法.

定义 1 对于整数 a, b，其中 $b\neq0$，如果存在一个整数 q，使得等式

$$a=bq$$

成立，我们就说 b 整除 a 或 a 能被 b 整除，记作 $b|a$. 此时，a 叫作 b 的倍数，b 叫作 a 的因数(有时也叫作 a 的约数).

注意：因数与倍数是相互依存的，不能说 a 是倍数，b 是因数.

例如，由于 $15=3\times5$，即 15 能被 3 整除，故 15 是 3 的倍数，3 是 15 的因数.

由于 $0=b\times0$，因此，零可以被任何非零整数整除，所以零是任何非零整数的倍数. 反之，任何非零整数都是零的因数.

类似地，由于 $a=1\times a$，因此，任何整数都能被 1 整除，所以任何整数都是 1 的倍数，1 是任何整数的因数. 同时，任何非零整数也是它本身的倍数和因数.

反之，如果整数 a 不能被非零整数 b 整除(记作 $b\nmid a$)，就表示 a 不是 b 的倍数，或者 b 不是 a 的因数.

运用整除的定义，可推得整除关系有如下重要性质(注意：符号 $b|a$ 本身就包含了条件 $b\neq0$)：

(1) 如果整数 $m\neq0$，且 $b|a$，则 $mb|ma$；

(2) 如果 $a|b$, $b|a$，则 $|a|=|b|$；

(3) 如果 $a|b$, $b|c$，则 $a|c$；

(4) 如果 $c|a$, $c|b$，则对于任意的整数 m 和 n，有 $c|(ma+nb)$.

证明 (1) 因为 $b|a$，所以存在整数 q，有 $a=bq$，所以 $ma=(mb)q$. 由于 $m\neq0$，故 $mb\neq0$，从而 $mb|ma$.

(2) 因为 $a|b$, $b|a$，所以分别存在整数 q_1 和 q_2，使得 $b=q_1a$ 和 $a=q_2b$ 同时成立，因此 $b=q_1q_2b$. 由于 $b\neq0$，故 $q_1q_2=1$，即 $q_1=\pm1$，所以 $|a|=|b|$.

(3) 因为 $a|b$, $b|c$，所以分别存在整数 q_1 和 q_2，使得 $b=q_1a$ 和 $c=q_2b$ 同时成立，因此 $c=q_1q_2a$，故 $a|c$.

(4) 因为 $c|a$, $c|b$，所以分别存在整数 q_1 和 q_2，使得 $a=q_1c$ 和 $b=q_2c$ 同时成立，因此 $ma+nb=(mq_1+nq_2)c$，从而对于任意的整数 m 和 n，有 $c|(ma+nb)$.

例 1 若 $2|n$，且 $3|n$，求证：$6|n$.

证明　因为 $2|n$，所以存在整数 q，使得 $n=2q$. 又因为 $3|n$，所以 $3|2q$，由于 $3|3q$，从而 $3|(3q-2q)$，即 $3|q$，所以 $6|2q$，即 $6|n$.

例 2　求证：三个连续奇数的平方和加 1 能被 12 整除，但不能被 24 整除.

证明　设三个连续的奇数分别是 $2n-1$，$2n+1$ 和 $2n+3(n\in \mathbf{Z})$，则

$$\begin{aligned}(2n-1)^2+(2n+1)^2+(2n+3)^2+1&=12n^2+12n+12\\&=12[n(n+1)+1].\end{aligned}$$

因为 $n(n+1)+1$ 是奇数，所以三个连续奇数的平方和加 1 能被 12 整除，但不能被 24 整除.

例 3　已知在乘法算式

$$\begin{array}{r}\text{祝你学习进步}\\ \times\qquad\quad\ \text{步}\\ \hline 9\ 9\ 9\ 9\ 9\ 9\end{array}$$

中，不同的文字表示不同的数字，求六位乘数是多少.

解　$999\,999=3^3\times 7\times 11\times 13\times 37$，"步"只有 3，7 两种可能.

当"步"$=3$ 时，"祝你学习进步"$=333\,333$，不符合要求；

当"步"$=7$ 时，"祝你学习进步"$=142\,857$，符合要求.

根据整除的定义，对于两个非零整数 a 和 b，如果 $b|a$，那么存在一个整数 q，使得 $a=bq$ 成立，因此 $|a|=|bq|=|b||q|\geqslant|b|$，即一个非零整数的因数的绝对值不会大于它本身的绝对值，从而一个整数的因数的个数是有限的. 例如，$a=12$，它的全体因数有 12 个，分别是：

$$\pm1,\pm2,\pm3,\pm4,\pm6,\pm12.$$

其中，正因数有 6 个.

为了讨论问题的方便，以后出现的因数均指正因数.

如果 b 是非零整数 a 的因数，那么 $\frac{a}{b}$ 必是整数，由于 $a=\frac{a}{b}\times b$，故 $\frac{a}{b}$ 也是 a 的因数. 因此关于因数，有简单而又有用的性质：设 b 是 a 的因数，则 $\frac{a}{b}$ 也是 a 的因数.

这个性质说明一个非零整数的因数是成对出现的，但也不意味着一个非零整数的因数有偶数个，这是为什么呢？请读者思考.

人们很早就开始关注一个正整数的所有因数的和的问题，其中，最有名的就是完全数和亲和数的问题了.

记号 $\sigma(n)$ 表示正整数 n 的所有正因数的和，如 $\sigma(2)=3$，$\sigma(3)=4$，$\sigma(4)=7$ 等

等. 如果 $\sigma(n)=2n$,那么 n 称为完全数. 古希腊数学家欧几里得在《几何原本》中就提及 4 个完全数,它们分别是 6,28,496 和 8 128. 事实上,人们迄今还不知道完全数到底有有限个还是无限个,到 2009 年,人们一共知道了 47 个完全数.

亲和数是一对"富有人情味"的正整数,指两个正整数中,彼此的全部因数之和(本身除外)与另一方相等. 公元 320 年左右,古希腊毕达哥拉斯发现的 220 与 284,是人类认识的第一对亲和数. 目前,人们已找到了 1 200 多对亲和数,但亲和数是否有无穷多对,互为亲和数的两个数是否同是奇数,或同是偶数,而没有一奇一偶等问题还有待继续探索.

2.1.2 带余除法定理

a 和 b 是两个正整数,以 b 为"尺子"在数轴上依次测量,分别得到一系列数点:$0,b,2b,3b,\cdots$,显然数轴上表示 a 的数点必然落在两个相邻的数点 qb,$(q+1)b$ 之间,即存在一个整数 q,使得 $qb\leqslant a<(q+1)b$ 成立,记 $r=a-qb$,且 $0\leqslant r<b$,于是 $a=bq+r$.

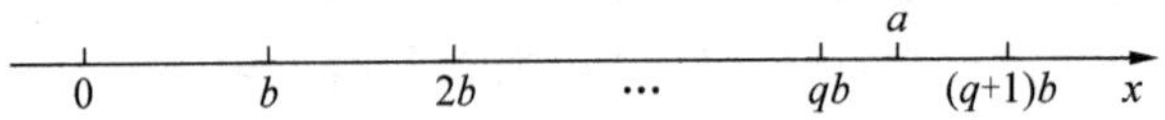

一般地,我们有如下定理:

定理(带余除法定理) 设 $a,b(b\neq 0)$ 是两个给定的整数,则一定存在唯一整数 q 与 $r(0\leqslant r<|b|)$,满足

$$a=bq+r.$$

证明 只证 $a>0$ 和 $b>0$ 的情形,其他情形类似可证.

存在性 因为可以找到一个整数 q,使得 a 不小于 bq,而 $(q+1)b$ 又大于 a,即

$$bq\leqslant a<(b+1)q.$$

若取 $r=a-bq$,则 $a=bq+r$,其中 $0\leqslant r<b$.

唯一性 设 $a=bq_i+r_i$,其中 $0\leqslant r_i<b(i=1,2)$,则

$$|r_1-r_2|=b|q_1-q_2| \text{且} 0\leqslant|r_1-r_2|<b,$$

所以 $0\leqslant b|q_1-q_2|<b$,故 $0\leqslant|q_1-q_2|<1$,必有 $q_1=q_2$,从而 $r_1=r_2$.

由带余除法定理,易知 $b|a$ 的充要条件是 $r=0$.

如果 a 和 b 有共同的因数 d,那么由前面的整除性质(4)知 d 也是 $r=a-bq$ 的因数,于是有:

性质 如果 $a\div b=q\cdots r$(带余除法),且 $d|a,d|b$,那么 $d|r$.

例 4　求证：完全平方数被 4 除后所得的非负最小余数只可能是 0，1.

证明　因为偶数 $2n(n\in\mathbf{Z})$ 的平方为 $4n^2$，被 4 除后所得的非负最小余数是 0；奇数 $2n-1(n\in\mathbf{Z})$ 的平方为 $4n^2-4n+1$，被 4 除后所得的非负最小余数是 1. 所以完全平方数被 4 除后所得的非负最小余数只可能是 0，1.

读者还可以验证以下结论：

(1) 完全平方数被 8 除后所得的非负最小余数只可能是 0，1，4；

(2) 完全平方数被 3 除后所得的非负最小余数只可能是 0，1；

(3) 立方数被 9 除后所得的非负最小余数只可能是 0，1，8.

如果一个正整数除以 10，那么所得的余数恰好是它的个位数字. 类似地，除以 100 所得的余数是它的末尾两位数字，等等.

例 5　求 $3^{1\,234}$ 的末尾一位数字.

解　因为

$$\begin{aligned}3^{1\,234}&=3^2\times3^{1\,232}\\&=9\times(80+1)^{308}\\&=9\times(C_{308}^{0}\,80^{308}+C_{308}^{1}\,80^{307}+\cdots+C_{308}^{307}\,80^{1}+C_{308}^{308}\,80^{0})\\&=9\times(10K+1)(K\text{ 是整数}),\end{aligned}$$

所以，3^{1234} 的末尾一位数字是 9.

一般地，假设 a 和 n 都是正整数，其中 a 的个位数字是 a_0，则根据二项式定理，有

$$a^n=(10M+a_0)^n=10K+a_0^n,$$

所以，a^n 的个位数字与 a_0^n 的个位数字相同. 因此，只需讨论一位数的 n 次方的个位数问题. 非常有趣的是 a_0^n 的个位数字有如下周期性的规律：

(1) 当 $a_0=0,1,5,6$ 时，a_0^n 的个位数字依然分别是 0，1，5，6；

(2) 当 $a_0=4,9$ 时，a_0^n 的个位数字依次分别是 4，6 和 9，1；

(3) 当 $a_0=2,3,7,8$ 时，a_0^n 的个位数字依次分别是 2，4，8，6；3，9，7，1；7，9，3，1 和 8，4，2，6.

2.1.3　多项式的整除

作为数的整除的推广，下面简单介绍一下一元多项式的整除问题.

我们通常用 $F[x]$ 表示数域 F 上全体一元多项式的集合，即

$$F[x]=\{f(x)\mid f(x)=a_nx^n+a_{n-1}x^{n-1}+\cdots+a_1x+a_0,a_i\in F(i=0,1,\cdots,n)\}.$$

不难证明，$F[x]$ 是一个环.

定义 2　设 $f(x),g(x)\in F[x]$，如果存在 $F[x]$ 中的多项式 $h(x)$，使得

$$f(x)=g(x)h(x)$$

成立,则称 $g(x)$ 整除 $f(x)$ 或 $f(x)$ 能被 $g(x)$ 整除,用 $g(x)\mid f(x)$ 表示.此时,$f(x)$ 叫作 $g(x)$ 的倍式,$g(x)$ 叫作 $f(x)$ 的因式.

例如,x^2-1 和 $x+1$ 是 $\mathbf{Q}[x]$($\mathbf{Q}[x]$表示有理数域上一元多项式环)中的两个多项式,而且存在 $x-1\in\mathbf{Q}[x]$,使得

$$x^2-1=(x+1)(x-1).$$

根据上述定义有,多项式 $x+1$ 整除 x^2-1,x^2-1 是 $x+1$ 的倍式,$x+1$ 是 x^2-1 的因式.

多项式的整除也有与数的整除类似的性质,读者可以参考任何一本高等代数教材,这里不再赘述.

判断两个多项式之间是否存在整除关系,比较简单的方法就是竖式除法.

例 6 判断 $3x^3+4x^2-36x+13$ 能否被 x^2-3x+1 整除.

解 由于

$$\begin{array}{r|l}
 & 3x+13 \\
x^2-3x+1 & 3x^3+4x^2-36x+13 \\
 & \underline{3x^3-9x^2+3x} \\
 & 13x^2-39x+13 \\
 & \underline{13x^2-39x+13} \\
 & 0
\end{array}$$

故 $3x^3+4x^2-36x+13=(x^2-3x+1)(3x+13)$,所以多项式 $3x^3+4x^2-36x+13$ 能被 x^2-3x+1 整除.

第 2 节 几种常见数的整除特征

判断一个整数能否被另一个整数整除,通常采用试商的方法.但是,如果数字较大,就不太容易了.因此,本节研究几种常见整数的整除特征.

2.2.1 能被 2 或 5 整除的数的特征

设 $n+1$ 位十进制数 $N=\overline{a_na_{n-1}\cdots a_1a_0}$,则

$$N=a_n\times10^n+a_{n-1}\times10^{n-1}+\cdots+a_1\times10+a_0.$$

由于 $a_n\times10^n+a_{n-1}\times10^{n-1}+\cdots+a_1\times10$ 是 2 或 5 的倍数,即 $N-a_0$ 是 2 或 5 的倍数.所以如果 a_0,也就是 N 的末位数字能被 2 或 5 整除,N 就能被 2 或 5 整除.因此,能被 2 或 5 整除的数的特征是:这个数的末位数字能被 2 或 5 整除.

类似地,能被 4 或 25 整除的数的特征是末两位数能被 4 或 25 整除;能被 8

或 125 整除的数的特征是末三位数能被 8 或 125 整除.

能被 2 整除的数叫作偶数，不能被 2 整除的数叫作奇数. 偶数可以写成 $2n$ 的形式，奇数可以写成 $2n+1$（或 $2n-1$）的形式，这里的 n 是整数.

奇数与偶数有如下性质：

(1) 奇数≠偶数，奇数＋偶数≠0；

(2) 两个奇偶性相同的整数相加得偶数，两个奇偶性不同的整数相加得奇数；

(3) 两个奇数的乘积得奇数，两个偶数或一个奇数一个偶数的乘积得偶数；

(4) 两个整数的和与差的奇偶性相同.

这几点性质都很简单，这里就不证明了. 其中，性质(4)还可以推广为：若干个整数的和与差的奇偶性相同（可以用数学归纳法证明，这里略）.

例 1　求证：奇数的平方除以 8 余 1.

证明　因为 $(2n+1)^2=4n(n+1)+1$，由于 n 和 $n+1$ 是连续的两个整数，必为一奇一偶，所以 $2|n(n+1)$，所以 $8|4n(n+1)$，即奇数的平方除以 8 余 1.

例 2　求证：形如 $4k+3(k\in \mathbf{Z})$ 的数不能写成两个整数的平方和.

证明　因为 $(2n+1)^2+(2m+1)^2=4k+2(k\in \mathbf{Z})$，$(2n)^2+(2m)^2=4k(k\in \mathbf{Z})$，$(2n+1)^2+(2m)^2=4k+1(k\in \mathbf{Z})$，所以，两个整数的平方和中没有 $4k+3(k\in \mathbf{Z})$ 的数.

这个结论可以说明形如 $x^2+y^2=4k+3(k\in \mathbf{Z})$ 的不定方程无整数解. 同样的方法，我们还可以证明：形如 $4k+2(k\in \mathbf{Z})$ 的数不能写成两个整数的平方差.

例 3　设 n 是奇数，$a_1, a_2, \cdots, a_n$ 是 $1, 2, \cdots, n$ 的一个排列，求证：

$$(1-a_1)(2-a_2)\cdots(n-a_n)$$

是一个偶数.

证明　假设 $(1-a_1)(2-a_2)\cdots(n-a_n)$ 是奇数，则 $1-a_1, 2-a_2, \cdots, n-a_n$ 均为奇数，而这奇数个奇数的和 $(1-a_1)+(2-a_2)+\cdots+(n-a_n)=(1+2+\cdots+n)-(a_1+a_2+\cdots+a_n)=0$ 却为偶数，所以假设不成立，因此 $(1-a_1)(2-a_2)\cdots(n-a_n)$ 是一个偶数.

2.2.2　能被 3 或 9 整除的数的特征

寻求更为复杂的数的整除特征，也与上述方法类似. 如

$$\begin{aligned}N&=a_n\times 10^n+a_{n-1}\times 10^{n-1}+\cdots+a_1\times 10+a_0\\&=a_n\times(10^n-1)+a_{n-1}\times(10^{n-1}-1)+\cdots+a_1\times(10-1)+(a_n+a_{n-1}+\cdots+a_1+a_0),\end{aligned}$$

由于$10^i-1=\overbrace{99\cdots9}^{i个9}$，所以$10^i-1$能被3和9整除，从而$N$能被3或9整除的充要条件是$a_n+a_{n-1}+\cdots+a_1+a_0$能被3或9整除. 因此，能被3或9整除的数的特征是各数位上的数字之和能被3或9整除.

例如，在一个七位数5 874 192中，各位数字之和$5+8+7+4+1+9+2=36$能被3或9整除，所以5 874 192能被3或9整除.

2.2.3 能被7、11或13整除的数的特征

任何四位或四位以上的整数N均可写为

$$\begin{aligned}N&=M\times 1\,000+\overline{abc}\ (\overline{abc}\text{是末三位数})\\&=M\times 1\,001+\overline{abc}-M,\end{aligned}$$

由于$7\times 11\times 13=1\,001$(天方夜谭数)，所以$N$能被7、11或13整除的数的特征是：末三位数与末三位数以前的数字所组成的数之差(或反过来)能被7、11或13整除.

据此易得，$7|111\,111$，$11|111\,111$，$13|111\,111$.

从上述能被特殊数整除的数的特征研究过程中，可以看出其中包含了数学中的“转化”思想，就是将大数的整除性的判别转化为较小数的整除性的判别. 下面举几个例子说明这种转化思想的应用.

例4 证明：如果一个正整数奇数位上的数字的和与偶数位上的数字的和之差(或反过来)能被11整除，那么这个正整数能被11整除.

证明 设$N=a_n\times 10^n+a_{n-1}\times 10^{n-1}+\cdots+a_1\times 10+a_0$，由二项式定理，有

$$\begin{aligned}10^i&=(11-1)^i\\&=C_i^0 11^i(-1)^0+C_i^1 11^{i-1}(-1)^1+\cdots+C_i^{i-1}11^1(-1)^{i-1}+C_i^i 11^0(-1)^i\\&=11K+(-1)^i(K\text{是整数}),\end{aligned}$$

所以，当i取遍$n,n-1,\cdots,2,1$时，N可以写成：

$$11M+[a_n\times(-1)^n+a_{n-1}\times(-1)^{n-1}+\cdots+a_1\times(-1)+a_0](M\text{是整数}),$$

而$a_n\times(-1)^n+a_{n-1}\times(-1)^{n-1}+\cdots+a_1\times(-1)+a_0$恰好是正整数$N$奇数位上的数字的和与偶数位上的数字的和之差.

所以，如果一个正整数奇数位上的数字的和与偶数位上的数字的和之差(或反过来)能被11整除，那么这个正整数能被11整除.

这个结论也常常用来判别一个整数能否被11整除. 例如，整数1 005 928的奇数位上的数字的和是$1+0+9+8=18$，它的偶数位上的数字的和是$0+5+2=7$，而$18-7=11$能被11整除，所以$11|1\,005\,928$.

例 5　已知 $7 \mid \underbrace{55\cdots5}_{20个5}x\underbrace{99\cdots9}_{20个9}$，求数字 x 的值.

解　因为

$$\underbrace{55\cdots5}_{20个5}x\underbrace{99\cdots9}_{20个9}=\underbrace{55\cdots5}_{18个5}\times10^{23}+\underbrace{99\cdots9}_{18个9}+55x99\times10^{18},$$

由于 $7 \mid 111\ 111$，故 $7 \mid \underbrace{55\cdots5}_{18个5}$，$7 \mid \underbrace{99\cdots9}_{18个9}$. 所以 $7 \mid 55x99$，从而 $7 \mid x44$，故 $x=6$.

例 6　判断 1 234 567 890 能否被 19 整除.

解　考虑 $1\ 234\ 567\ 890=1\times10^9+2\times10^8+3\times10^7+\cdots+9\times10^1$，由于 20^i 除以 19 余 1，故

$$\begin{aligned}&2^9\times1\ 234\ 567\ 890\\&=(1\times2^0)\times20^9+(2\times2^1)\times20^8+(3\times2^2)\times20^7+\cdots+(9\times2^8)\times20^1\\&=19K+(1\times2^0+2\times2^1+3\times2^2+\cdots+9\times2^8)(K\text{ 是整数}),\end{aligned}$$

而 $1\times2^0+2\times2^1+3\times2^2+\cdots+9\times2^8=4\ 097$，$4\ 097\div19=215\cdots12$，所以 1 234 567 890不能被 19 整除.

2.2.4　能被 $10n+1$ 整除的数的特征

下面介绍一个定理，它给出了能被一类数整除的数的特征.

定理　一个自然数，当且仅当把这个自然数的末位截去后再减去末位数字的 n 倍，它的差能被 $10n+1$ 整除时，这个自然数也能被 $10n+1$ 整除.

证明　设 $a=10b+c$，$d=b-nc$，$10n+1 \mid d$，则

$$\begin{aligned}a-10d&=(10b+c)-10(b-nc)\\&=(10n+1)c,\end{aligned}$$

所以 $10n+1 \mid a$.

非常有趣的是，当我们取不同的数值 n，就能得到能被不同数字整除的数的特征. 如取 $n=1$，就得到了一种能被 11 整除的数的特征；取 $n=2$，就得到了一种能被 21(或 7)整除的数的特征；取 $n=3$，就得到了一种能被 31 整除的数的特征……取 $n=9$，就得到了一种能被 91(或 13)整除的数的特征.

例 7　判断 62 458 156 能否被 7 整除.

解　由于

6	2	4	5	8	1	5	~~6~~
					1	2	
6	2	4	5	8	0	3	
					6		
6	2	4	5	7	~~4~~		
				8			
6	2	4	4	~~9~~			
		1	8				
6	2	2	~~6~~				
	1	2					
6	1	~~0~~					
	0						
6	~~1~~						
2							
4							

因为最后得到的是 4,不能被 7 整除,所以该数不是 7 的倍数.

因为这种方法是通过数次截去末位数而使得大数变成小数,所以它有一个形象的名称叫“截尾缩身法”.据美国著名数论专家狄克逊考证,这个方法源于俄罗斯学者兹比可夫斯基.但与前面的几种判别方法相比,这种方法的缺点是无法获知原数被 $10n+1$ 除时的余数.

第 3 节　数的分解

数的分解和求最大(小)公因(倍)数是整除理论的两个重要应用,本节和下一节将分别讨论这两个问题.

2.3.1　质数与合数

人们很早就发现了大于 1 的整数中,有的只有两个因数,即 1 和它本身,有的有两个以上的因数.它们之间到底有怎样的区别与联系呢?

定义 1　在大于 1 的自然数中,如果除了 1 和它本身这两个因数外没有其他因数的数叫作质数(或素数);如果除了 1 和它本身这两个因数外还有其他因数的数叫作合数.

由质数与合数的定义可知，0 和 1 既不是质数，也不是合数.

质数在研究整数的过程中占有很重要的地位，本节的主要目的就是要证明任何大于 1 的整数，如果不考虑次序，能唯一地写成一些质数乘积的形式. 我们先证明每个大于 1 的整数有一质因数，即

定理 1　设 a 是大于 1 的整数，则在 a 的所有正因数中，除 1 以外的最小正因数 q 一定是质数，并且当 a 是合数时，$q\leqslant\sqrt{a}$.

证明　假设 q 不是质数，由定义可知，q 除了 1 和它本身以外还有一个正因数 q_1，因而 $1<q_1<q$，但 $q|a$，所以 $q_1|a$，这与 q 是 a 的除 1 外的最小正因数相矛盾，故假设不正确，从而 q 是质数.

当 a 是合数时，则 $a=a_1q$，且 $a_1>1$，否则 a 是质数. 由于 q 是 a 的除 1 外的最小正因数，所以 $q\leqslant a_1$，$q^2\leqslant a_1q=a$，故 $q\leqslant\sqrt{a}$.

质数到底是有限个还是无限个？在欧几里得的《几何原本》中，就有一个关于“质数有无数个”的漂亮证明，不妨介绍如下：

定理 2　质数有无数个.

证明　假设质数只有有限的 n 个，它们分别是 $p_1,p_2,\cdots,p_n$，构造整数 $N=p_1p_2\cdots p_n+1$，如果 N 是合数，则根据定理 1，N 的除 1 外的最小正因数 q 是一质数. 因为 $p_1,p_2,\cdots,p_n$ 均不能整除 N，所以 q 是异于 $p_1,p_2,\cdots,p_n$ 的质因数；如果 N 是质数，则它本身就是一个异于 $p_1,p_2,\cdots,p_n$ 的质数. 这两种情形都与前面的假设矛盾. 从而说明假设不成立，也就是质数有无数个是正确的.

定理 3　对于任意大于 1 的整数 n，都有 n 个相邻的数是合数.

证明　考虑下面这 n 个连续的整数：

$$(n+1)!+2,(n+1)!+3,\cdots,(n+1)!+(n+1),$$

显然它们除了 1 和本身两个因数外，还分别含有因数 $2,3,\cdots,n+1$，所以都是合数，即定理成立.

既然质数有无穷多个，那么可以认为它们能组成一个数列，对于数列，最好是有一个通项公式来表示它的每一项. 为了寻找质数的通项公式，人们花费了巨大的心血，但始终未获成功. 历史上，瑞士著名数学家欧拉(Euler)曾经发现部分质数的统一表达，当 $n=0,1,\cdots,40$ 时，$f(n)=n^2-n+41$ 均表示质数，但当 n 取 41 时，$f(n)=n^2-n+41$ 就表示合数.

例 1　求证：不存在这样的多项式

$$f(n)=a_mn^m+a_{m-1}n^{m-1}+\cdots+a_1n+a_0\,(a_i\in\mathbf{Z},i=0,1,2,\cdots,m)$$

使得对任意自然数 n，$f(n)$都是质数.

证明 假设有这样一个多项式存在.

设当 n 取某一个正整数 b 时，$f(b)=a_mb^m+a_{m-1}b^{m-1}+\cdots+a_1b+a_0=p$，由假设知 p 是一个质数.

再考察当 n 取 $b+tp$(其中 t 是一个自然数)时的情况，

$$f(b+tp)=a_m(b+tp)^m+a_{m-1}(b+tp)^{m-1}+\cdots+a_1(b+tp)+a_0,$$

由假设知 $f(b+tp)$ 也是一个质数.

由二项式定理，知

$$f(b+tp)=(a_mb^m+a_{m-1}b^{m-1}+\cdots+a_1b+a_0)+kp,$$

其中 k 是一个正整数，即

$$f(b+tp)=p+kp=p(1+k),$$

显然这是一个合数，与 $f(b+tp)$ 是质数矛盾，故假设错误，即不存在多项式 $f(n)$，使得对任意自然数 n，$f(n)$ 都是质数.

法国数学家费马(Fermat)也曾猜想对任意自然数 n 来说，$F_n=2^{2^n}+1$ 均表示质数. 事实上，当 $n=5$ 时，该猜想就不成立了，此时，$2^{32}+1$ 有因数 641.

例 2 求证：$641\mid(2^{32}+1)$.

证明 设 $a=2^7$，$b=5$，则

$$1+ab=1+2^7\times5=641，1+ab-b^4=1+(a-b^3)b=1+3b=2^4.$$

所以
$$\begin{aligned}2^{32}+1&=2^4\times2^{28}+1\\&=(1+ab-b^4)a^4+1\\&=(1+ab)a^4-(a^4b^4-1)\\&=(1+ab)[a^4-(ab-1)(a^2b^2+1)]\\&=641\times[a^4-(ab-1)(a^2b^2+1)],\end{aligned}$$

即 $641\mid(2^{32}+1)$.

例 3 设整数 $n>1$，若 2^n+1 是一个质数，求证：n 必为 $2^k(k\in\mathbf{N})$ 的形式.

证明 设 $n=2^k\cdot m$，其中 m 是正奇数.

假设 $m>1$ 时，$2^n+1=2^{2^k\cdot m}+1=(2^{2^k})^m+1$.

由二项式定理可知

$$\begin{aligned}[(2^{2^k}+1)-1]^m=&C_m^0(2^{2^k}+1)^m+C_m^1(2^{2^k}+1)^{m-1}(-1)+\cdots\\&+C_m^{m-1}(2^{2^k}+1)(-1)^{m-1}+C_m^m(-1)^m.\end{aligned}$$

因为 m 是正奇数，所以 $C_m^m(-1)^m=-1$，从而

$$(2^{2^k})^m+1=(2^{2^k}+1)P，其中 P 是一个整数，$$

所以 2^n+1 是一个合数，与题设 2^n+1 是一个质数矛盾，所以 $m=1$，也就是 n 必

为 $2^k(k\in\mathbf{N})$的形式.

这个命题给出了 2^n+1 是质数的一个必要条件是 n 必为 $2^k(k\in\mathbf{N})$的形式，但例 2 告诉我们这不是一个充分条件,因此费马的猜想有他合理的成分.

2.3.2　数的分解

定义 2　若一个数的因数是质数,则这个因数就叫作这个数的质因数. 把一个数表示成质因数的乘积的形式,叫作分解质因数.

作为特例,把一个质数分解质因数就用这个质数本身表示.

定理 4　任一大于 1 的整数都可以分解质因数.

证明　设 n 是一个大于 1 的整数,下面对 n 用第二类数学归纳法进行证明.

(1) 当 $n=2$ 时,该命题显然成立.

(2) 假设当 $n\leqslant k(k\geqslant 2,k\in\mathbf{N})$时,命题成立,那么,当 $n=k+1$ 时,此时若 n 是质数,命题显然成立;若 n 是合数,由定理 1 可知,n 必有一个质因数 p,即 $n=pq$,其中 $1<q\leqslant k$. 由假设得 q 可以分解质因数,所以 n 可以分解质因数.

综合(1)、(2)可知,任一大于 1 的整数都可以分解质因数.

因为把一个质数分解质因数就用这个质数本身表示,所以有如下定理:

定理 5(算术基本定理)　任一大于 1 的整数,如果不论质因数的次序,那么分解质因数的结果是唯一的.

通过定理 5,我们有如下推论:

推论 1　任一大于 1 的整数 n 能够唯一地写成

$$n=p_1^{\alpha_1}p_2^{\alpha_2}\cdots p_k^{\alpha_k}\quad(\alpha_i>0,i=1,2,\cdots,k,p_1<p_2<\cdots<p_k).$$

上式叫作 n 的标准分解式.

推论 2　设 n 是一个大于 1 的整数,且

$$n=p_1^{\alpha_1}p_2^{\alpha_2}\cdots p_k^{\alpha_k}\quad(\alpha_i>0,i=1,2,\cdots,k),$$

其中 $p_1<p_2<\cdots<p_k$,则 n 的正因数 d 可以表示成

$$d=p_1^{\beta_1}p_2^{\beta_2}\cdots p_k^{\beta_k}\quad(\alpha_i\geqslant\beta_i\geqslant 0,i=1,2,\cdots,k).$$

推论 3　设 n 是一个大于 1 的整数,且

$$n=p_1^{\alpha_1}p_2^{\alpha_2}\cdots p_k^{\alpha_k}\quad(\alpha_i>0,i=1,2,\cdots,k),$$

其中 $p_1<p_2<\cdots<p_k$,则 n 的正因数个数为

$$(1+\alpha_1)(1+\alpha_2)\cdots(1+\alpha_k).$$

因为 β_i 有 $0,1,\cdots,\alpha_i$ 等 α_i+1 种取法,所以根据乘法计数原理,推论 3 成立.

例如,$48=2^4\times 3$,它的正因数的个数为$(4+1)\times(1+1)=10$ 个.

分解质因数的方法通常是短除法.

例 4 把 2 310 分解质因数.

解 2 310＝2×3×5×7×11.

$$\begin{array}{r|l} 2 & 2\,310 \\ \hline 3 & 1\,155 \\ \hline 5 & 385 \\ \hline 7 & 77 \\ \hline & 11 \end{array}$$

分解质因数的步骤：

(1) 先根据数的特征，求出这个数的最小质因数；(2) 以这个数的最小质因数为除数用短除法求商；(3) 商如果仍然是合数，就继续除下去，直到商是质数为止；(4) 把各个除数以及最后的商写成连乘的形式.

2.3.3 质数表和质数的分布

算术基本定理从理论上给出了任意大于 1 的整数的唯一标准分解式，但在实际计算中还没有简易可行的方法去判断哪些整数是质数，也没有简易可行的方法求出一个正整数的标准分解式. 主要原因是由于质数在正整数数列中的分布情形很不规则，但我们可以根据质数的定义及其性质，造出质数表以供使用.

定理 1 给出了制造质数表的有效算法. 例如，为了求出不超过正整数 N 的所有质数，只要把 1 及不超过 N 的所有正合数都删去. 由定理 1 知，不超过 N 的 a 必有一个质因数 $p\leqslant\sqrt{a}\leqslant\sqrt{N}$，因而只要先求出不超过 $\sqrt{N}$ 的全部质数 p_1，p_2，…，p_s，然后，依次把不超过 N 而且大于 1 的整数中除了 p_1，p_2，…，p_s 以外的 p_1 的倍数，p_2 的倍数，…，p_s 的倍数全部删去，就删去了 1 及不超过 N 的所有正合数，剩下的正好就是不超过 N 的全部质数. 具体做法见下表，取 N＝100：

~~1~~	2	3	~~4~~	5	~~6~~	7	~~8~~	~~9~~	~~10~~	11	~~12~~
13	~~14~~	~~15~~	~~16~~	17	~~18~~	19	~~20~~	~~21~~	22	23	~~24~~
~~25~~	~~26~~	~~27~~	~~28~~	29	~~30~~	31	~~32~~	~~33~~	~~34~~	~~35~~	~~36~~
37	~~38~~	~~39~~	~~40~~	41	~~42~~	43	~~44~~	~~45~~	~~46~~	47	~~48~~
~~49~~	~~50~~	~~51~~	~~52~~	53	~~54~~	~~55~~	~~56~~	~~57~~	~~58~~	59	~~60~~
61	~~62~~	~~63~~	~~64~~	~~65~~	~~66~~	67	~~68~~	~~69~~	~~70~~	71	~~72~~

73 ~~74~~ ~~75~~ ~~76~~ ~~77~~ ~~78~~ 79 ~~80~~ ~~81~~ ~~82~~ 83 ~~84~~
~~85~~ ~~86~~ ~~87~~ ~~88~~ 89 ~~90~~ ~~91~~ ~~92~~ ~~93~~ ~~94~~ 95 ~~96~~
97 ~~98~~ ~~99~~ ~~100~~

由上表可以看出，没有删去的数是 2，3，5，7，11，13，17，19，23，29，31，37，41，43，47，53，59，61，67，71，73，79，83，89，97，共有 25 个，它们就是不超过 100 的全部质数. 这种寻找质数的方法，通常叫作埃拉斯托尼筛法.

质数的分布很不规则. 有时相邻的两个质数离得很近，人们把相差为 2 的两个质数叫作一对孪生质数. 现在还无法证明孪生质数的对数是有限的还是无限的，到目前为止人们找到的最大一对孪生质数是 $76\times3^{169}\pm1$. 有时相邻的两个质数离得很远，甚至想多远就能多远，如定理 3.

尽管质数的变化有些杂乱无章，但人们还是发现了质数分布的一些统计规律. 设 $\pi(n)$表示不超过 n 的质数的个数，由定理 2 可知，这是一个单调递增而且无界的函数. 下面介绍两个关于 $\pi(n)$的结论：

(1) 欧拉曾指出，质数出现的概率为零，即

$$\lim_{n\to\infty}\frac{\pi(n)}{n}=0.$$

(2) 1896 年，阿达玛（Hadamard）运用复变函数的知识，证明了所谓的质数定理：设 $\pi(n)$表示不超过 n 的质数的个数，则

$$\lim_{n\to\infty}\frac{\pi(n)\ln n}{n}=1,$$

也就是当 n 充分大之后，$\pi(n)$的大小与$\frac{n}{\ln n}$大致相当.

第 4 节　最大公因数与最小公倍数

对于两个及两个以上的整数，它们除了各自的因数和倍数外，还存在公有的因数和倍数，即公因数和公倍数. 为了讨论问题的方便，本节将讨论两个及两个以上正整数的公因数与公倍数.

2.4.1　最大公因数的意义和性质

几个正整数的公有的因数叫作这几个数的公因数.

由于正整数 a 的因数的个数是有限的，那么几个正整数的公因数的个数也是有限的，因此，其中必定有一个最大的公因数.

定义 1 如果 d 是正整数 $a_1,a_2,\cdots,a_n$ 的公因数中最大的，那么 d 叫作正整数 $a_1,a_2,\cdots,a_n$ 的最大公因数，记作 $d=(a_1,a_2,\cdots,a_n)$.

例如，$(24,32)=8$，$(9,51,72)=3$.

如果两个正整数的最大公因数是 1，那么这两个数叫作互质数.

例 1 求证：1 和任一正整数是互质数，相邻的两个正整数也是互质数.

证明 因为 1 只有一个正因数就是它本身，而 1 也是任一正整数的正因数，所以 1 是 1 和任一正整数的唯一公因数，即 1 和任一正整数是互质数.

设 $(n,n+1)=d$，则 $n=dq_1$，$n+1=dq_2$，所以 $d(q_2-q_1)=1$，由于 $q_2-q_1\geqslant 1$，故 $d=1$ 且 $q_2-q_1=1$，即相邻的两个正整数也是互质数.

例 2 设 p 是一个质数，n 是任意正整数，求证：$p|n$ 或 $(p,n)=1$.

证明 因为 $(p,n)|p$，由质数的定义有 $(p,n)=1$ 或 $(p,n)=p$，所以 $(p,n)=1$ 或 $p|n$.

定理 1 如果 $(a,b)=d$，那么 $\left(\frac{a}{d},\frac{b}{d}\right)=1$.

证明 设 $a=a_1d$，$b=b_1d$，则 $\left(\frac{a}{d},\frac{b}{d}\right)=1$ 就等价于 $(a_1,b_1)=1$.

假设 $(a_1,b_1)=m>1$，则 $a_1=a_2m$，$b_1=b_2m$，所以 $a=a_2md$，$b=b_2md$，从而 md 是 a 与 b 的公因数.

由于 $m>1$，故 $md>d$，这与 d 是 a 与 b 的最大公因数相矛盾，因此假设不成立，只能 $(a_1,b_1)=1$，即 $\left(\frac{a}{d},\frac{b}{d}\right)=1$.

定理 2 如果 $(a,b)=d$，$c|d$，那么 $c|a$，$c|b$.

证明 因为 $(a,b)=d$，所以 $d|a$，$d|b$，又因为 $c|d$，所以 $c|a$，$c|b$.

定理 3 设 $a=bq+r$，如果 $(a,b)=d$，那么 $(b,r)=d$.

证明 因为 $(a,b)=d$，所以 $d|a$，$d|b$，因此 $d|(a-bq)$，即 $d|r$，从而 a 与 b 的公因数是 b 与 r 的公因数.

类似可以证明：b 与 r 的公因数也是 a 与 b 的公因数.

所以 b 与 r 的公因数和 a 与 b 的公因数完全相同，从而最大公因数也相等，即 $(b,r)=d$.

2.4.2 最小公倍数的意义和性质

几个正整数的公有的倍数叫作这几个数的公倍数.

由于正整数 a 的倍数的个数是无限的，那么几个正整数的公倍数的个数也是无限的，在所有的公倍数中除 0 外必定有一个最小的公倍数.

定义 2　如果 m 是正整数 $a_1, a_2, \cdots, a_n$ 的公倍数中除零外最小的，那么 m 叫作正整数 $a_1, a_2, \cdots, a_n$ 的最小公倍数，记作 $m=[a_1, a_2, \cdots, a_n]$.

例如，$[24,32]=96$，$[4,8,14]=56$.

定理 4　如果 $[a,b]=m$，n 是 a 与 b 的任一公倍数，那么 $m|n$.

证明　假设 $m\nmid n$，则用 m 除 n，得

$$n=mq+r(0<r<m).$$

因为 $a|m, a|n$，所以 $a|r$. 同样，因为 $b|m, b|n$，所以 $b|r$.

因此 r 是 a 与 b 的公倍数，而 $m>r>0$，这和 m 是 a 与 b 的最小公倍数相矛盾. 所以假设不成立，即 $m|n$.

定理 5　设 $(a,b)=d$，$[a,b]=m$，则 $dm=ab$.

证明　设 $a=p_1^{\alpha_1}p_2^{\alpha_2}\cdots p_k^{\alpha_k}(\alpha_i\geqslant 0, i=1,2,\cdots,k)$，$b=p_1^{\beta_1}p_2^{\beta_2}\cdots p_k^{\beta_k}(\beta_i\geqslant 0, i=1,2,\cdots,k)$，则

$$(a,b)=p_1^{\gamma_1}p_2^{\gamma_2}\cdots p_k^{\gamma_k},[a,b]=p_1^{\delta_1}p_2^{\delta_2}\cdots p_k^{\delta_k},$$

其中 $\gamma_i=\min\{\alpha_i,\beta_i\}$，$\delta_i=\max\{\alpha_i,\beta_i\}(i=1,2,\cdots,k)$.

因为 $ab=p_1^{\alpha_1+\beta_1}p_2^{\alpha_2+\beta_2}\cdots p_k^{\alpha_k+\beta_k}$，$(a,b)[a,b]=p_1^{\gamma_1+\delta_1}p_2^{\gamma_2+\delta_2}\cdots p_k^{\gamma_k+\delta_k}$，且

$$\gamma_i+\delta_i=\min\{\alpha_i,\beta_i\}+\max\{\alpha_i,\beta_i\}=\alpha_i+\beta_i(i=1,2,\cdots,k),$$

所以 $(a,b)[a,b]=ab$，即 $dm=ab$.

若 $d=1$，即有下面的推论：

推论 1　若 $(a,b)=1$，则 $[a,b]=ab$.

推论 2　若 $(a,d)=1$，$d|ab$，则 $d|b$.

证明　因为 $(a,d)=1$，所以 $[a,d]=ad$.

又因为 $d|ab$，$a|ab$，所以 ab 是 a 和 d 一个公倍数.

由定理 4，有 $ad|ab$，由 $a>0$ 可知 $d|b$.

推论 3　若 $(a,b)=1$，$a|m$，$b|m$，则 $ab|m$.

证明　因为 $a|m$，$b|m$，所以 m 是 a 和 b 的一个公倍数.

又因为 $(a,b)=1$，所以 $[a,b]=ab$，根据定理 4 有 $ab|m$.

例 3　已知 $[a,b]=m$，求证：$\left(\frac{m}{a},\frac{m}{b}\right)=1$.

证明　因为 $[a,b]=m$，所以由定理 5 有 $(a,b)=\frac{ab}{m}$.

再由定理 1 可知，

$$\left(\frac{ma}{ab},\frac{mb}{ab}\right)=1,$$

即$\left(\frac{m}{a},\frac{m}{b}\right)=1$.

例 4 将长 60 cm、宽 15 cm、高 12 cm 的长方体分成完全一样的尽可能大的正方体，不能有剩余，每个正方体的体积是多少？一个可以分成多少个这样的正方体？

解 根据题意，只要找出 60，15，12 的最大公因数，以最大公因数为棱长的正方体，就是满足题中条件的尽可能大的正方体.

因为$(60,15,12)=3$，所以，每个正方体的体积是 $3^3=27\ (\text{cm}^3)$，这样的正方体的个数是$(60\div3)\times(15\div3)\times(12\div3)=400$个.

2.4.3 最大公因数的求法

求几个正整数的最大公因数最直接的方法是分解质因数法.

例 5 求 2 700，7 560 和 3 960 的最大公因数.

解 因为 $2\,700=2^2\times3^3\times5^2$，$7\,560=2^3\times3^3\times5\times7$，$3\,960=2^3\times3^2\times5\times11$，所以$(2\,700,7\,560,3\,960)=2^2\times3^2\times5=180$.

因为我们所需要的只是几个公有的质因数，为了书写简便起见，常用下面的方法来求几个数的最大公因数. 如上例可以写成下面的形式：

2	2 700	7 560	3 960
2	1 350	3 780	1 980
3	675	1 890	990
3	225	630	330
5	75	210	110
	15	42	22

所以$(2\,700,7\,560,3\,960)=2^2\times3^2\times5=180$.

利用这种方法求最大公因数时，不是必须用公有的质因数去除，如果很容易看出较大的公因数，也可以用公因数去除. 例如，上述问题可以先用 10 除，再用 2 除，最后用 9 除.

求两个整数的最大公因数也可以运用前面的定理 3，即如果 $a=bq+r$，则$(a,b)=(b,r)$.

例 6 求$(319,377)$.

解 $(319,377)=(319,319\times1+58)=(319,58)$

$=(58\times5+29,58)=(29,58)=29.$

这种方法叫作辗转相除法(也叫作欧几里得算法),我国最重要的数学古文献《九章算术》和古希腊欧几里得的《几何原本》中均有所提及.

2.4.4 最小公倍数的求法

求几个正整数的最小公倍数最直接的方法也是分解质因数法.

例 7 求 96,30 和 132 的最小公倍数.

解 因为 $96=2^5\times3,30=2\times3\times5,132=2^2\times3\times11$,

所以 $$[96,30,132]=2^5\times3\times5\times11=5\,280.$$

为了书写简便起见,与求最大公因数类似,常用下面的方法来求几个数的最小公倍数.如上例可以写成下面的形式:

$$\begin{array}{r|rrr}
2 & 96 & 30 & 132 \\ \hline
3 & 48 & 15 & 66 \\ \hline
2 & 16 & 5 & 22 \\ \hline
 & 8 & 5 & 11
\end{array}$$

所以$[96,30,132]=2^5\times3\times5\times11=5\,280$.

一般地,要求几个数的最小公倍数,可以先取出它们公有的一切质因数,再取出其中的几个数公有的质因数,然后把所有的公有的质因数以及每个数独有的质因数连乘起来.

此外,先求两个数的最大公因数,再运用定理 5,也可以求出两个数的最小公倍数.

第 5 节 小学数学中整除理论若干对概念的辨析

小学数学关于整除理论只涉及与数的整除有关的问题,根据《标准(2011)》,数的整除这部分内容被安排在第二学段,其知识目标要求如下:

(1) 知道 2,3,5 的倍数的特征,了解公倍数和最小公倍数;在 1 到 100 的自然数中,能找出 10 以内自然数的所有倍数,能找出 10 以内两个自然数的公倍数和最小公倍数.

(2) 了解公因数和最大公因数;在 1 到 100 的自然数中,能找出一个自然数的所有因数,能找出两个自然数的公因数和最大公因数.

(3) 了解自然数、整数、奇数、偶数、质数和合数.

数的整除知识属于整数范围,因此要在学过整数的认识和整数四则运算的基础上进行教学.在小学数学中教这部分内容,主要是为学习分数的约分、通分及分数四则运算、分数与小数混合运算打下扎实基础.同时也使学生获得一些有关整数的新知识,从而加深对整数性质的认识.它是由整数进入分数的过渡知识,且是不可缺少的基础知识.

这部分内容的教学重点是数的整除的有关概念、能被 2,3,5 整除的数的特征和最大公因数、最小公倍数的求法.教学的难点是求最大公因数、最小公倍数的算理及求三个数的最小公倍数的方法.

各个版本的小学数学教材中关于数的整除这部分内容均有两个特点:第一,概念比较多,比较抽象,难以理解,不少概念是在已知概念的基础上,通过判断、推理,归纳出来的;第二,概念的前后联系比较紧密,这些概念之间有紧密的逻辑关系,组成了一个较严密的知识结构,在这个知识结构中蕴藏着丰富的智能因素.

基于上述对教材的分析,教学中重点应加强对以下几对易混概念的辨析.

2.5.1 整除和除尽

对于整数 a,b,其中 $b\neq 0$,如果存在一个整数 q,使得等式 $a=bq$ 成立,我们就说 b 整除 a 或 a 能被 b 整除,记作 $b|a$.

学习整除这一概念时,要讲清以下两点:

(1) 谈数的整除时所说的数,一般只指自然数 1,2,3,…,不包括 0.如果包括 0 的话,教学中会带来不必要的麻烦,不便于学生学习.例如,讲数的整除,如不规定 0 不属于它研究的范围,就会从"0 是任何自然数的倍数"得出"几个数的最小公倍数必然是 0"的结论,显然无实际意义.

(2) 整除与除尽是有区别的.教学时可列举几道除式让学生比较:

$$17\div 3=5\cdots 2 \quad ①;\qquad 15\div 0.5=30 \quad ②;\qquad 15\div 5=3 \quad ③.$$

其中,①是除不尽,②能除尽,但不是整除,③能除尽,且是整除.通过比较使学生理解,一个数除以另一个数,只要没有余数,不管商是不是自然数,都叫作除尽.而整除不仅要求被除数、除数和商一定是自然数,而且是没有余数的.能除尽的不一定都是整除,能整除的一定能除尽.

2.5.2　因数和倍数

如果 $b|a$，则 a 叫作 b 的倍数，b 叫作 a 的因数(有时也叫作 a 的约数).

教学时要讲清以下几点：

(1) 因数和倍数是互相依存的一对概念，都不能独立存在. 例如，12 能被 3 整除，12 就叫作 3 的倍数，3 就叫作 12 的因数.

(2) 因数和倍数必须以整除为前提，只有当数 a 能被数 b 整除时，a 才是 b 的倍数，b 才是 a 的因数.

(3) 在数的整除中所讲的倍数跟过去讲过的倍数是不同的，过去讲的倍数是表示两个量相比所得几倍的数值，而且不一定都是自然数. 例如，2.7 米是 1.8 米的 1.5 倍. 而在数的整除中所讲的倍数是表示两个数的关系，是针对因数而言的，它不表示两个数之间的比值.

(4) 通过对具体例子的观察，使学生认识到：一个数的因数的个数是有限的，其中最小的因数是 1，最大的因数是它本身. 而一个数的倍数的个数是无限的，最小的倍数是它本身. 一个数本身，既是它最大的因数，又是它最小的倍数. 例如，12 的因数有 1，2，3，4，6，12，其中最大的因数是 12，12 的倍数有 12，24，36，…，其中最小的倍数是 12.

2.5.3　偶数和奇数

偶数与奇数的概念是利用整除概念定义的. 能被 2 整除的数叫作偶数，不能被 2 整除的数叫作奇数. 教学时，可讲清以下两点：

(1) 在自然数里最小的偶数是 0，偶数有无限多个. 在自然数里最小的奇数是 1，奇数也有无限多个.

(2) 偶数、奇数都具有自然数的特性，所不同的是相邻的两个偶数或两个奇数之间相差 2，不是相差 1. 如果学生基础比较好的话，还可以让他们初步理解和掌握偶数的运算性质：任意多个偶数的和都是偶数，任意多个偶数的差都是偶数，任意多个偶数的积都是偶数.

2.5.4　质数和合数

在讲解质数、合数的概念前，可以先复习因数和倍数的概念. 在找出例题中几个数的所有因数时，还应该让学生找出自然数 1 的因数，然后根据各数含有因数个数的多少，把这些数分成三类：一类是只有两个因数(即除了 1 和它本身外，不再有别的因数)，这样的数就是质数；另一类是有三个或三个以上的因数(除了

1和它本身外,还有别的因数),这样的数就是合数;还有一类是只有一个因数,这样的数只有一个,就是1.这样,对照质数、合数的定义,学生才能清楚地知道1既不是质数,也不是合数.另外,规定"1既不是质数,也不是合数"是为了保证分解质因数的唯一性.教学中教师还应讲清以下几点:

(1) 在所有的自然数里,除了0和1以外,其他的数不是质数就是合数.

(2) 自然数的个数是无限的,质数和合数的个数也是无限的.没有最大的自然数,也就没有最大的质数和最大的合数.有最小的自然数,也就有最小的质数和最小的合数.最小的自然数是0,最小的质数是2,最小的合数是4.

(3) 在所有的质数里只有一个偶数,就是2,其他的都是奇数,但不等于说所有的奇数都是质数.在所有的偶数里,只有一个2是质数,其他的都是合数,但不等于说所有的合数都是偶数.

2.5.5 因数和质因数

因数是与乘积紧密联系着的,它不能单独存在.相乘的几个数都叫作积的因数.如果将一个合数分解成几个数相乘的形式(这几个数相乘的积等于原来这个合数),那么这几个数就是这个合数的因数.如 $24=4\times6$ 或 $24=3\times8$,这里4和6,或3和8都可以说是24的因数.教学时要讲清质因数与因数这两个概念的联系和区别.在此要注意辨析两点:

(1) 一个数本身是质数,且又是某一个合数的因数,我们就说这一个数是某个合数的质因数.如 $24=2\times2\times2\times3$,这里的2和3都是质数,又都是24的因数,所以它们都是24的质因数.

(2) 如果一个合数的某一个因数不是质数,那么这个因数就不能称为这个合数的质因数.

2.5.6 互质数和两两互质

在求最大公因数和最小公倍数的时候,常常要用到互质数这个概念,在教学时,一定要通过比较,讲清以下三点:

(1) 公因数只有1的两个数,才叫作互质数.

(2) 质数是就一个数而言的,它可以独立存在,例如说5是质数.称作互质数的两个数是相互依存的,不能独立存在,例如不能说5是互质数,可以说5和6是互质数,或说5和6互质.

(3) 互质的两个数本身不一定都是质数.根据互质数的定义可知,两个不同的质数一定是互质数,但互质的两个数不一定都是质数,可以一个是质数,一个是合数，如 5 和 8，也可以两个都是合数，如 4 和 9 等.

在求三个数的最小公倍数时，还要用到“两两互质”的概念. 所谓两两互质，是指三个或三个以上的数中，任意两个数都互质. 如 4 和 5 是互质数，5 和 7，4 和 7 也各是互质数，所以 4，5 和 7 这一组数两两互质. 由于 4 和 6 不是互质数，那么 4，5 和 6 这一组数就不是两两互质的.

2.5.7　最大公因数和最小公倍数

教学时，在复习因数和倍数概念的基础上，先让学生了解公因数和公倍数的概念，然后再讲解最大公因数和最小公倍数的概念. 在教这两个概念时，要讲清以下四点：

(1) 利用交集的图形，讲清“公”的概念.

(2) 由于一个数的因数的个数是有限的，所以几个数公因数的个数也是有限的. 由于一个数的最大因数是它本身，所以几个数的最大公因数不会大于这几个数中最小的一个数. 由于一个数的最小因数是 1，所以几个数的最小公因数肯定是 1，因此求几个数的最小公因数就没有实际意义.

(3) 由于一个数的倍数的个数是无限的，所以几个数公倍数的个数也是无限的，因此求几个数的最大公倍数也没有意义. 由于一个数最小的倍数是它本身，所以几个数的最小公倍数不会小于这几个数中最大的一个数.

(4) 如果两个数是互质数，那么它们的最大公因数就是 1，它们的最小公倍数就是这两个数的积. 如果两个数中数 b 是数 a 的因数，那么它们的最大因数就是 b，它们的最小公倍数就是 a.

“最大公因数、最小公倍数的求法”历来是数的整除这部分内容的教学难点，突破这个难点，可以从以下三个层次入手：

第一，奠定基础层. 在讲解有关概念时，就要进行一系列的基本训练，为教学求最大(小)公因(倍)数打下基础. 具体可以进行如下训练：① 语言表达的训练. 如 $8\div4=2$，可表达为“8 能被 4 整除”“4 能整除 8”“8 是 4 的倍数”“4 是 8 的因数”. ② 判断能否被 2，3，5 整除的训练. 先是判断能否被一个数整除，再判断能否同时被两个数整除. ③ 求一个合数的全部因数的训练. 从最小的因数找起，一直找到这个数本身，从小到大两头写出某合数的成对因数. ④ 判断两个数是否互质的训练. 一般采用排列因数法，看它们是否只有公因数 1，若属于特殊情况，可以直接判断. ⑤ 分解质因数的训练. 对数目小的可直接分解，对数目较大的用短除法分解.

第二，讲清算理层. 先用排列法求出两个数的因数和倍数，然后用交集法使学生认识公因数和公倍数的概念.在此基础上,把几个数分解质因数,通过观察、对比分析,从而归纳出几个数的最大公因数就是全部公有质因数的连乘积,最小公倍数就是几个数公有质因数和各个数独有质因数的连乘积.而用复合短除法是通过分解质因数求几个数的最大(小)公因(倍)数的简捷方法.

第三,掌握算法层.求两个数的最大公因数和最小公倍数的一般方法是用复合短除法分解质因数,所有除数的乘积就是它们的最大公因数,所有除数和商的乘积是它们的最小公倍数.

由于求最大公因数和求最小公倍数的方法相似,学生常因概念不清而发生混淆.所以,在教学这两种方法以后,一方面要对这两种方法进行比较,区分它们的异同,另一方面要加强混合练习,让学生同时求一组数的最小公倍数和最大公因数,使他们在实际练习中掌握这两种方法.

思 考 题

1. 你能推广"连续两个自然数的乘积能被 2 整除"这个结论吗?并给出理由.

2. 求前 n 个正奇数的和.

3. 今有物不知其数,三三数之剩二,五五数之剩三,七七数之剩二,问物几何?(源自《孙子算经》)

4. 求自然数 864 的所有正因数的和.

5. 找出一种能被 17 整除的数的特征.

6. 请利用互联网查找目前已知的最大质数是多少,它有多少位?

7. 编制一张 200 以内的质数表.

8. 查阅有关资料,再列举两个有关质数的猜想,最好能给出它们的研究进展.

9. 设 $(10,a)=1$,证明:存在正整数 t,使得 $a\mid(10^t-1)$.

第3章
几何度量

几何学译自 Geometry，其含义是“测地术”，是为测量地段的大小以供农业的需要而产生的. 因此，几何学的知识最初是由于生产、生活的需要而产生的，是单纯实验总结的结果，数学史上称之为实验几何时期，也就是未通过推理证明的意思. 随着历史的发展，几何又经历了开始推理几何时期、建立逻辑体系几何时期、完备的推理几何建成时期和非欧几何时期等.

现行小学数学教材中“图形与几何”这一领域的具体内容分为四个部分：图形的认识、测量、图形的运动、图形与位置. 其中，几何度量部分（即测量）的内容从属于实验几何. 小学的任务是将有关几何图形的角度、长度、面积、体积的经验性知识进行数学描述. 由于小学生的年龄特点、心理特征和知识结构等因素，在小学数学里，不可能也没必要进行严格的定义和研讨. 本章的目的就是以小学数学中的几何度量为起点，从学科理论层面展开针对性研究.

第1节　度量理论

度量是指把待度量的量与一个作为标准的同类量进行比较的过程. 具体地说，度量就是要得出待度量的量中含有多少个作为标准的同类量. 可见，所谓度量，是用一个数值来表示物体的某一属性. 在物体众多的属性中，首先会想到的是几何属性，如长度、面积、体积等，这些都是在现实世界中广泛存在的. 因此，度量提供了人类用数来描述世界的方法，将数的抽象世界与客观物体的具体现实联系起来，度量的思想已经成为表征客观现实对象，并将其由定性描述上升到定量描述的最为重要的思想之一. 同时，要度量物体长度、面积、体积的“大小”或“多少”，会涉及比较、排序、量化物体、化归思想方法等非常有价值的学习内容，从而度量也是促进数学思想发展的重要活动. 随着科技的发展以及对实用技能需求的增加，度量内容渗透到生活的各个领域. 几何是对空间的理解、探索和征服，是关于平面、空间关系的学科，物体的形状和性质是几何学的基本研究对象.

几何度量可以帮助我们刻画物体的形状(比如长短、大小等),研究物体之间的相互关系,探究物体内部各要素的联系(比如长方形、正方形、三角形各边的几何问题).可以说,度量是建构几何理论体系的基础,是人们认识、描述生活空间并进行交流的重要工具.

3.1.1 计量单位

在对一个量进行度量时,首先要选定一个与之同类的量作为标准,这个被选中的同类标准量叫作计量单位.

在几何度量中,对于一维图形,只能选择某条线段作为度量标准,以它的长度作为计量单位来测量一维图形的长度.常用的长度单位有千米、米、分米、厘米、毫米、微米、纳米等.

对于二维封闭的平面图形,只能选择同样封闭的平面图形作为度量标准,以它的面积作为计量单位来测量二维图形的面积.但二维平面图形有多种(如正方形、平行四边形、三角形、梯形、五边形、圆等),只要是能够进行密铺(即用该图形平铺时,能够既不重叠也没有空隙)的平面图形,都可以作为二维平面图形的度量标准.为了方便起见,一般选择正方形作为度量标准,把它的面积作为计量单位.常用的面积单位有公顷、顷、平方千米、平方米、平方分米、平方厘米、平方毫米等.

对于三维封闭的空间图形,只能选择封闭的空间图形作为度量标准,以它的体积作为计量单位来测量三维图形的体积.与二维平面图形一样,可以作为体积的度量标准的空间图形有多种,一般选择正方体作为度量标准,把它的体积作为计量单位.常用的体积单位有立方米、立方分米、立方厘米、立方毫米、升、毫升等.

对于一种二维不封闭的平面图形——角,可以选择某个角作为度量标准,以它作为计量单位来测量角的大小.将圆周角平均分成360等份,将每一份作为度量标准(记为1度),以它的大小为计量单位来测量角的大小的制度叫作角度制.在同一个圆中,将弧长等于半径的圆弧所对的圆心角作为度量标准(记为1弧度),以它的大小为计量单位来测量角的大小的制度叫作弧度制.将圆周角平均分成6 000等份,将每一份作为度量标准(记为1密位),以它的大小为计量单位来测量角的大小的制度叫作密位制.常用的角的计量单位有:度、弧度、密位等.

3.1.2 量数

在度量一个量时,先选定计量单位,当计量单位选定之后,就将要度量的量与计量单位进行比较，也就是数出待度量的量中有多少个该计量单位，这完全是一个计数问题. 最后数出的数是多少，这个量的量数（或度量，或值）就是多少.

下面以线段的长度为例，说明在度量时如何进行计数.

一、量数是整数

选一条线段 a 作为度量标准（以它的长度为计量单位），用线段 a 去度量另一条线段 AB，量了若干次后没有剩余，所量的次数称为量数（是整数），就是该线段的长度. 例如，以 1 米长的线段去度量线段 AB，4 次恰好量完，则线段 AB 的量数为 4，其长度为 4 米.

二、量数是有理数

选一条线段 a 作为度量标准（以它的长度为计量单位），用线段 a 去度量另一条线段 AB，量了若干次后有剩余（剩余部分不足 a），则以线段 a 的$\frac{1}{10}$为新的度量标准去度量剩余部分，如果在若干次的度量后恰好量完，得到的量数是一个一位有限小数（是有理数）；如果在若干次的度量后还有剩余（剩余部分不足 a 的$\frac{1}{10}$），则以线段 a 的$\frac{1}{10}$的$\frac{1}{10}$（即线段 a 的$\frac{1}{10^2}$）为新的度量标准去度量前一次的剩余部分，如果在若干次的度量后恰好量完，得到的量数是一个两位的有限小数（是有理数）；如果在若干次的度量后还有剩余（剩余部分不足 a 的$\frac{1}{10^2}$），则以线段 a 的$\frac{1}{10^3}$为新的度量标准去度量剩余部分……如果以上过程在 n 步后结束，即以 a 的$\frac{1}{10^n}$为新的度量标准去度量前次的剩余部分恰好量完，那么得到的量数是一个 n 位的有限小数（是有理数）. 比如，以 1 米长的线段去度量线段 AB，量了 4 次后还有剩余（剩余部分不足 1 米），再以 1 米的$\frac{1}{10}$（1 分米）的线段去度量剩余部分，量了 3 次后还有剩余（剩余部分不足 1 分米），再以 1 米的$\frac{1}{10^2}$（1 厘米）的线段去度量前次的剩余部分，5 次恰好量完，则线段 AB 的量数为 4.35，其长度为 4 米 3 分米 5 厘米，即 4.35 米. 如果想要得到线段 AB 的一个整量数，那么可以用较小的计量单位厘米去度量，435 次恰好量完，线段 AB 的量数为 435，其长度为 435 厘米.

如果以上过程是无限的，即每次以 a 的$\frac{1}{10^n}$（n 依次取 1，2，3，…）为新的度量标准去度量前次的剩余部分都有剩余，且从某一次（以 a 的$\frac{1}{10^k}$为度量标准）开始，以新的度量标准去度量前次的剩余部分时，所得的量数按照一定的规律不断重复出现，就得到一个从小数点后第 k 位开始的无限循环小数，其长度也是有理数. 如 4.333…，即为 $4\frac{1}{3}$；又如 4.352 22…，即为 $4\frac{317}{900}$；再如 5.318 181 8…，即为 $5\frac{7}{22}$.

三、量数是无理数

选一条线段 a 作为度量标准（以它的长度为计量单位），用线段 a 去度量另一条线段 AB，若上述情况都不会出现（既不会出现量了若干次后恰好量完，也不会出现从某一次开始，以新的度量标准去度量前次的剩余部分时，所得量数按照一定的规律不断重复出现），则其量数既不是整数和有限小数，也不是无限循环小数，此时我们可以运用前面的度量方法和闭区间套定理，用有理数列逼近线段 AB 的长度，得出该线段的量数. 由于该量数不是有理数，我们称之为无理数.

以度量边长为 1 米的正方形的对角线为例，来说明是如何度量出一条线段的长度是无理数的：先以 1 米长的线段去度量边长为 1 米的正方形的对角线，量了 1 次后有剩余但不足 2 次，因此对角线的长度在 1 米和 2 米之间，即在闭区间 [1,2] 内；然后以 1 米的$\frac{1}{10}$（1 分米）去度量剩余部分，量了 4 次后有剩余但不足 5 次，因此对角线的长度在 1 米 4 分米和 1 米 5 分米之间，即在闭区间 [1.4,1.5] 内；再以 1 分米的$\frac{1}{10}$（即 1 米的$\frac{1}{10^2}$）（1 厘米）去度量前次的剩余部分，量了 1 次后有剩余但不足 2 次，因此对角线的长度在 1 米 4 分米 1 厘米和 1 米 4 分米 2 厘米之间，即在闭区间 [1.41,1.42] 内；继续依次以 1 米的$\frac{1}{10^3}$，$\frac{1}{10^4}$，$\frac{1}{10^5}$，…去度量前次的剩余部分，得到对角线的长度依次在闭区间 [1.414,1.415]，[1.414 2,1.414 3]，[1.414 21,1.414 22]，…内. 分析刚才的度量过程，可以发现：

(1) 度量过程是无限的，且以 1 米的$\frac{1}{10^n}$（n 依次取 1,2,3,…）为新的度量标准去度量前次的剩余部分时，所得的量数没有规律可循；

(2) 对角线的长度所在的闭区间可以构成一个闭区间套（即从第二个闭区间开始，后一个闭区间依次被包含在前一个闭区间内部），各个区间的长度组成一个无穷数列 {1,0.1,0.01,0.001,0.000 1,0.000 01,…}，该数列的极限为 0；

(3) 这些闭区间的左端点构成的无穷有理数列{1，1.4，1.41，1.414，1.414 2，1.414 21，…}和右端点构成的无穷有理数列{2，1.5，1.42，1.415，1.414 3，1.414 22，…}都是收敛数列.

由于区间的长度趋近于0，因此这些区间的左端点最终会趋近于右端点，即左右端点构成的无穷有理数列最终收敛于数轴上的同一点，而且这个点是这些闭区间的唯一公共点，即为对角线的长度. 从刚才的过程知，它是一个无理数，通常用$\sqrt{2}$表示.

一般地，以线段 a 为度量标准去度量线段 AB，得出线段 AB 的量数是无理数的过程，与度量单位正方形对角线长度的过程是完全类似的.

3.1.3　度量公理

中小学里所说的角度、长度、面积、体积等概念，都是一种直观的描述. 它们有很多共同的特性：

(1) 角度、长度、面积、体积是分别对一类几何图形而言的，都能对应一个数，也就是说，都能在一类图形所成的集合与非负实数集之间建立一个映射(可测性)；

(2) 选定作为度量标准的角的角度为1，选定作为度量标准的线段的长度为1，边长为1的正方形的面积为1、棱长为1的正方体的体积为1(正则性)；

(3) 不相交的两个图形的面积(体积)是两个图形的面积(体积)之和(有限可加性)；

(4) 图形经过运动(指平移、旋转、反射等全等变换)之后，其角度、长度、面积、体积不变(运动不变性)；

(5) 如果图形 A 包含图形 B，那么图形 A 的角度、长度、面积、体积大于图形 B 的角度、长度、面积、体积(顺序性).

以上特性是从生活经验中总结出来的、在日常生活中已经反复使用的公理性结论，又是严格的角度、长度、面积、体积公理的出发点. 从理论上看，在传统的欧氏几何体系中，这些概念是在有关公理基础上建立和展开的；在近代数学中，测度理论成为这些概念的理论基础，即从更广泛的意义上说，角度、长度、面积、体积等都是相应几何图形的测度.

将上述特性进行抽象，可以得到它们共同的公理化定义——度量公理.

一、度量公理

设 M 为集合，$X=\{G|G$ 为 M 的某些子集$\}$，$\mathbf{R}^{+}$ 表示全体非负实数的集合，

如果从 X 到 $\mathbf{R}^+$ 的映射 f：$X\to\mathbf{R}^+$ 满足以下条件：

(1)（正则性）存在计量单位 G_0，有 $f(G_0)=1$；

(2)（有限可加性）对任意两个 $G_1,G_2\subseteq X$，G_1 与 G_2 无公共点，$G_1\cup G_2\subseteq X$，则 $f(G_1\cup G_2)=f(G_1)+f(G_2)$；

(3)（运动不变性）对任意两个 $G_1,G_2\subseteq X$，若 $G_1\cong G_2$，则 $f(G_1)=f(G_2)$；

则称 f 为 X 上的度量函数.

当用指出某一数学对象的特征性质的方法来定义该数学对象时，有两个问题需要解决：具有所要求的性质的对象是否存在？它是否由这些性质唯一确定？即存在性和唯一性问题.事实上，存在性和唯一性都是可以证明的.在《多边形面积的公理化定义》一文中，作者对多边形面积的存在性及唯一性都给予了证明（可以将该文中的证明方法推广到其他情形中）.

在上述度量公理中，全部使用集合、对应、运动等原始的语言，没有含混不清的名词，也没有循环解释，它是一个完全形式化的、符合逻辑的严密定义.

当集合 M 分别为直线、平面或三维空间时，X 分别为线段、二维封闭图形、某类二维不封闭图形或三维封闭图形的集合，这里的度量公理就分别是长度公理、面积公理、角度公理或体积公理.相应地，G_0 分别是单位长度、单位正方形、单位角、单位正方体.条件(3)中的 $G_1\cong G_2$ 的符号 $\cong$，是指 G_1 通过有限次的平移、旋转或反射可以得到 G_2，即指刚体运动（全等变换）.下面以三维图形为例来具体给出体积公理.

二、体积公理

设 M 为三维空间，$X=\{G|G$ 为 M 中的某些三维图形$\}$，$\mathbf{R}^+$ 表示全体非负实数的集合，如果从 X 到 $\mathbf{R}^+$ 的映射 V： $X\to\mathbf{R}^+$ 满足以下条件：

(1)（正则性）存在单位正方体 $G_0\in X$，有 $V(G_0)=1$；

(2)（有限可加性）对任意两个不相交的三维图形 G_1,G_2，有 $V(G_1\cup G_2)=V(G_1)+V(G_2)$；

(3)（运动不变性）X 中的图形 G 经过运动（平移、旋转或反射）之后，其体积 $V(G)$ 不变；

则称 V 为 X 上的体积，X 中的图形 G 都有体积 $V(G)$.

第 2 节　角度、长度、面积与体积

几何图形的角度、长度、面积、体积是小学数学中几何度量的主要内容.在前一节的度量公理中，我们已经给出了它们的严格的公理化定义.但由于小学生的

年龄特点和思维特点，更由于它们是一种可以在生活中自然形成的概念，所以，对于什么是角度、长度、面积、体积，在小学教材中都没有给出严格的定义，只进行了描述. 小学数学的任务是将有关几何图形的角度、长度、面积、体积的经验性知识进行数学描述. 本节我们将对这种描述作更深入的诠释，对一些内容进行适度加深，并丰富很多公式的推导和证明方法.

其实，不管是角度、长度、面积还是体积，从本质上说，它们都是一样的，都是用度量单位去度量一个同类的量，所量的次数就是量数. 若量的是角，则这个量数就叫作角度；若量的是线段，则这个量数就叫作线段的长度；若量的是二维封闭的平面图形，则这个量数就叫作该图形的面积；若量的是三维封闭的空间图形，则这个量数就叫作该图形的体积.

3.2.1　角度

一、角的两种定义

角的定义 1：以一点为公共端点的两条射线所组成的图形叫作角.

角的定义 2：重合的两条射线中的一条绕着端点旋转，旋转到一定位置后，与未旋转的一条射线组成的图形叫作角. 按顺时针方向旋转则所得角为正角，按逆时针方向旋转则所得角为负角，不作任何旋转所得的角为零角. 根据旋转的方向及圈数的不同，可以得到任意大小的角.

二、角度的计量单位

表示角的大小的量叫作角度，常用的计量单位有度和弧度.

将圆周角平均分成 360 等份，每一份就是 1 度的角. 以 1 度的角为度量标准去度量角的大小的制度，叫作角度制. 特别地，90°的角叫直角，180°的角叫平角，360°的角叫周角. 在小学范围内，通常只涉及 0°～360°之间的角.

在同一个圆中，将弧长等于半径的圆弧所对的圆心角叫作 1 弧度的角. 以 1 弧度为度量标准去度量角的制度叫作弧度制. 在建立了弧度制之后，角的集合与实数集之间能建立起一一对应关系（即任何一个角所对应的弧度必定是一个实数；任一实数对应的一个弧度，必定是某个角的弧度数）.

3.2.2　长度

一、长度的含义及计量单位

长度在《新华字典》中与数学相关的释义是：线段两端点之间的距离；而距离的释义则是：相隔的长度. 由此可见，长度用距离解释，而距离又说成是相隔的长度，成为循环解释. 因此，这里所说的并非是严格的逻辑定义，只是经验性的描述.但是,这并不妨碍我们对长度的理解.

不同的国家、不同的时代有着很多不同的长度度量标准——单位长度.如,我国民间老百姓曾经用“拃”(张开的大拇指和中指两端的距离)、“庹”(成人两臂左右平伸时两手之间的距离)作为计量单位,英国曾经用“英尺”(英国约翰王一个脚印的长度)作为计量单位,这些其实都是利用自己身体的一部分作为“尺子”来度量长度,简单方便但不够准确.现在全世界统一用国际标准制中的长度单位:……毫米、厘米、分米、米、千米……便于交流.其中“米”定义为:光在299,792,458分之一秒内在真空中所走的长度.

二、周长

《新华字典》中周长的解释是:圆、椭圆或其他闭合的曲线的周界长度,即封闭曲线一周的长度.小学数学中的平面图形一般都比较简单,因而,周界多半只限于直线段(一般构成的是多边形)或圆弧.

1. 多边形的周长

长方形、正方形、三角形、平行四边形、梯形等多边形的各条边都是直线段,只需度量出各条边的长度,其周长等于所有边的长度之和.

2. 圆的周长

圆是一条封闭的曲线段,不能按度量线段长度的方法直接度量其长度.怎么办呢?在数学中,“化曲为直”是常用的方法.此处,“化曲为直”是指将圆在某点处剪开、拉直,然后再度量直线段的长度.这样做,看起来是解决了圆的周长问题,但实际上既麻烦也不可行(不是每个圆都可以剪开、拉直).但是,按照上述方法度量了若干个不同大小的圆的周长和直径后,经计算发现,每个圆的周长与直径的比都非常接近,也就是说,圆的周长与直径的比是一个常数(数学家将该常数记为 π),即 $\frac{C}{d}=\pi$(常数).其实,早在公元前两千多年,古代的巴比伦、埃及、中国和以色列人就已先后发现了这一事实.有了常数 π 后,可以推导出圆的周长公式:$C=\pi d=2\pi r$.这样,只要知道圆的直径或半径(一条直线段的长度),就可以用公式求圆的周长(一条封闭曲线段的长度)了.由此可见,我们最终还是通过“化曲为直”解决了圆的周长问题.

关于 π,我们知道它是一个无理数,而且是一个超越数.

π(读作“派”)是第十六个希腊字母,本来它与圆周率没有关系,但大数学家欧拉从 1736 年开始,在书信和论文中都用 π 来表示圆周率.因为他是大数学家,所以人们也用 π 来表示圆周率了.古希腊欧几里得在《几何原本》(约公元前 3 世纪初)中提到圆周率是常数,中国古算经《周髀算经》(约公元前 2 世纪)中有“径一而周三”的记载，也认为圆周率是常数. 第一个用科学方法寻求圆周率数值的人是阿基米德，他在《圆的度量》(公元前 3 世纪）中用圆内接和外切正多边形的周长确定圆周长的上下界，从正六边形开始，逐次加倍计算到正 96 边形，得到 $\left(3+\left(\frac{10}{71}\right)\right)<\pi<\left(3+\left(\frac{1}{7}\right)\right)$，开创了圆周率计算的几何方法(亦称古典方法，或阿基米德方法)，得出精确到小数点后两位的 π 值. 中国数学家刘徽在注释《九章算术》(263 年)时只用圆内接正多边形就求得 π 的近似值，也得出精确到两位小数的 π 值，他的方法被后人称为“割圆术”. 南北朝著名数学家祖冲之进一步得出精确到小数点后 7 位的 π 值(约 5 世纪下半叶)，给出不足近似值 3.141 592 6 和过剩近似值 3.141 592 7，还得到两个近似分数值，密率 $\frac{355}{113}$ 和约率 $\frac{22}{7}$. 他的辉煌成就比欧洲至少早了 1 000 年. 阿拉伯数学家卡西在 15 世纪初求得圆周率的 17 位精确小数值，打破祖冲之保持近千年的纪录. 德国数学家柯伦于 1596 年将 π 值算到 20 位小数值，之后又投入毕生精力，于 1610 年算到小数点后 35 位数，该数值被用他的名字称为“鲁道夫数”. 无穷乘积式、无穷连分数、无穷级数等各种 π 值的表达式纷纷出现，π 值的计算精度也迅速增加. 1706 年英国数学家梅钦计算 π 值突破 100 位小数大关. 1873 年另一位英国数学家尚可斯将 π 值计算到小数点后 707 位. 到 1948 年英国的弗格森和美国的伦奇共同发表了 π 的 808 位小数值，成为人工计算圆周率值的最高纪录. 电子计算机的出现使 π 值的计算有了突飞猛进的发展. 2011 年 10 月 16 日，日本长野县饭田市公司职员近藤茂利用家中电脑将圆周率计算到小数点后 10 万亿位.

3.2.3　面积

面积的概念很早就形成了. 在古代埃及，尼罗河每年泛滥一次，洪水给两岸带来了肥沃的淤泥，但也抹掉了田地之间的界限标志. 洪水退去之后，人们需要重新划出田地的界限，这就必须丈量和计算田地. 于是就逐渐有了面积的概念.

一、面积的含义

物体的表面(或平面图形)是一个二维的封闭图形，直观地感觉它所占有的区域具有一定的大小. 因此，物体表面(或平面图形)的大小，是物体表面(或平面图形)的面积.

在这里，“面”是“有长有宽而没有厚度”的一种“行迹”，而这种行迹并不一定必须是“平面”的. 例如，圆柱、圆锥、圆台的侧面积，球面面积等. 在小学里，主要讨论平面图形的面积以及圆柱的侧面积(展开即成平面图形).

用边长为1的正方形(规定其面积为1个平方单位)去度量一个二维图形的表面,所得的量数,称为该图形的面积.

在有了长度单位后,面积单位也随之确定.

二、面积的计算

1. 长方形的面积

用单位正方形去度量长方形,所得的量数是该长方形的面积.

若长方形的长、宽分别为整数 a,b,则沿着长方形的长可以摆 a 个单位正方形,沿着长方形的宽可以摆 b 排,一共摆了 ab 个单位正方形,所以该长方形的面积 $S=ab$. 特别地,当 $a=b$ 时,即得到正方形的面积为 $S=a^2$.

若长方形的长、宽是有限小数、无限循环小数或无理数,则与度量线段长度的方法类似,同样可以得出长方形的面积. 总之,不管 a,b 是什么数,长方形的面积都为 $S=ab$.

2. 其他平面多边形的面积

长方形的面积公式是推导其他平面图形的面积公式的基础. 也就是说,在推导出长方形的面积公式后,不必再像推导长方形的面积公式一样,用度量的方法去推导其他多边形的面积公式. 如,可通过“剪、移、拼”将平行四边形化归为长方形,进而推导出平行四边形的面积为 $S=ah$;可通过拼接将两个全等的三角形(梯形)化归为平行四边形,进而推导出三角形(梯形)的面积;也可通过连接长方形的对角线,得出直角三角形的面积是相应的长方形面积的一半,再将任意三角形化归为直角三角形.

对于任意多边形,可以先将其分割为若干个三角形,再分别求出各个三角形的面积,然后求出这些三角形面积的和,即为原多边形的面积. 因此,要求出任意多边形的面积,关键是求出分割后所有三角形的面积. 由此可见,计算三角形的面积是计算任意多边形面积的基础.

关于三角形的面积公式,前面已经推导出一个很常用的公式 $S=\frac{1}{2}ah$,在这个公式里涉及三角形的两个量:一条边和这条边上的高. 但很多时候容易知道的是确定三角形的三个基本量(三条边). 此时,如果有一个只与三角形的三边有关的面积公式,那将会给三角形面积的计算带来方便. 其实,在数学史上已经有了两个这样的三角形面积公式. 现分别介绍如下:

海伦公式 已知三角形的三边长分别为 a,b,c,三角形的面积为 S,则 $S=\sqrt{p(p-a)(p-b)(p-c)}$,其中 $p=\frac{a+b+c}{2}$(称 p 为三角形的半周长).

秦九韶公式(三斜求积公式)　已知三角形的三边长分别为 a,b,c，三角形的面积为 S，则

$$S=\sqrt{\frac{a^2c^2-\left(\frac{a^2+c^2-b^2}{2}\right)^2}{4}}=\sqrt{\frac{b^2c^2-\left(\frac{b^2+c^2-a^2}{2}\right)^2}{4}}$$

$$=\sqrt{\frac{a^2b^2-\left(\frac{a^2+b^2-c^2}{2}\right)^2}{4}}.$$

证明　$S=\frac{1}{2}ah=\frac{1}{2}ab\sin C=\frac{1}{2}ab\sqrt{1-\cos^2C}$

$$=\frac{1}{2}ab\sqrt{1-\left(\frac{a^2+b^2-c^2}{2ab}\right)^2}$$

$$=\sqrt{\frac{a^2b^2-\left(\frac{a^2+b^2-c^2}{2}\right)^2}{4}}\text{——秦九韶公式}$$

$$=\frac{1}{4}\sqrt{(a+b+c)(a+b-c)(b+c-a)(a+c-b)}$$

$$=\sqrt{p(p-a)(p-b)(p-c)}.\text{——海伦公式}$$

从刚才的证明过程可知，三角形面积的海伦公式和秦九韶公式形异质同，因此二者等价.

综上可知，推导平面多边形的面积公式用的是数学中常用的一种思想方法——化归，即以长方形的面积公式为基础，将其他图形“转化归结”为已会求面积的图形.

3. 圆的面积

圆是一条封闭的曲线段，其面积公式的推导比刚才讲到的多边形稍复杂. 但思想方法是一样的，仍需要将圆“化归”为已会求面积的图形. 苏教版教材上用的是一种比较形象、直观的方法，即为印度圆. 数学上严谨的求法必须要用到极限的思想和极限的有关知识，我国古代刘徽的“割圆术”即是这种方法的雏形.

印度圆　小学数学中常常使用“印度圆”的方法解释圆面积公式的来源. 12 世纪前，印度人常用直观的方法去研究几何图形. 如图 3-1 所示，取两个相等的半圆，把它们等分成相同的若干个全等扇形，然后把它们沿着半径剖开(但扇形的圆弧仍然连着)，展平成锯齿条形；再把两个锯齿形互相嵌入，即成为一个近似的矩形. 份数分得越多，其结果愈接近矩形，这个矩形的长为圆周长的一半(即 $\frac{C}{2}$)，宽为圆半径 r，面积为 $\frac{C}{2}\cdot r$，从而得圆面积为 $S=\frac{C\cdot r}{2}=\pi r^2$.

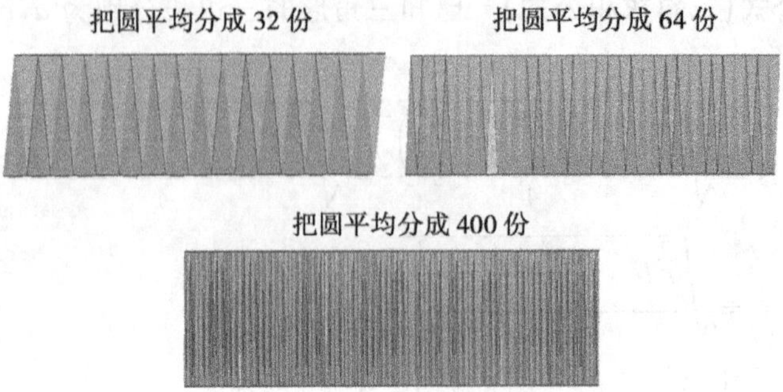

图 3-1

刘徽用割圆法求圆面积　刘徽将极限思想和无穷小分割引入了数学证明. 他从圆内接正六边形开始割圆,“割之弥细,所失弥少,割之又割,以至不可割,则与圆合体,而无所失矣.”也就是说,将圆内接正多边形的边数不断加倍,则它们与圆面积的差越来越小,其极限值就是所要求的圆面积.

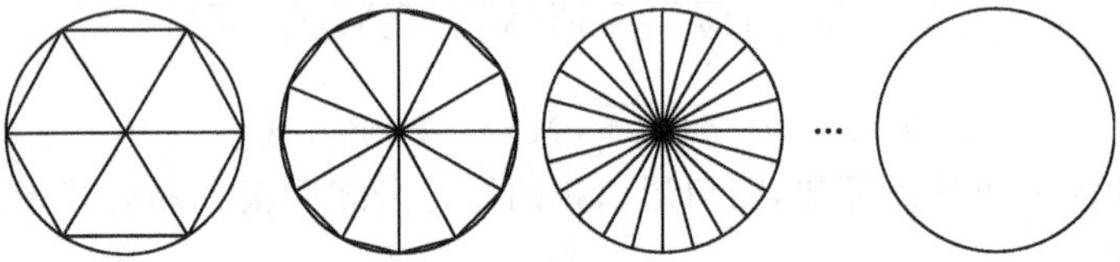

图 3-2

下面用现代的数学语言来阐述. 设圆的半径为 r,其内接正 n 边形的面积为 S_n,则 $S_n=n\left(\frac{1}{2}\cdot 2r\sin\frac{\pi}{n}\cdot r\cos\frac{\pi}{n}\right)=n\left(\frac{1}{2}r^2\sin\frac{2\pi}{n}\right)$,圆的面积

$$S=\lim_{n\to\infty}S_n=\lim_{n\to\infty}\left(n\cdot\frac{1}{2}r^2\sin\frac{2\pi}{n}\right)=\pi r^2\lim_{n\to\infty}\left(\frac{n}{2\pi}\sin\frac{2\pi}{n}\right)=\pi r^2.$$

4. 曲面面积

以上讨论的都是平面图形的面积. 小学数学中还要讨论一种特殊的曲面——圆柱面的面积. 仍用“化归”的方法,将圆柱的侧面沿着一条母线剪开,展开成一个平面图形——长方形,即得 $S_{圆柱侧}=C\cdot l=2\pi rl$.

对于圆锥面、圆台面的面积,由于它们和圆柱面一样,都是可展曲面,所以只要把它们沿母线剪开、展平,分别成为扇形和扇环,它们的面积就可以计算了.

对于球面面积,一个自然的想法是,像圆柱、圆锥、圆台侧面积的求法一样,设法剪开球面,使其展平成平面图形而求得结果. 但是,球面不是可展曲面,此种“化归”方法不可行. 该怎么进行化归呢? 我们可以类比圆面积的处理方法(如

“印度圆”)，将球面进行某种分割，然后想办法转化成某些已经会求面积的图形.如图 3-3 所示，可以用 $n-1$ 个平行于半球大圆面的平面将半球分为 n 个部分，使每一部分的“母线”都相等(这 n 个部分可近似看作是 $n-1$ 个圆台和一个圆锥)，则球心到它们的母线的距离都是 p，而它们的高分别为 $h_1, h_2, h_3, \cdots, h_n$. 于是，这些圆台、圆锥的侧面积之和为

$$\begin{aligned} S_{侧} &= 2\pi p h_1 + 2\pi p h_2 + \cdots + 2\pi p h_n \\ &= 2\pi p(h_1 + h_2 + \cdots + h_n) \\ &= 2\pi p R. \end{aligned}$$

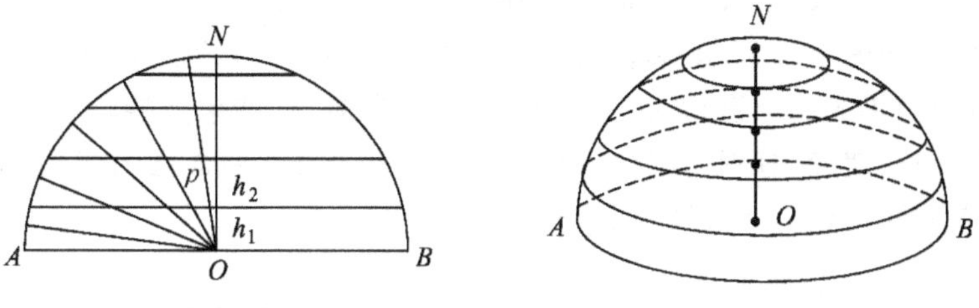

图 3-3

如果平行平面无限增加，这些圆台、圆锥的侧面积和就无限地接近于半球面的面积，同时，p 无限地接近于 R. 当 p 变为 R 时，侧面积的和 $S_{侧}$ 就变为 $2\pi R^2$，这就是半球面的面积. 因此，球面面积等于它的大圆面积的 4 倍，即 $S_{球面} = 4\pi R^2$.

3.2.4　体积

一、体积的含义

物体是一个三维图形，直观地感觉它占有一定的空间，物体所占空间的大小，叫作物体的体积.

用棱长为 1 的正方体(规定其体积为 1 个立方单位)去度量一个物体，所得的量数称为该物体的体积. 在小学里，我们主要讨论长方体、正方体、圆柱、圆锥的体积.

二、体积的计算

1. 长方体的体积

用单位正方体去度量长方体，所得的量数是该长方体的体积.

若长方体的长、宽、高分别为整数 a, b, c，则沿着长方体底面的长可以摆 a 个单位正方体，沿着底面的宽可以摆 b 排，沿着长方体的高可以摆 c 层，一共摆了 abc 个单位正方体，所以该长方体的体积为 $V = abc = S_{底} h$. 特别地，当 $a = b = c$

时，即得正方体的体积为 $V=a^3$.

若长方体的长、宽、高是有限小数、无限循环小数或无理数，则与度量线段长度、度量长方形面积的方法类似，同样可以度量长方体的体积. 总之，不管 a,b,c 是什么数，长方体的体积都为 $V=abc=S_{底}h$.

2. 圆柱的体积

与前面解决平面图形的面积问题类似，在推导出长方体的体积公式后，我们不必再用度量的方法去推导圆柱的体积公式. 可以通过适当的方法，将圆柱转化归结为已会求体积的长方体.

方法一 小学数学教材中常常使用与“印度圆”类似的方法，来解释圆柱体的体积公式. 如图 3-4 所示，将圆柱沿着中截面剪开，等分成若干个相同的部分，然后再将它们拼成一个近似长方体. 份数分得越多，其结果愈接近长方体，且这个长方体的长、宽、高分别为圆柱底面圆周长的一半 πr、底面圆的半径 r、圆柱的高 h，故其体积为 $V_{圆柱}=\pi r^2h=S_{底}h$.

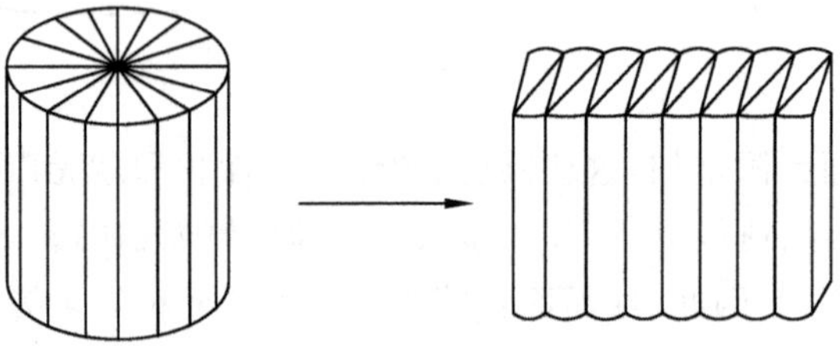

图 3-4

方法二 利用祖暅原理

祖暅原理的内容：夹在两个平行平面 α,β 间的两个几何体，被平行于这两个平行平面的任何平面所截，如果截得两个截面 P,Q 的面积总相等，那么这两个几何体的体积相等.（如图 3-5 所示）.

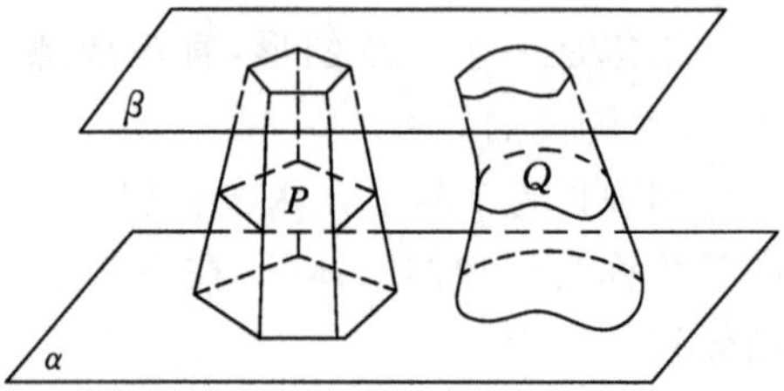

图 3-5

由祖暅原理可知，圆柱的体积等于与它同底等高的长方体的体积，而长方体的体积公式为 $V_{长方体}=S_{底}h$，从而可得圆柱的体积公式 $V_{圆柱}=S_{底}h$.

说明 用刚才的方法不仅可以推导出圆柱的体积公式，也可以推导出棱柱的体积公式. 一般地，$V_{柱体}=S_{底}h$.

方法三　利用微积分方法. 圆柱体是长方形绕一条边所在直线旋转一周所得到的旋转体. 可以用定积分中的旋转体体积公式求得.

3. 圆锥的体积

圆锥体积公式的获得至少有以下三种方法：

方法一　实验方法，也是小学教材中采用的方法. 将一个圆锥，与和它同底等高的圆柱放在一起. 用沙子充满圆锥，然后将沙子倒入圆柱体，这样倒三次后正好充满. 所以，圆锥的体积是与之同底等高的圆柱体积的三分之一，即 $V_{圆锥}=\frac{1}{3}S_{底}\ h$.

但要注意的是，用这种方法只能帮助我们去发现结论、提出猜想，所得结论(猜想)不一定正确. 要想说明它是正确的，必须给出严格的证明.

方法二　先推导出三棱锥的体积公式(通过添加另两个与之体积相等的三棱锥，将原三棱锥补全为一个与之同底等高的三棱柱，由三棱柱的体积公式得出三棱锥的体积公式为 $V_{三棱锥}=\frac{1}{3}S_{底}\ h$)，再找一个与所给圆锥同底等高的三棱锥，可以证明它们满足祖暅原理(将同底等高的圆锥与三棱锥夹在两个平行平面间，用平行于这两个平行平面的任何平面去截圆锥和三棱锥，所得截面与底面面积的比都等于它们相似比的平方，而它们的相似比各自都等于所截小锥体与原大锥体高的比，由小锥体与大锥体的高分别对应相等可知，两个截面的面积总相等)，因此这两个几何体的体积相等，即 $V_{圆锥}=V_{三棱锥}=\frac{1}{3}S_{底}\ h$.

方法三　利用微积分方法. 圆锥是直角三角形绕一条直角边所在的直线旋转一周所得到的旋转体，所以可以用定积分中的旋转体体积公式求得.

4. 球的体积及表面积的另一种求法

下面先来推导球的体积计算公式：$V_{球}=\frac{4}{3}\pi R^3$.

方法一　微积分方法. 因为球是半圆绕直径所在直线旋转一周所得到的旋转体，所以可以用定积分方法求旋转体的体积.

方法二　利用祖暅原理. 关键是要构造一个易求体积的几何体，能使得它和半球体满足祖暅原理的条件. 在底面半径和高都等于球的半径 R 的圆柱中挖去一个以圆柱的上底面为底面、下底面圆心为顶点的圆锥，可以证明，剩下的几何体与半球体满足祖暅原理. 由于剩下的几何体的体积为 $\pi R^3-\frac{1}{3}\pi R^3=\frac{2}{3}\pi R^3$，所以 $V_{球}=\frac{4}{3}\pi R^3$.

有了球的体积公式后，可以利用它来推导球的表面积公式：将球面分成 n 个部分，以每个部分为底、球心为顶点构成 n 个近似小锥体，则

$$V_{球}\approx\frac{1}{3}S_1R+\frac{1}{3}S_2R+\cdots+\frac{1}{3}S_nR=\frac{1}{3}S_{球面}R,$$

当 $n\to+\infty$ 时，$V_{球}=\frac{1}{3}S_{球面}R$，即 $\frac{4}{3}\pi R^3=\frac{1}{3}S_{球面}R$，所以 $S_{球面}=4\pi R^2$.

5. 体积与容积

体积和容积是既相互联系又相互区别的两个概念. 体积指的是物体所占空间的大小，容积指的是一个容器（物体）所能容纳物体的体积（大小）. 如，一个铁皮箱子，求它所占据的空间有多大，就是求它的体积；如果求它最多能盛多少水，就是求它的容积.

计算物体的体积和容积的具体做法不完全相同. 以长方体为例，计算长方体的体积是测量它外部的长、宽、高，而计算长方体的容积则是测量它内部的长、宽、高. 若作为数学中纯粹的长方体模型，则它的体积与容积相等. 若是生活中的长方体形实物，则它的体积与容积不相等，且体积大于容积.

因为数学中的几何体是由没有厚度的“面”（是对生活中某些物体的面的抽象）围成的，因此从物体的外部测得的数据与从内部测得的相应数据相等，从而体积与容积相等. 而生活中的物体是由有厚度的“面”围成的，因此从物体的外部测得的数据一定比从内部测得的相应数据大，从而体积大于容积.

3.2.5 周长与面积的关系

周长、面积是小学数学中的重要概念，在小学数学实践活动中，有“周长与面积的关系”这一内容. 那么，对于一个平面图形，是不是周长越大，面积也越大呢？它们之间有没有某种必然的关系呢？当然有，但对于不同的平面图形，却有着不一样的结论.

一、长方形的周长与面积的关系

设长方形的长、宽分别为 x,y，记周长为 C，面积为 S，则 $C=2(x+y)$，$S=xy$. 由于长方形的周长与面积都是关于长、宽的二元函数，因此长方形的周长与面积之间没有简单的比例关系，但它们之间还是有某种关系的：

由 $\frac{x+y}{2}\geqslant\sqrt{xy}$（当且仅当 $x=y$ 时取等号）可得，$S\leqslant\frac{C^2}{16}$ 或 $C\geqslant4\sqrt{S}$（当且仅当 $x=y$，即为正方形时取等号）.

由此可见：

(1) 对于周长一定的长方形来说，边长相等时的长方形(即正方形)面积最大；

(2) 对于面积一定的长方形来说，边长相等时的长方形(即正方形)周长最小.

二、圆的周长与面积的关系

设圆的半径为 r，周长为 C，面积为 S，则 $C=2\pi r$，$S=\pi r^2$. 易得 $S=\frac{C^2}{4\pi}$，或 $C=2\sqrt{\pi S}$.

显然，圆的周长与面积都只与半径有关，是半径的一元函数. 由公式可见，圆的面积与周长的平方成正比，或者说，圆的周长与面积的算术平方根成正比. 这就是说，对于周长一定的圆，其面积也是唯一确定的. 反之亦然.

三、三角形的周长与面积的关系

设三角形的三边长分别为 a,b,c，记周长为 C，面积为 S，则 $C=a+b+c=2p$，$S=\sqrt{p(p-a)(p-b)(p-c)}$.

与长方形一样，三角形的周长与面积之间也没有简单的比例关系，因为三角形的周长与面积都是关于三角形三条边的三元函数，当然它们之间也还是有某种关系的：

由 $\frac{x+y+z}{3}\geqslant\sqrt[3]{xyz}$(当且仅当 $x=y=z$ 时取等号)及海伦—秦九韶公式 $S=\sqrt{p(p-a)(p-b)(p-c)}$，有 $S^2=p(p-a)(p-b)(p-c)\leqslant p\cdot\left[\frac{1}{3}(p-a+p-b+p-c)\right]^3=p\cdot\left[p-\frac{1}{3}(a+b+c)\right]^3=\frac{C^4}{432}$(当且仅当 $p-a=p-b=p-c$，即 $a=b=c$ 时取等号).

由此可见，对于周长一定的三角形来说，边长都相等时，三角形(即正三角形)的面积最大.

四、圆内接四边形的周长与面积的关系

三角形能被三条边的长唯一确定，但四边形却不能(即三角形具有稳定性，四边形不具有稳定性). 因此，四边形的面积不能用四条边的长通过一个式子表示. 也就是说，除了边之外，还与四边形的内角有关. 下面考虑凸四边形的情形：

设一个凸四边形四条边的长分别为 a,b,c,d，四个内角分别为 A,B,C,D(当凸四边形的形状发生改变时，内角的大小会变化). 记周长为 C，面积为 S，则 $C=a+b+c+d=2p$，则可得

$$S=\sqrt{(p-a)(p-b)(p-c)(p-d)-abcd\cos^2\left(\frac{B+D}{2}\right)}.$$

不难发现这个公式与海伦公式有相似之处，但比海伦公式略显复杂一些（有学者称之为"类海伦公式"）．据此公式，可以推导出当且仅当 $B+D=180°$，即当凸四边形有外接圆时，其面积最大．

下面进一步考虑圆内接四边形的周长与面积的关系．

设圆内接四边形四条边的长分别为 a,b,c,d，记周长为 C，面积为 S，则 $C=a+b+c+d=2p$，$S=\sqrt{(p-a)(p-b)(p-c)(p-d)}$（这是圆内接四边形面积的"海伦公式"，一般四边形则没有．三角形都内接于圆，因此任意一个三角形都有海伦公式）．

与三角形一样，圆内接四边形的周长与面积之间也没有简单的比例关系．因为圆内接四边形的周长与面积都是关于四边形四条边的四元函数，当然它们之间也还是有某种关系的：

由 $\frac{x+y+z+k}{4}\geqslant\sqrt[4]{xyzk}$（当且仅当 $x=y=z=k$ 时取等号）及"海伦公式" $S=\sqrt{(p-a)(p-b)(p-c)(p-d)}$，有 $S^2=(p-a)(p-b)(p-c)(p-d)\leqslant\left[\frac{1}{4}(p-a+p-b+p-c+p-d)\right]^4=\frac{C^4}{256}$（当且仅当 $a=b=c=d$ 时取等号）．

由此可见，对于周长一定的圆内接四边形来说，正方形的面积最大．

由上可知，对于一般的凸多边形，可以得到以下几个层次的结论：

(1) 对于一个确定了各边长的凸多边形来说，当它能内接于圆时，其面积最大；

(2) 对于周长一定的圆内接 n 边形来说，正 n 边形面积最大；

(3) 对于周长一定的圆内接正多边形来说，其边数越多，越接近圆，其面积越大．

进一步地，可以得到，在周长一定的所有平面图形中，圆的面积最大．

3.2.6 表面积与体积的关系

由二维平面图形的周长与面积的密切关系，自然会类比联想：三维图形的表面积与体积一定也密切相关吧！那么，不同的几何体，其表面积和体积各自会有怎样的关系呢？

一、长方体的表面积与体积的关系

设长方体的长、宽、高分别为 x,y,z，记表面积为 S，体积为 V，则 $S=2(xy+$

$yz+zx)$，$V=xyz$. 由于长方体的表面积与体积都是关于长、宽、高的三元函数，因此长方体的表面积与体积之间没有简单的比例关系，但由 $\frac{xy+yz+zx}{3} \geqslant \sqrt[3]{(xyz)^2}$（当且仅当 $x=y=z$ 时取等号）可得 $S \geqslant 6\sqrt[3]{V^2}$ 或 $V \leqslant \sqrt{\left(\frac{S}{6}\right)^3}$（当且仅当 $x=y=z$，即为正方体时取等号）.

由此可见：

(1) 对于表面积一定的长方体来说，正方体的体积最大；

(2) 对于体积一定的长方体来说，正方体的表面积最小.

二、球的表面积与体积的关系

设球的半径为 R，记表面积为 S，体积为 V，则 $S=4\pi R^2$，$V=\frac{4}{3}\pi R^3$. 易得，$V=\frac{S\sqrt{\pi S}}{6\pi}$，或 $S=\sqrt[3]{36\pi V^2}$.

显然，球的表面积与体积都是由半径确定的，都是半径的一元函数. 由公式可见，对于表面积一定的球，其体积是唯一确定的. 反之亦然.

第 3 节　小学数学中几何度量的内容编排

在小学数学教材中，几何度量部分包括角的度量，长度、面积、体积的度量. 它在“图形与几何”部分占有相当大的比重，是小学几何的主要内容，对发展小学生的数学能力起着非常重要的作用，也是以后初、高中进一步学习几何知识的基础.

3.3.1　内容编排

小学数学教材能兼顾小学生的年龄特点和思维发展水平以及数学知识本身的逻辑结构特点，按照循序渐进、螺旋上升的原则安排教学内容. 主要内容包括角度的认识、测量工具和计量单位；一维长度的认识、测量工具和计量单位，以及平面图形周长的计算；二维面积的认识、测量工具和计量单位，以及平面图形面积的计算；三维体积的认识、测量工具和计量单位，以及物体表面积和体积的计算. 在《标准(2011)》中，按学段具体安排如下：

一、第一学段(1—3 年级)

(1) 结合生活实际，经历用不同方式测量物体长度的过程，体会建立统一度量单位的重要性.

(2) 在实践活动中，体会并认识长度单位千米、米、厘米，知道分米、毫米，能进行简单的单位换算，能恰当地选择长度单位.

(3) 能估测一些物体的长度，并进行测量.

(4) 结合实例认识周长，并能测量简单图形的周长，探索并掌握长方形、正方形的周长公式.

(5) 结合实例认识面积，体会并认识面积单位(平方厘米、平方分米、平方米)，能进行简单的单位换算.

(6) 探索并掌握长方形、正方形的面积公式，会估计给定简单图形的面积.

二、第二学段(4—6年级)

(1) 能用量角器量指定角的度数，能画指定度数的角，会用三角尺画 30°，45°，60°，90°角.

(2) 探索并掌握三角形、平行四边形和梯形的面积公式，并能解决简单的实际问题.

(3) 知道面积单位：平方千米、公顷.

(4) 通过操作，了解圆的周长与直径的比为定值，掌握圆的周长公式；探索并掌握圆的面积公式，并能解决简单的实际问题.

(5) 会用方格纸估计不规则图形的面积.

(6) 通过实例了解体积(包括容积)的意义及计量单位(立方米、立方分米、立方厘米、升、毫升)，能进行单位之间的换算，感受 1 立方米、1 立方厘米以及 1 升、1 毫升的实际意义.

(7) 结合具体情境，探索并掌握长方体、正方体、圆柱的体积和表面积以及圆锥体积的计算方法，并能解决简单的实际问题.

(8) 体验某些实物(如土豆等)体积的测量方法.

3.3.2 编排特点

(以下所举例子均出自义务教育课程标准实验教科书《数学》，江苏教育出版社)不同版本的教材，尽管在具体内容的安排上不尽相同，但都能透过符号化知识的表面，对其背后的过程形态的知识加以关注；都能注意体现、渗透、应用数学思想方法；都充分结合了学生的生活实际，都是在实践活动中进行各种量的度量，突出了量与测量在实际生活中的意义.

一、注重知识的探索与形成过程(以计量单位为例)

计量单位是几何度量中的重要内容，它是基于现实生活的需要而逐渐形成的，是人类祖先的伟大发明，也是前人智慧的集中体现. 因此，教材不是采用直接告知的方式，而是通过学生的具体操作，让学生在探索的过程中体会到建立统一的计量单位的重要性，从而让学生经历了数学知识的“再创造”过程.

如二年级上册“量长度”单元，教材要求“量一量，课桌有多长?”，但并没有指出用什么工具量.学生各自寻找度量工具，独立操作，分别用自己的手、文具盒、铅笔等度量工具去量课桌的长，得出了不同的测量数据.然后教材又提出问题：“为什么他们说的数不同?”“还有其他的测量方法吗?”通过问题引起学生的思考，让学生在活动中体会建立统一计量单位的重要性和意义，并积极去思考和寻找合适的计量单位.

又如四年级上册“角”单元，教材中画了一个角，提出问题：“你能用三角尺上的角度量出这个角有多大吗?”然后分别用三角尺上的三个不同的角去度量那个角，得出了三个不同的数据.由于有前面学习长度单位和面积单位的经验，此时，学生当然会想到，为了准确测量角的大小，也要有统一的计量单位和度量工具.

二、注重化归思想方法的渗透与应用

在《标准(2011)》的“基本理念”中明确指出：数学为其他科学提供了语言、思想和方法，是一切重大技术发展的基础；数学是人类的一种文化，它的内容、思想方法和语言是现代文明的重要组成部分.在这种指导思想下，教材中非常注重数学思想方法的渗透与应用，主要体现在多边形的面积计算、圆面积的计算及圆柱的体积计算中.

如五年级上册“多边形面积的计算”单元，对于平行四边形面积公式的推导，教材中安排了三个例题.通过例 1 的解决，学生体会到了可以将一个不易(或不会)计算面积的图形转化为会计算面积的图形，渗透了化归思想；例 2 是学生运用化归思想，用不同的割补法将平行四边形化归为长方形；例 3 是通过定量计算发现平行四边形的面积与长方形面积的关系，最终得出平行四边形的面积公式.三角形、梯形等多边形的面积公式推导也都经历了类似的化归过程.

又如五年级下册“圆”单元，对于圆面积公式的推导，教材在估算了圆的面积与半径的关系后，安排了以下环节：先将圆形纸片平均分成 16 份，拼成一个近似的平行四边形；再将圆形纸片平均分成 32 份、64 份……拼成的图形会有什么变化?(越来越接近长方形)在此过程中，学生再次体会和运用了化归思想，同时也对极限思想有了直观的认识.在圆柱体积的计算过程中，这些思想将会再次得到渗透与应用.

三、注重量与测量的实际应用及估测

几何度量部分的内容与现实生活有着非常密切的联系，教材充分注意了量与测量的实际应用，淡化了单纯的图形周长、面积、体积的计算.由于实际生活中有很多不规则图形(有时即使是规则图形也需要估测),所以估测显得尤为重要,如估计一条绳大约有多长,测定一个不规则图形(如一片树叶)的周长,估测教室或操场的面积有多大,等等,教材能将估测贯穿于整个测量活动过程中,使所学知识与日常生活紧密联系.

另外,在学习了角度、长度、面积、体积的概念后,教材中都会安排一个相应的实践活动.如在“角”单元后面有一个专题“滚得有多远”,在“长度”单元后面有“量一量”,这些都是与实际生活联系非常紧密的内容.再如,在学生学习了规则图形面积和体积的计算之后,教材安排了“用方格纸估计不规则图形的面积”和“探索某些实物体积的测量方法”,学生知道了可以利用数方格或格点的方法估算不规则图形的面积,可以利用量筒水位的变化测定土豆等不规则物体的体积.

在本节的最后要指出的是,不同版本的教材在具体内容的安排上,前后顺序有所不同.以苏教版和人教版教材为例:苏教版是将圆(平面曲边图形)的周长、面积紧接着安排在多边形面积的计算之后,再安排体积的内容,体现了从平面到空间的顺序;人教版是将长方体、正方体的表面积和体积紧接着安排在多边形面积的计算之后,再安排圆、圆柱、圆锥的内容,体现了从多边形到多面体再到曲边图形、旋转体的顺序.尽管内容的安排各有特色,但都具有前面所说的编排特点.

第 4 节　小学数学中几何度量的教学指要

一、各部分内容的教学不能割裂,应理顺内在联系

角度、长度、面积、体积是小学数学几何度量部分的主要内容.虽然它们各自的具体内容不同,但彼此之间却有着不能割裂的内在联系.

一方面,角度、长度、面积、体积的知识结构类似.具体地说,都包括概念、测量工具、测量方法、计量单位等内容.在教学时,可运用类比、迁移等方式进行教学.如,学习面积时,可先带领学生复习、回忆:以前学习长度时,研究了哪些内容?线段的长度是如何度量的?为什么要有统一的长度单位?再引导学生探究、思考:关于面积,该研究哪些内容?怎么研究呢?这样的过程,到学习体积时学生还会再次经历,而这时关于度量学习的基础,除了长度,还有角度和面积.最终,学生会对它们的研究内容、研究方法形成一个整体的认识.

另一方面,从一维的长度到二维的面积再到三维的体积,在要素构成上具有逻辑关系.几何形体构成的基本要素是点、线和面,其中,无数个点累积而成了线(从这个意义上讲长度也可以称为线积),无数条线累积而成了面(因而称为面积),无数个面累积而成了体(因而称为体积).因此,点、线、面和体中,前者分别是后者的构成要素，而后者又分别是在前者的基础上形成和拓展的. 在教学时，应沟通和揭示这些概念之间的区别与联系，帮助学生建立起由一维到三维的空间观念. 如，先在长度教学中进行思想方法的渗透和揭示，然后在面积教学中与长度进行差异比较和内在思想方法的沟通，再在体积教学中进行一维的长度、二维的面积和三维的体积之间的差异比较和纵向发展脉络上的梳理.

在教学中，教师应注意挖掘出这些联系，并辅助教学. 这样的话，学生不仅能学到一些具体知识，还能建立起一个关于几何度量的知识结构. 更为重要的是，学生能在几何度量的学习中不知不觉地掌握一般度量的研究内容、研究方法等，为以后学习其他度量知识打下良好的基础.

二、不能只注重公式的应用，应体现公式的建构过程

在几何度量部分，角度和长度部分的内容相对较少，而面积和体积部分的内容则比较丰富，主要是因为二维图形和三维图形的种类比较多，这样就需要研究各种不同图形的面积或体积公式. 在几何图形公式的教学中，公式的推导过程是培养学生空间观念与思维能力的过程，同时也是学生集中体会并运用数学中的化归思想方法的好机会. 要达到以上目的，必须以学生操作、探索、体验为基础. 因此，在这部分内容的教学中，公式的建构和生成过程不容忽视.

例如，长方形的面积公式是通过“数”单位正方形的个数建立起来的. 根据杜宾斯基的 APOS 理论，长方形面积公式的建立，应经过操作阶段、过程阶段，最后上升到对象和图式阶段. 在这一过程中，应当帮助学生由实际操作（如用单位面积的正方形纸片去铺满需测量面积的长方形，或是在需测量面积的长方形图形之上具体地画出单位面积的正方形等），逐步过渡到“用思维去把握对象”. 具体地说，可经历由“全部铺满”逐步过渡到“铺一部分”乃至“连铺都不用铺了”……以及“现在请同学们闭上眼睛，老师说出一个长方形的长和宽，请你在头脑中想象出这个长方形的面，再说出它的面积……”这样，学生的空间观念就得到了很好的培养.

又如，平行四边形的面积公式是通过“化归”为长方形来解决的. 割补法不仅是导出平行四边形、三角形、梯形面积公式的方法，也是推证或计算其他有关面积问题的方法，而且这种基本思想还贯穿在体积计算的过程中. 因此，必须引导学生经历“化归”过程，通过适时渗透、反复运用，学生会对这种方法引起重视并逐步掌握这种思想方法.

三、几何度量教学不能离开学生的生活，应贴近实际进行

从数学史的角度看，几何度量知识的产生是现实世界生产、生活的需要，是实践经验结果的总结，是人类祖先的伟大发明. 从现实的角度看，几何度量是数学最具实用性的内容,在现实生活中有着广泛的运用. 也就是说,几何度量源于生活,又广泛运用于生活中. 因此,应紧密结合学生的实际生活开展几何度量教学.

一方面,任何可量化的物体都可以成为度量的对象,这些量贯穿于现实生活中,为度量提供了丰富的生活情境. 教学中应注意从学生的生活经验和已有的知识出发,引导他们在原有经验的基础上进行数学思考,在研究问题的过程中学习度量知识. 比如,用脚步度量教室长度,用手臂估测门宽,以某同学身高为参照比较个头高低,等等. 对于这些活动,小学生有着丰富的经验,以这些自身经历为出发点,抽象的度量知识将会变得生动形象,易于理解.

另一方面,现实情境的创设可以为学生理解较为困难的度量内容(如面积、体积的特性)搭建“脚手架”. 比如,在测量图形面积时,并不全等的两个图形,很可能具有同样大小的面积,学生可能会对此感到困惑. 为了帮助学生对此有所理解,教师可以启发学生联想生活中的几何图形,并用同样的面积将它们做出来,从中获得体验. 其中一个方法就是拼“七巧板”,帮助他们理解面积守恒. 通过引导学生结合生活实际拼摆、重组、分析图形,学生接触了较为深刻的数学内涵——某一变换中的不变量. 在获得面积恒等的体验后,学生可以更好地理解不规则面积的测量方法.

思 考 题

1. 度量工具是如何产生的? 为什么要有统一的计量单位?
2. 要比较两个平面图形的面积大小,有哪些方法?
3. 在小学数学中,图形的周长是如何编排的? 试结合具体的内容加以分析.
4. 在小学数学中,图形的面积是如何编排的? 试结合具体的内容加以分析.
5. 在圆的面积公式的推导过程中,运用了哪些数学思想方法?

第4章 坐标思想

数形结合是数学研究的重要思想.我国著名数学家华罗庚说过:“数与形,本是相倚依,焉能分作两边飞.数缺形时少直观,形少数时难入微;数形结合百般好,隔离分家万事休.”从方法层面上考察,数形结合包括以代数方法研究图形特性和以几何方法研究数量关系两个方面.坐标思想是数形结合思想的一个方面,本章以刻画几何图形的位置为切入点,系统研究在小学数学中已有渗透的坐标思想.

第1节 坐标思想

4.1.1 坐标的基本功能

引进坐标的原始目的是为了确定物体的位置,借助数值(或有序数组)定量刻画空间的位置是坐标的基本功能.在日常生活中,虽然人们能够凭借经验识别和指认某一物体所在的位置,解决与位置相关的一般生活问题,但是这种生活化的描述往往具有很强的个人色彩和模糊成分,容易让人产生误解,不利于表达和交流.在数学中,通过必要的抽象过程,某一空间的位置都用确定的数值(或有序数组)表示,使得指定空间的每一个点都对应着唯一的数值(或有序数组),每一个数值(或有序数组)也都只能表示该空间的唯一点.这样不仅避免了因经验式描述而引起的歧义,而且还实现了空间点的数量化,为用代数方法研究几何问题以及用几何方法研究代数问题奠定了基础.坐标引起了数学研究方法的巨大突破,开辟了数学研究的新境界.

4.1.2 坐标思想的核心

坐标思想的核心是对应关系.下面从点与坐标的对应、几何图形与代数方程的对应两个层面来阐述这种对应关系.

一、点与坐标的对应

直线上的一点可以用一个数表示，如 3 可以表示直线跑道上距离起点 3 米远的地方；平面内的一点可以用两个数组成的数对表示，如 (1,3)可以表示教室里第一排第三列的位置；立体空间内的一点可以用三个数组成的数组表示，如(5,2,3)可以表示某新村 5 号楼第二层从东往西数第 3 户住户等. 我们把上述的数值、数对或数组称为相应点的坐标，这样空间的点与坐标之间建立了一一对应关系.

点与坐标的对应关系可以从两个方面去理解：一是对应具有双向性，即空间的每个点都有唯一确定的坐标，反之，每个确定的坐标也都对应着空间唯一的点；二是坐标具有顺序性，如图 4-1 所示，在给定的平面直角坐标系中，(5,3)与(3,5)分别表示 A，B 两个不同的点.

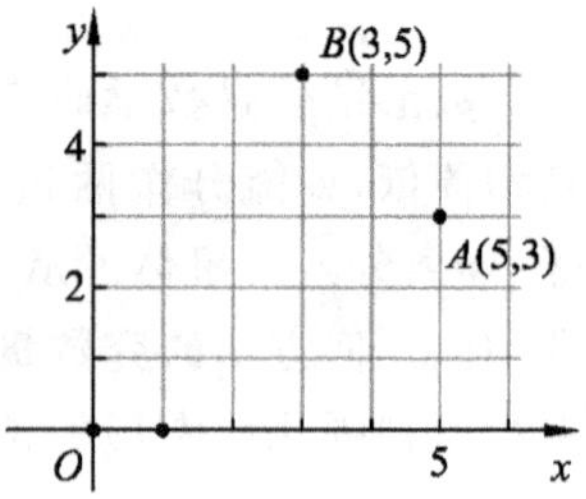

图 4-1

二、几何图形与代数方程的对应

几何图形是由满足一定几何条件的点构成的集合. 用坐标表示点，则点的坐标根据它所满足的几何条件建立起等量关系，这个等量关系就是代数方程. 这样，借助坐标，几何图形与代数方程之间就建立了一一对应关系. 例如，在直角坐标系中，一条直线与二元一次方程 $Ax+By+C=0$、圆与二元二次方程 $(x-a)^2+(y-b)^2=r^2$ 具有一一对应关系；在空间直角坐标系中，球心在原点的球面与形如 $x^2+y^2+z^2=r^2$ 的方程具有一一对应关系.

4.1.3 坐标思想的关键

坐标系的选择是坐标思想的关键：其一，有了坐标系之后，空间内的点才有了代数形式(坐标)；有了坐标之后，空间内的几何图形也才有了代数表示(方程). 其二，研究同一几何图形可以选择不同的坐标系，由不同的坐标系得到的同一图形的方程形式也不同.

如在求平面内到一定点 F 和一条定直线 l(F 不在直线 l 上)的距离相等的点的轨迹方程(其中定点 F 到定直线 l 的距离为 p，$p>0$)的过程中，通常采用如图 4-2 的几种方式建立坐标系，由于坐标系选择的不同，得出的抛物线方程在繁简程度上也有较大差异.

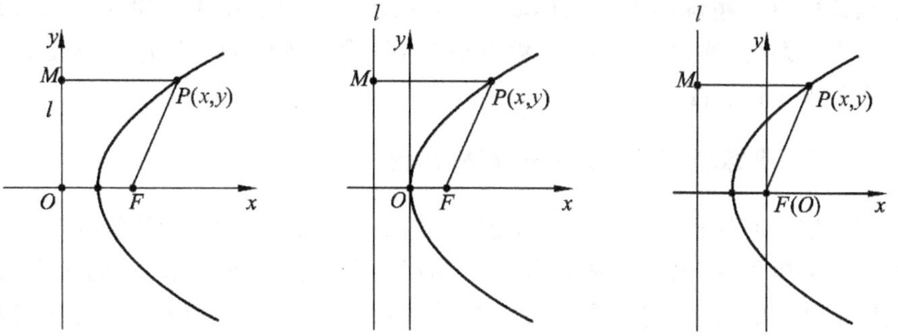

方程为 $y^2=2px-p^2$　　方程为 $y^2=2px$　　方程为 $y^2=2px+p^2$

图 4-2

尽管用不同的坐标系研究几何图形不会改变图形的性质和有关结论，但是不同的选择方法不仅会影响到图形方程的形式，还会因计算量的大小使得同一问题在难度上出现较大差异，有时坐标系的选择恰当与否甚至成为能否成功解决问题的关键.

为了建立合适的直角坐标系，人们通常遵循如下原则：第一，建立的直角坐标系尽可能多地使图形上的点(或已知点)落在坐标轴上；第二，充分利用图形的对称性和现成的垂直关系选择坐标原点.

如：已知两个正四棱锥 $P\text{-}ABCD$ 与 $Q\text{-}ABCD$ 的高都为 2，$AB=4$.

(1) 证明：$PQ\perp$ 平面 $ABCD$；

(2) 求异面直线 AQ 与 PB 所成的角；

(3) 求点 P 到平面 QAD 的距离.

由题设知，$ABCD$ 是正方形，且 $AC\perp BD$，由(1)，$PQ\perp$ 平面 $ABCD$，所以在求解(2)、(3)两问时，可以运用坐标思想借助向量法求解，此时以直线 CA，DB，QP 依次为 x 轴、y 轴、z 轴建立空间直角坐标系(图 4-3)比较合适.

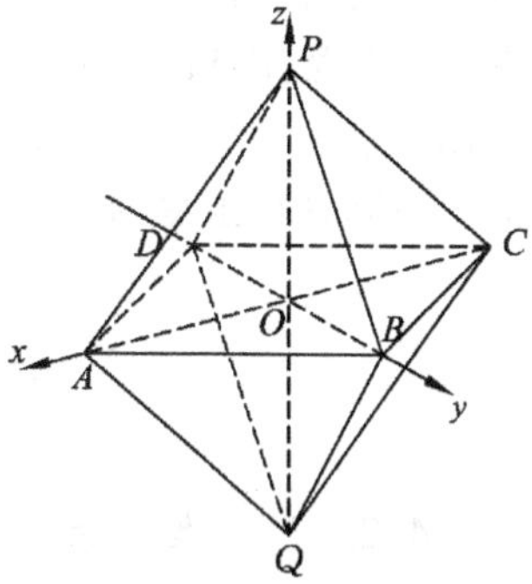

图 4-3

在解决实际问题时，要选择合适的坐标系有时并不简单. 在设计全球卫星定位系统时，选择哪个点作为坐标原点(大地原点)尤为重要. 大地原点，亦称大地基准点，即国家水平控制网中推算大地坐标的起标点. 大地原点是人为界定的一个点，利用它我们可以精确地知道自己的地理位置所在，GPS 全球定位系统也才有意义，科学家们勘察计算了很久才确定了这个原点. 自此中国任何一寸土地都可以用精确的大地坐标表示. 20 世纪 70 年代,中国决定建立自己独立的大地坐标系统. 通过实地考察、综合分析,最后将我国的大地原点确定在咸阳市泾阳县永乐镇石际寺村境内.

4.1.4 坐标思想的成果——解析几何

笛卡尔发明的解析几何是数学发展过程中的巨大进步,也是坐标思想对数学发展的重要贡献. 笛卡尔认真分析了几何学与代数学的优缺点,他认为"古人的几何学(欧几里得几何)"方法过于抽象和特殊,近代的代数学"太受法则和公式的束缚",阻碍思想的发展,因此他主张"采取几何学和代数学中一切最好的东西,互相取长补短". 这种怀疑传统与权威、大胆思索创新的精神,为笛卡尔的科学发现开辟了一条崭新的道路. 笛卡尔艰苦探索、潜心思考,发明了坐标思想和坐标方法. 借助坐标方法,点与有序实数组、曲线与代数方程之间就建立了一一对应关系,就可以运用代数方法研究几何对象之间的关系和性质,形成了一门新的数学分支——解析几何.

解析几何包括平面解析几何和立体(或空间)解析几何两部分,主要研究两类基本问题: 一类是通过建立坐标系求满足给定条件点的轨迹的方程;另一类是通过方程的讨论,研究方程所表示的图形的性质. 在平面解析几何中,除了研究直线的有关性质外,主要研究圆锥曲线(圆、椭圆、双曲线、抛物线)的有关性质. 在空间解析几何中,除了研究直线、平面的有关性质外,主要研究柱面、锥面、旋转曲面的有关性质. 运用解析几何的知识可以解决许多生产或生活中遇到的问题. 比如,运用椭圆面的性质,电影放映机将聚光灯泡的反射面做成椭圆面,将灯丝固定在一个焦点上,影片门固定在另一个焦点上;再如,探照灯、聚光灯、太阳灶、雷达天线、卫星的天线、射电望远镜等都是利用抛物线的光学性质制成的.

第 2 节 常用的坐标类型

4.2.1 一维坐标

为了便于理解,我们从最简单的例子"度量线段"开始: 首先选定一个大家公认的长度单位"米",按照"米"的长度做一把尺子,用这把尺子去度量任何一条线段 OA,如果发现是"米"的 5 倍,就说 OA 的长度是 5 米或者干脆就说它的长度是 5. 显然,"米"是自身的 1 倍,它的长度为 1,所以称为单位长度.

由于学生对直尺非常熟悉,因此,可以将直尺抽象为"数尺",即将"数"有规律、有方向地排列，将抽象的数在可看得见的“数尺”(没有刻度，只有自然数)上形象、直观地表示出来，将数与“位置”(这时还没有“点”的概念)建立一一对应关系，既有助于理解数的顺序、大小，又有助于理解数列的规律. 如图 4-4 所示.

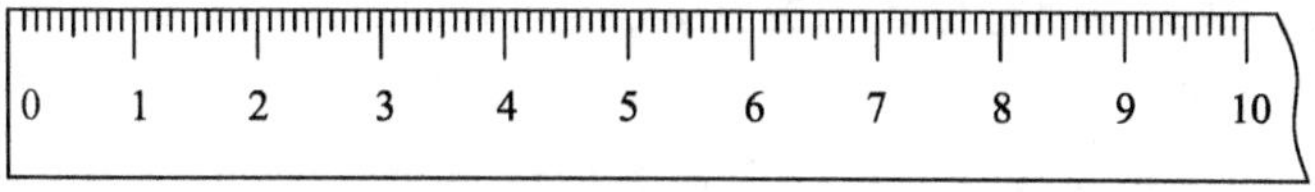

图 4-4

“数尺”进一步抽象成几何图形就是“数线”，如图 4-5 所示.

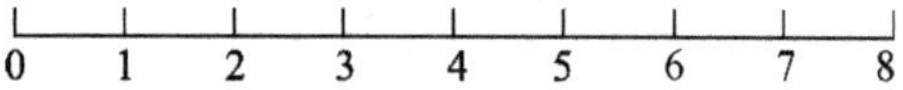

图 4-5

“数线”与数轴的区别在于“数线”没有画出“方向”，“数线”加上方向便得到数轴，借助数轴，“数”与直线上的“点”建立了一一对应关系，这不仅使得抽象的“数”有了直观表示，而且使得数的运算有了直观意义. 例如，在自然数范围内：“加法”就是在数轴上继续向右“数”，或者看作是向右平移若干个单位. “减法”就是在数轴上先找到“被减数”，然后再向左“数”，或者看作是向左平移若干个单位. “乘法”就是在数轴上几个几个地向右“数”，或者把一“线段”拉长几倍. “除法”就是在数轴上先找到“被除数”，然后向左几个几个地“数”，如果恰好数到“0”，则就是“除尽”，数了几次，商就是几；当不能恰好数到“0”，就产生了“余数”，数轴是理解“有余数除法”的形象化载体，如 48÷5＝9…3(图 4-6).

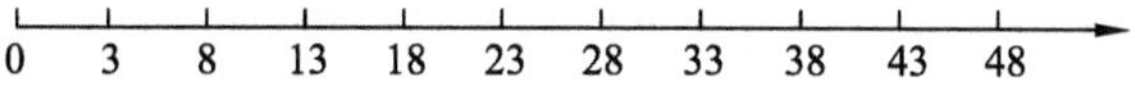

图 4-6

正因为数轴具有如此强大的功能，所以通过数轴的运用可以有效地渗透数形结合的思想、对应的思想.

所谓一维坐标就是用来表示数轴上点的位置的数值. 认识一维坐标可以借助于日常的生活经验，如观察教室的座位，小明从前往后数是第几行，或者从左往右数，是第几列；再如，从一张书橱的某一层中寻找自己喜欢的图书，按照从左向右的顺序是第几本，等等. 从这些生活现象中可以看出，要确定一条直线上某一物体的具体位置，只要一个数就够了，这就是一维坐标的原型.

4.2.2　二维坐标

所谓二维坐标就是用来表示平面内点的位置的有序数对. 根据坐标系选择

的类型不同，二维坐标通常有直角坐标与极坐标两种. 从学习用类似第几排第几个的方式确定具体情境中一些物体的位置，逐步发展到用数对来表示位置. 从学习用方位词或方向词描绘物体的相对位置或方向，到结合比例尺来绘制并描述简单的路线图. 这两种确定位置的方法，实际上分别对应了直角坐标和极坐标.

一、直角坐标

在平面直角坐标系 xOy 中，一个点对应着一个二维坐标，这个二维坐标由横坐标和纵坐标组成. 图 4-7中点 P 的横坐标是 2，纵坐标是 3，则点的坐标就是 $P(2,3)$. 一般地，点 $P(x,y)$表示点 P 的横坐标为 x，纵坐标为 y.

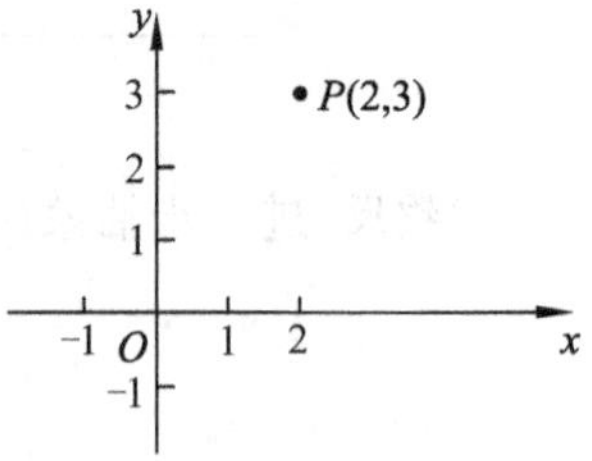

图 4-7

平面方格图是直角坐标系的一个典型雏形. 在几何教学中，用好方格图，可以有效地促进学生空间观念的建立. 教材中对方格图的使用几乎覆盖了小学阶段“图形与几何”的全部内容，这样的设计考虑了小学生的认知基础，顺应了小学生的认知需求，可以有效地帮助学生建立方位感和距离感. 在“图形与几何”的学习过程中，观察和感知实物是必不可少的学习经验. 但总停留在直观层面，就不能够很好地完成提升空间观念的任务. 由具体向抽象的转变是必要的，方格图在这个过程中就肩负了由具体到抽象、由模糊到清晰、由粗略到精确、由现象到本质的过渡.

在“位置与方向”这一节的教学中，引用学生熟悉的座位排序实物图（图 4-8），是学生认识方格图的最初实物模型；大量出现的“参照轴”是简化的平面直角坐标系（图 4-9），成为学生理解位置和方向的直观参照；选择地图中的经纬线，是一种方格图的变式，可以加深学生对方格图中位置的理解和认知，更好地感知较大范围的位置关系. 到了高年级，明确地引入“数对”，用一对有序数来表示一个点在平面中的位置，仍然借助大量的方格图帮助学生感受数对与位置之间的一一对应关系，以及数对中两个数的不同含义（图 4-10）. 这些安排，不仅可以逐步提升学生的空间观念，也为今后学习平面直角坐标系做了必要铺垫.

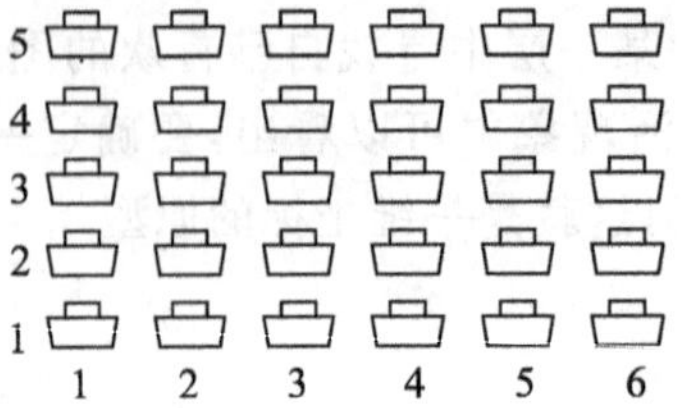

图 4-8

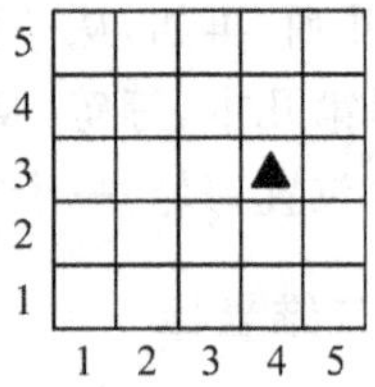

图 4-9

下面是一个公园的平面图，用数对表示书报亭的位置.

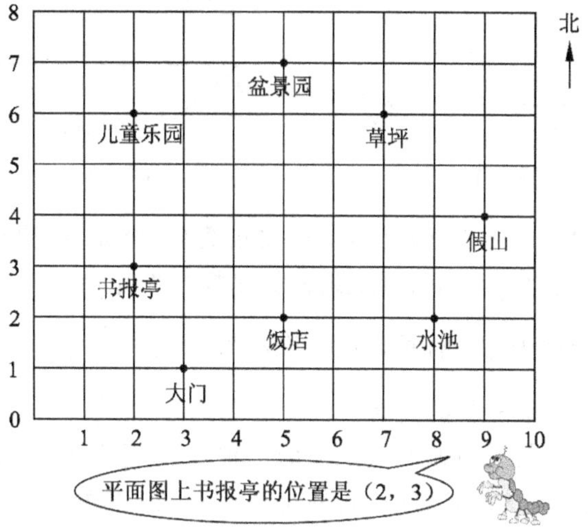

图 4-10

方格图是小学阶段向学生渗透坐标思想和坐标方法的有效素材，在教学中可以结合教学内容对方格图进行适度梳理和提炼.

二、极坐标

在平面上取一点 O(称为极点)，从点 O 出发引一条射线 Ox(称为极轴)，再选定一个长度单位和角度单位及其正方向(规定射线 Ox 绕着极点 O 按逆时针方向旋转得到的角为正，按顺时针方向旋转得到的角为负)，这样就在平面上建立了一个极坐标系. 平面上任一点 P 的位置就可以用线段 OP 的长度 ρ 以及从 Ox 到 OP 的角度 θ 来确定，有序数对 (ρ,θ) 就称为 P 点的极坐标，记为 $P(\rho,\theta)$，其中 ρ 称为 P 点的极径，θ 称为 P 点的极角.

如图 4-11 所示，$P(3,60^\circ)$ 表示平面内到极点的距离为 3、极角为 60° 的点. 在日常生活中，我们常常用距离和方向来描述点的位置，如说某一物体在东南 500 米，其实就是极坐标的运用. 它指的就是如图 4-12 所示的极坐标系中极径为 500 米、极角为 315° 的点 $P(500,315^\circ)$.

当限制 $\rho\geqslant 0, 0\leqslant\theta<2\pi$ 时，除极点 O 以外，平面内每一点都有唯一的一个极坐标. 极点的极径为零，极角任意. 若除去上述限制，平面上每一点都有无数多组极坐标. 一般地，如果 (ρ,θ) 是一个点的极坐标，那么 $(\rho,\theta+2k\pi)$，$(-\rho,\theta+(2k+1)\pi)$ 都可作为它的极坐标，这里 k 是任意整数. 因此，在极坐标系中，平面上每一点都有无数多个极坐标.

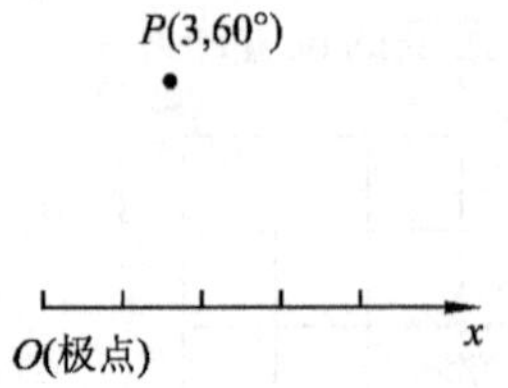

图 4-11

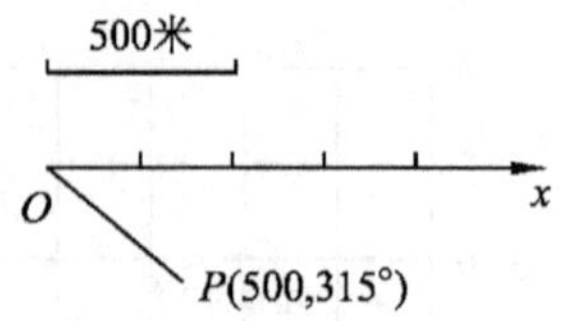

图 4-12

平面内有些曲线采用极坐标时，方程比较简单. 例如，以原点为中心、r 为半径的圆的极坐标方程为 $\rho=r$；等速螺线的极坐标方程为 $\rho=a\theta$；椭圆、双曲线和抛物线等圆锥曲线的极坐标方程可以统一表示为 $\rho=\frac{ep}{1-e\cos\theta}$.

三、直角坐标与极坐标的关系

直角坐标与极坐标是刻画平面上点的两种工具，它们相同的是，都是由两个实数(一个有序实数对)决定的；不同的是，点与它的直角坐标有一一对应的关系，而点与它的极坐标却没有一一对应关系. 引进两种不同的坐标主要源于实际需要，在有些场合运用直角坐标更方便，在另一些场合运用极坐标则更好.

例 1 如图 4-13 所示，一艘轮船向正北方向航行，说说灯塔 1 和灯塔 2 分别在轮船的什么方向.

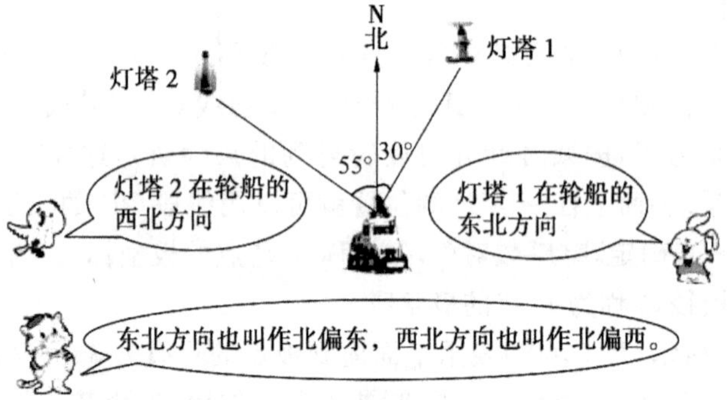

图 4-13

灯塔 1 在轮船的东北方向，灯塔 2 在轮船的西北方向. 倘若问：轮船在灯塔 1 的什么方向？在灯塔 2 的什么方向？则可以说轮船在灯塔 1 的西南方向，在灯塔 2 的东南方向，这只是粗略地看. 若要准确定位船的位置，仅仅这样描述还不够，可以从下面两种方法中去体会.

方法一 从灯塔 1 测量到轮船的距离 d_1，以灯塔 1 为圆心，d_1 为半径画圆，从灯塔 2 测量到轮船的距离 d_2，类似地画圆，于是根据两圆的交点就可以确定其位置. 具体操作可以如图 4-14 所示建立直角坐标系，求出两圆的方程，联立后求得交点坐标，取位于 x 轴下方的交点位置.

方法二　从灯塔 1 看轮船，轮船在灯塔 1 的南偏西 30°，再测出其到轮船的距离 d_1，即可确定轮船的位置. 具体操作可以如图 4-15 建立极坐标系.

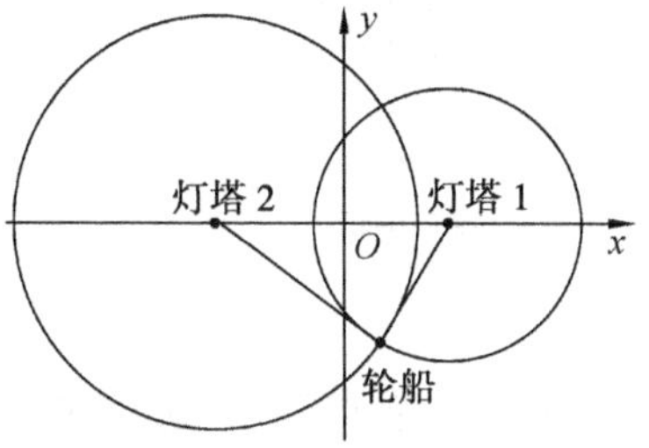

图 4-14

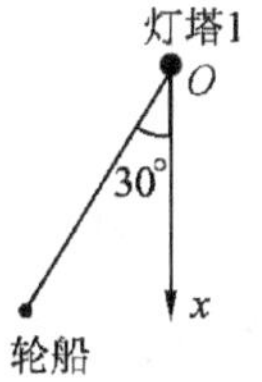

图 4-15

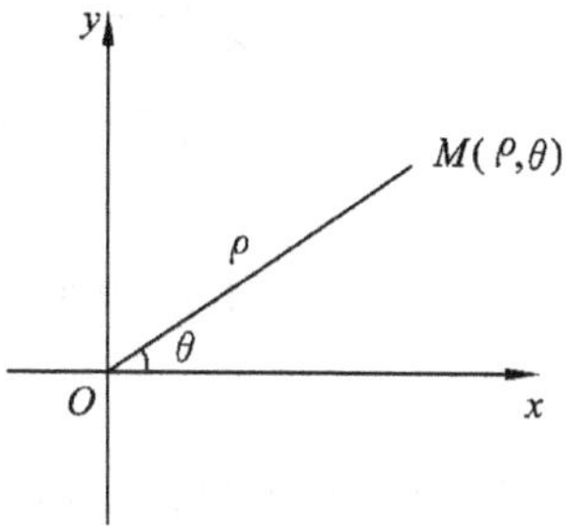

图 4-16

比较上述两种方法，此类问题显然选用极坐标比较简单.

直角坐标与极坐标之间还可以相互转化. 如图 4-16 所示，从极坐标 ρ 和 θ 可以计算出对应的直角坐标：$\begin{cases} x=\rho\cos\theta, \\ y=\rho\sin\theta. \end{cases}$

反之，从直角坐标 x 和 y，也可以计算出极坐标：$\begin{cases} \rho=\sqrt{x^2+y^2}, \\ \theta=\arctan\left(\dfrac{y}{x}\right) \end{cases}$（$x$ 不等于 0）.

在 $x=0$ 的情况下，若 y 为正数，则 $\theta=\dfrac{\pi}{2}$；若 y 为负，则 $\theta=\dfrac{3\pi}{2}$.

4.2.3　三维坐标

一、直角坐标

过空间定点 O 作三条互相垂直的数轴，它们都以 O 为原点，具有相同的单位长度，这三条数轴分别称为 x 轴（横轴）、y 轴（纵轴）、z 轴（竖轴），统称为坐标轴. 三条坐标轴以及原点构成空间的三维直角坐标系.

三维直角坐标系通常有两种：右手系和左手系，如图 4-17 所示. 以右手握住 z 轴，让右手的四指从 x 轴的正向以 90°的直角转向 y 轴的正向，这时大拇指所指的方向就是 z 轴的正向，这样的三个坐标轴构成的坐标系称为右手空间直角坐标系（简称“右手系”）. 类似地，以左手握住 z 轴，让左手的四指从 x 轴的正向以

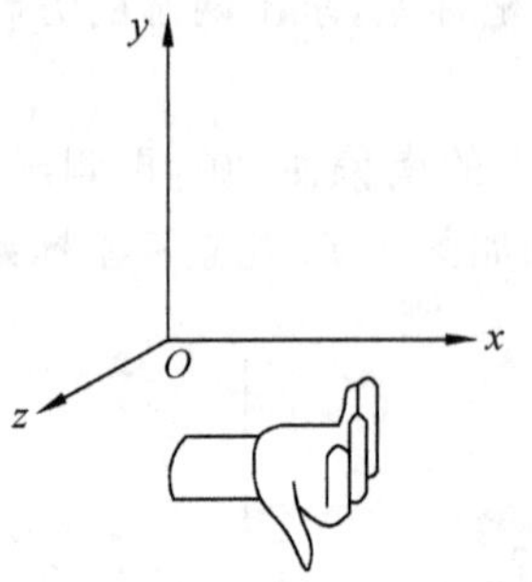

右手直角坐标系

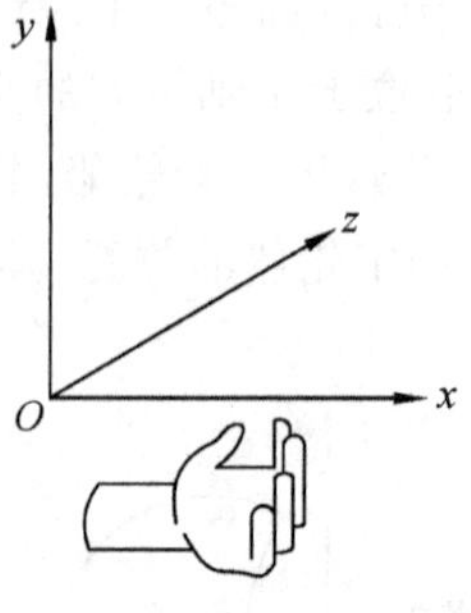

左手直角坐标系

图 4-17

90°的直角转向 y 轴的正向，这时大拇指所指的方向就是 z 轴的正向，这样的三个坐标轴构成的坐标系称为左手空间直角坐标系（简称“左手系”）. 一般在数学中常用右手空间直角坐标系，这符合人们常用右手的习惯.

二、球面坐标

球面坐标是一种三维坐标. 由原点、方位角、仰角、距离构成. 如图 4-18 所示，设 $M(x,y,z)$为空间内一点，则点 M 也可用这样三个有次序的数 r,φ,θ 来确定，其中 r 为点 M 与原点 O 间的距离，φ 为有向线段$\overrightarrow{OM}$与 z 轴正向所夹的角，θ 为从正 z 轴来看自 x 轴按逆时针方向转到有向线段$\overrightarrow{OP}$的角，这里 P 为点 M 在 xOy 面上的投影. 这样的三个数 r,φ,θ 叫作点 P 的球面坐标，这里 r,φ,θ 的变化范围为 $r\in[0,+\infty)$，$\varphi\in[0,\pi]$，$\theta\in[0,2\pi)$. 当 r 为常数时，M 点的轨迹是以原点为中心的球面；当 φ 为常数时，M 点的轨迹是以原点 O 为顶点、z 轴为轴的圆锥面；当 θ 为常数时，M 点的轨迹是过 z 轴的半平面.

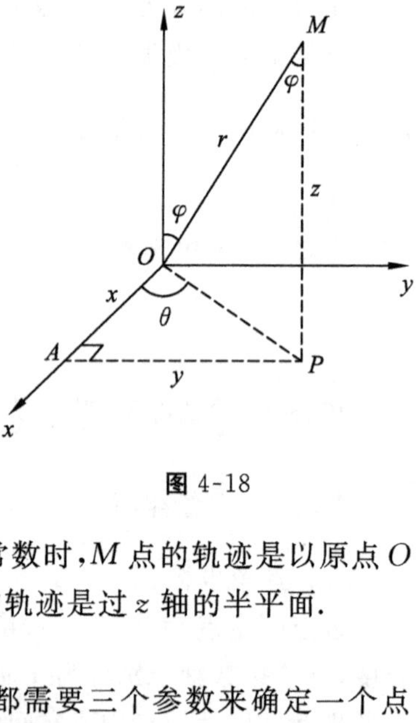

图 4-18

三、直角坐标与球面坐标的关系

两种坐标在刻画位置的方法上的相同点是，都需要三个参数来确定一个点的位置. 直角坐标系中点的坐标用(x,y,z)来表示，点的位置是三个平面的交点；球面坐标中点的坐标用(r,φ,θ)来表示，点的位置是一个球面、一个圆锥面和一个半平面的交点.

两种坐标之间可以相互转化. 以右手直角坐标系为例，如图 4-18 所示，设点

M 在面 xOy 上的投影为点 P，点 P 在 x 轴上的投影为点 A，则 $OA=x$，$AP=y$，$PM=z$，则点 M 的直角坐标为 (x,y,z). 又设点 M 的球面坐标为 (r,φ,θ)，则 $OP=r\sin\varphi$，$z=r\cos\varphi$，不难求得，点 M 的直角坐标与球面坐标的关系为

$$\begin{cases}x=OP\cos\theta=r\sin\varphi\cos\theta,\\ y=OP\sin\theta=r\sin\varphi\sin\theta,\ (0\leqslant\theta<2\pi,0\leqslant\varphi\leqslant\pi).\\ z=r\cos\varphi\end{cases} \quad ①$$

由图 4-18 不难得出：

$$\begin{cases}r=\sqrt{x^2+y^2+z^2},\\ \cos\varphi=\dfrac{z}{\sqrt{x^2+y^2+z^2}}, \qquad (0\leqslant\theta<2\pi,0\leqslant\varphi\leqslant\pi).\\ \cos\theta=\dfrac{x}{\sqrt{x^2+y^2}},\sin\theta=\dfrac{y}{\sqrt{x^2+y^2}}\end{cases} \quad ②$$

已知 M 点的球面坐标，通过① 式可求其直角坐标 (x,y,z)；而若已知 M 点的直角坐标，则通过② 式可求其球面坐标 (r,φ,θ).

基于上述分析，表达式①给出的其实就是空间曲线上点的参数方程. 在进行计算机辅助教学时，我们就可以通过该关系式，很容易地在空间直角坐标系中绘制出该曲线. 如圆柱螺旋线的参数方程为

$$\begin{cases}x=a\cos\theta,\\ y=b\sin\theta,\\ z=b\theta,\end{cases}$$

其中 a,b 均为常数，θ 为参数. 当给定 $a=1.2,b=0.1$ 时，绘出如图 4-19 所示的图形.

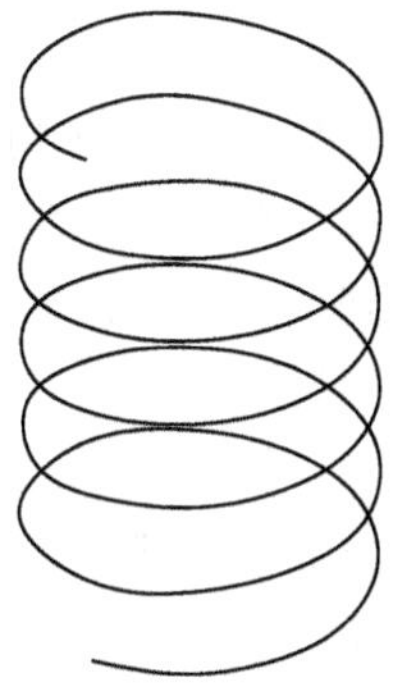
图 4-19

第 3 节　坐标思想的价值

4.3.1 "坐标思想"的科学价值

一、为解决问题提供了重要工具

作为确定、描述位置的一种方法，坐标思想是从事科学研究、解决现实问题的重要工具，在各个领域都有着广泛的应用. 下面仅举几例说明.

案例 1　GPS 定位

现在的智能手机都有 GPS 全球定位功能，打开手机上的网络，随时可以定位手机所在的位置，从而可以通过相关软件进行导航. 那么导航的原理又是怎样的呢?

一般地，手机从 3 颗卫星接收信号，接收器里的软件利用线性代数方法来确定手机的位置. 当手机和一颗卫星联系时，接收器从信号往返的时间能确定从手机到卫星的距离，如 14 000 公里，从卫星来看，可以知道手机位于以卫星为球心、半径为 14 000 公里的球的表面上的某个地方；如果这部手机距离第二颗卫星的距离是 16 000 公里，则它处于以第二颗卫星为球心、半径为 16 000 公里的球的表面上，这两个球面的交点是一个圆. 若这部手机还在半径为 15 000 公里、中心为第三颗卫星的球的表面上，那么这第三个球与圆正好相交在两点，一点在地球的表面上，另一点是在地面以上几千公里处，不难知道这两个点中的哪一个是手机所在的位置.

案例 2　航空交通管理

雷达屏幕上有一极坐标系，原点是旋转的雷达天线的位置，初始射线取为与屏幕上端成 0°角的方向，θ 坐标增加的方向是顺时针而不是逆时针，r 坐标是天线到反射雷达信号的物体的距离，它可通过精确测量从发送雷达脉冲到天线收到反射脉冲的时间来计算. 此类远程雷达可用来确定飞机是否正沿着正确的方向飞回机场.

即使已知飞机正朝正确的方向飞，仍还需要知道它是否在正确的高度，跑道上方飞机正确的高度 y 与距离 r 有关，除此之外，还与其他条件，如天气和空中交通状况有关，因此存在一个依赖各种条件的理想高度函数 $y=f(r)$. 这说明了飞机的飞行是受多变量控制的. 所以，空中交通管理是坐标思想的综合运用.

二、为信息表达提供了科学语言

案例 3　台风气象描述

下面摘录的是一段新闻. 中央气象台 2012 年 8 月 3 日 18 时继续发布台风蓝色警报：今年第 9 号热带风暴“苏拉”的中心 3 日 17 时位于福建省光泽县境内，就是北纬 27.7 度、东经 117.5 度，附近最大风力有 8 级(18 米/秒)，中心最低气压为 992 百帕. 预计，“苏拉”将以每小时 20 公里左右的速度向西偏北转偏西方向移动，即将进入江西东北部，强度逐渐减弱.

在该段新闻中，有几个描述方位的词语：北纬，东经，西偏北.

如图 4-20 所示，纬度是指某点与地球球心的连线和地球赤道面所成的线面角，其数值在 0°至 90°之间. 位于赤道以北的点的纬度叫北纬几度，记为 N；位于赤道以南的点的纬度称南纬几度，记为 S. 在如图所示的示意图中，点 P 即在北纬 φ 度的纬度圈上.

经度是两条经线分别与地轴确定的两个半平面之间的夹角(二面角). 从北极点到南极点，可以画出许多南北方向的与地球赤道垂直的大圆圈，这叫作“经圈”，构成这些圆圈的弧线，就叫经线. 公元 1884 年，国际上规定以通过英国伦敦近郊的格林尼治天文台旧址的经线作为计算经度的起点，其经度为零度零分零秒，也称“本初子午线”. 在它东面的点的经度叫东经几度，在它西面的点的经度叫西经几度，经度的数值在 0°至 180°之间. 图 4-20 中点 P 所在的经度为东经 λ 度. 当已知一个点的经度和纬度后相当于知道该点在平面直角坐标系中的横坐标和纵坐标，从而就可以确定其位置. 如我国首都北京位于北纬 40°和东经 116°的交点附近.

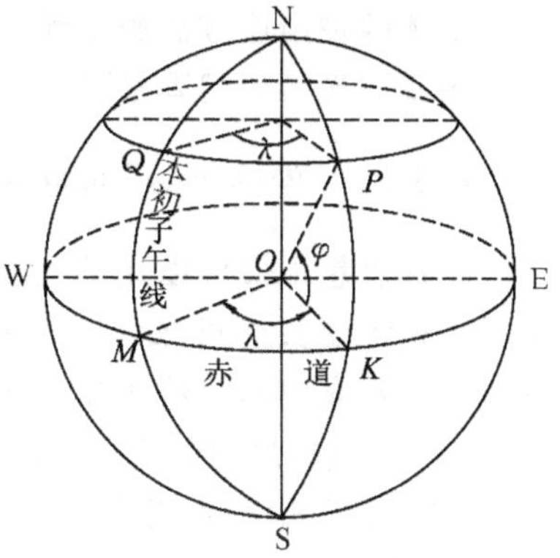

图 4-20

案例 4　行走路线指认

图 4-21 是李伟家附近部分街道的平面图. 根据图示，说说李伟从家到大港小学行走的方向和路程.

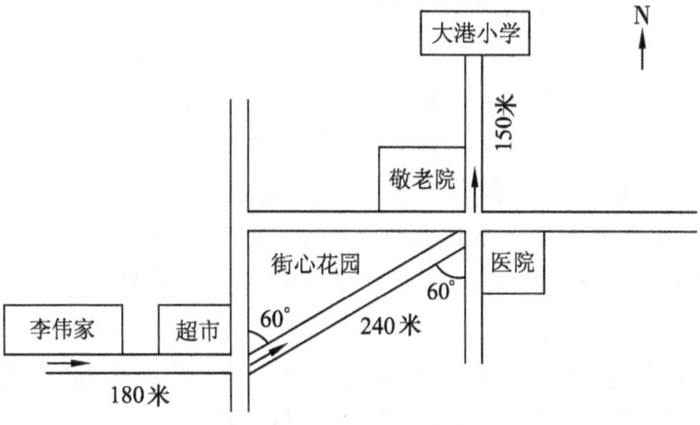

图 4-21

路线描述一：李伟先向东走 180 米到超市，再向东北方向走 240 米到医院，再向北走 150 米到大港小学.

路线描述二：李伟先向东走 180 米到超市，再向北偏东 60°方向走 240 米，再向北走 150 米到大港小学.

上述两种描述方法都用到了确定位置的确切方法：方向和距离. 另外，实际生活中我们接触的门牌号码、汽车票等同样是坐标思想的灵活应用.

4.3.2 “坐标思想”的教育价值

坐标思想不仅可以让学生获得相关的知识与技能，更重要的是给学生提供了一种认识现实空间、处理几何图形的崭新思路，从而可以在发展学生空间观念的过程中提高他们的数学综合能力.

一、“坐标思想”的形成过程可以激发学生的创新欲望

在坐标发明之前，几何问题都是应用纯几何方法解决的，思路独特，技巧性强，难以进行一般性推广，如有些“尺规作图不能问题”直到在几何学中引进了代数方法之后才得以解决. 坐标思想是人们在不断探索几何问题研究方法的过程中逐步产生的，也经历了一个不断丰富完善的过程. 古希腊的托勒密曾讨论过球面上的经纬度，就是坐标的雏形；公元前 120 年，我国班固和班昭所著的《前汉书》中给出了八个编年表，其中有一个表中以时间为一个轴、品德为另一个轴，实质上就是一个坐标系；我国十三四世纪解多元高次方程组使用的“四元术”，以及以后出现的棋盘、算盘、街道门票号码等，都是坐标概念的早期示例. 至此，虽然已经出现了用代数方法解决几何问题的成功范例，但是，代数方法尚未系统地运用于几何学研究.

直到笛卡尔的出现，情况才有了根本性的改变. 笛卡尔致力于几何与代数本质联系的探索，长期沉迷在画图、计算和思考之中. 1619 年 11 月 10 日晚，笛卡尔的思考达到了异常兴奋的地步，在睡梦中梦见了蜘蛛的“表演”，这让笛卡尔豁然开朗. 他想，可以把蜘蛛看成一个点，它在屋子里可以上、下、左、右运动，能不能把蜘蛛的每一个位置用一组数确定下来？他又想，屋子里相邻的两面墙和地面交出了三条线，如果把地面上的墙角作为起点，把交出来的三条交线作为三根数轴，那么，空间中的任意一点的位置不就可以用这三根数轴上有顺序的三个数表示出来了！这就是坐标思想.

坐标思想的出现，改变了几何研究的基本面貌. 借助坐标，实数与直线上的点、有序实数对与平面上的点、有序三维数组与空间上的点可以一一对应. 这样，代数方法被系统地用于解决几何问题. 1629 年，法国数学家费尔马借助坐标，给出了直线、圆、椭圆、双曲线、抛物线的轨迹方程，实现了平面轨迹的代数表达，促进了几何曲线和代数方程的有机统一. 16 世纪，法国数学家韦达在代数中首先系统地使用字母，他所研究的代数问题大多数是为解决几何问题而提出的，之后他的学生格塔拉底对几何问题的代数解法作了系统研究. 1631 年，英国数学家哈里奥特对韦达和格塔拉底的思想加以引申和系统化.这样,代数学与几何学就实现了深度融合,数学发展史上具有划时代意义的数学新学科——解析几何就由此诞生了.

解析几何的诞生,不仅开拓了数学研究的新境界,更为重要的是,它的核心思想——坐标思想成为数学发展的历史长河中寻求数学方法创新的典范,用通俗直观的形式让小学生初步接触蕴涵坐标思想的原始性知识,渗透数学家孜孜以求的探索精神,可以激发小学生的创新欲望.

二、"坐标思想"的运用过程可以固化学生的数形结合思想

数形结合就是把抽象的数学语言、数量关系与直观的几何图形、位置关系结合起来,通过"以形助数"或"以数解形",即抽象思维与形象思维的结合,可以使复杂问题简单化,抽象问题具体化,从而起到优化解题途径的目的.

"坐标思想"的实质是运用坐标工具将几何性质转化为数量关系,其一般程序如下:几何关系⇒数量关系⇒坐标关系."坐标思想"至关重要的教育价值是,沟通了代数与几何两大领域,使得数形结合成为人们理解和研究数学的具有普遍意义的重要思想,从而改变了人们的数学研究方式,拓宽了解决数学问题的思维空间,使得原来感到困难的数学问题变得容易解决.如求 $\sqrt{(x-1)^2+(y-2)^2}+\sqrt{(x+3)^2+(y+1)^2}$ 的最小值,如果纯粹用代数方法求解,难度较大,但若换一种思考方式,如图 4-22 所示,把问题转化为在平面上求一点,使得它到两点 $(1,2)$,$(-3,-1)$ 的距离之和最小,则问题迎刃而解.当点 P 落在线段 AB 上时,得到最小值为 5.

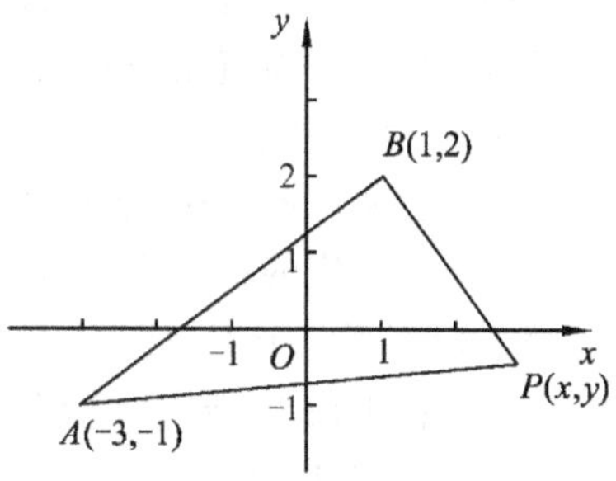

图 4-22

第 4 节　小学数学中坐标思想的教学探析

4.4.1　不同学段的教学目标

《标准(2011)》给出了义务教育阶段不同学段的教学目标.

第一学段具体目标(1—3 年级):

(1) 会用上、下、左、右、前、后描述物体的相对位置.

(2) 给定东、南、西、北四个方向中的一个方向，能辨认其余三个方向，知道东北、西北、东南、西南四个方向，会用这些词语描绘物体所在的方向.

第二学段具体目标(4—6 年级)：

(1) 了解比例尺；在具体情境中，会按给定的比例进行图上距离与实际距离的换算.

(2) 能根据物体相对于参照点的方向和距离确定其位置.

(3) 会描述简单的路线图.

(4) 在具体情境中，能在方格纸上用数对(限于正整数)表示位置，知道数对与方格纸上点的对应.

第三学段具体目标(7—9 年级)：

1. 坐标与图形位置

(1) 结合实例进一步体会用有序数对可以表示物体的位置.

(2) 理解平面直角坐标系的有关概念，能画出直角坐标系；在给定的直角坐标系中，能根据坐标描出点的位置，由点的位置写出它的坐标.

(3) 在实际问题中，能建立适当的直角坐标系，描述物体的位置.

(4) 对给定的正方形，会选择合适的直角坐标系写出它的顶点坐标，体会可以用坐标刻画一个简单图形.

(5) 在平面上，能用方位角和距离刻画两个物体的相对位置.

2. 坐标与图形运动

(1) 在直角坐标系中，以坐标轴为对称轴，能写出一个已知顶点坐标的多边形的对称图形的顶点坐标，并知道对应顶点坐标之间的关系.

(2) 在直角坐标系中，能写出一个已知顶点坐标的多边形沿坐标轴方向平移后的图形的顶点坐标，并知道对应顶点坐标之间的关系.

(3) 在直角坐标系中，探索并了解将一个多边形依次沿两个坐标轴方向平移后所得到的图形与原来的图形具有平移关系，体会图形顶点坐标的变化.

(4) 在直角坐标系中，探索并了解将一个多边形的顶点坐标(有一个顶点为原点、有一条边在横坐标轴上)分别扩大或缩小相同倍数时所对应的图形与原图形是位似的.

与《全日制义务教育数学课程标准(实验稿)》(以下简称《实验稿》)相比，《标准(2011)》在具体目标部分做了部分调整.

在第一学段，适当降低了要求，如把“已知八个方向中的一个，来辨认其余七个方向”调整为“已知东、南、西、北四个方向中的一个方向，能辨认其余三个方向”，对其余四个方向也只要知道即可. 另外删除了“会看简单的路线图”.

在第二学段，目标的表述更为细腻，如把“能根据方向和距离确定物体的位置”细述为“能根据物体相对于参照点的方向和距离确定其位置”，突出了参照点的重要性. 又如“知道数对与方格纸上点的对应”更为明确地指出了坐标思想的核心是对应关系.

在第三学段，变化最大，把教学目标分为两部分：坐标与图形位置，坐标与图形运动.

在“坐标与图形位置”部分的目标“理解平面直角坐标系的有关概念，能画出直角坐标系；在给定的直角坐标系中，能根据坐标描出点的位置，由点的位置写出它的坐标”是一致的. 值得一提的是《实验稿》和《标准(2011)》中都有这样一个例子：在直角坐标系中描出下列各点，将各组的点顺次连结起来. 观察这个图形，你觉得像什么？

(1) (2,0),(4,0),(6,2),(6,6),(5,8),(4,6),(2,6),(1,8),(0,6),(0,2),(2,0)；

(2) (1,3),(2,2),(4,2),(5,3)；

(3) (1,4),(2,4),(2,5),(1,5),(1,4)；

(4) (4,4),(5,4),(5,5),(4,5),(4,4)；

(5) (3,3).

分析　这个例子起着承上启下的作用. 承上是因为在第二学段已经学习了利用方格纸画直角坐标系，理解整数坐标与格点的对应关系. 在本学段将学习一般的直角坐标系，利用直角坐标系可以把数与图形有机地结合起来，有利于用代数方法研究几何问题，也有利于借助图形直观地探索数量关系的规律性. 启下是因为它又为进一步研究函数图象服务——当不清楚一个函数的具体图象时，可以采用多描几个点，再连线的方法得到函数图象（图 4-23）.

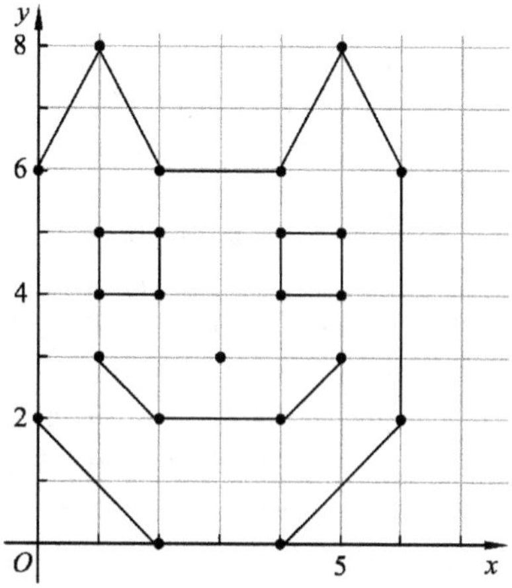

图 4-23

这个问题可以进一步扩展：把家乡的地图放在直角坐标系的第一象限内，然后等间隔地画出与坐标轴平行的两组平行线，一边用数字表示，一边用字母表示，然后让学生寻找自己熟悉的地点，并用数字和字母表示出该点.

《标准(2011)》对有些目标的描述更为精确，如“进一步体会用有序数对可以表示物体的位置”，突出了坐标的有序性；有些目标的表达更为明确到位，如对图形与变换的细化表达；有些目标的要求降低了，如“在平面上，能用方位角和距离刻画两个物体的相对位置”替代了《实验稿》中的“灵活运用不同的方式确定物体的位置”.

4.4.2 两种教材的编排情况分析

小学数学中对于“图形与位置（坐标）”的教学，仁者见仁，智者见智，表 4-1 和表 4-2 分别给出了苏教版和人教版关于“图形与位置”的编排情况.

表 4-1 苏教版“图形与位置”的编排情况

年级	教材内容与要求	重点和难点
一上	会用上、下、前、后、左、右描述物体的相对位置	准确使用上、下、前、后、左、右描述物体间的相对位置
二上	认识东、南、西和北四个方向，掌握用这四个方位描述物体间的位置关系；能用两个维度确定物体的位置	能用两个维度来确定物体的位置（如第几排第几个，第几层第几个）
二下	认识东南、东北、西南和西北，掌握用八个方位描述物体间的位置关系；用已经掌握的方位词描述简单的行走路线；会测定方向	用八个方位词语准确描述现实生活中物体间的位置关系
五下	用行列来表示具体位置，转化为用数对来表示，会标出相应点，了解经纬度，感知数对的有序性；了解棋谱及计算机绘制表格的方法；结合图形变换给出相应点的坐标	（借助方格）用数对表示具体位置
六下	会用北偏东（西）、南偏东（西）多少度来描述方向（借助量角器），并能借助距离，确定物体的位置；借助实例灯塔（比例尺）、雷达屏幕、街道平面图、公交车行驶路线等加深确定位置时对物体的方向和距离两个维度的认识	准确运用物体的方向和距离两个维度来确定物体的位置，并能结合比例尺加以认识

表 4-2　人教版“图形与位置”的编排情况

年级	教材内容与要求	重点和难点
一下	会用上、下、前、后、左、右描述物体的相对位置；能用两个维度确定物体的位置	能用两个维度来确定物体的位置（如第几组第几个，第几层第几个）
三下	认识东、南、西和北四个方向，掌握用这四个方位描述物体间的位置关系	准确使用四个方位描述物体间的位置关系
四下	会用北偏东（西）、南偏东（西）多少度来描述方向（借助量角器），并能借助距离，确定物体的位置；会根据路线图进行方向和距离的描述	准确运用物体的方向和距离两个维度来确定物体的位置，并能结合比例尺加以认识
六上	用行列来表示具体位置，转化为用数对来表示，会标出相应点；了解棋谱及计算机绘制表格的方法；结合图形变换给出相应点的坐标	（借助标有数字的方格）用数对表示具体位置
六下	会结合比例尺描述距离，用北偏东（西）、南偏东（西）来描述方向，从而确定物体的位置；会根据坐标提示进行拼图，自我绘制路线图（结合一定的参照物）	自我绘制路线图（结合一定的参照物），综合利用所学方位知识，进行位置的确定

从表中可以看出，对于“图形与位置（坐标）”，强调实际生活背景，并从中提炼出数学模型，其目的是使学习内容更乐于被学生接受和理解.

对于具体知识的介绍，都是按照先介绍上、下、左、右、前、后六个方位，再介绍东、南、西、北、东南、东北、西南和西北八个方位，再用它们具体描述物体的位置，然后转化为行列表示，并与数对对应，最后要求学生会描述生活中的具体路线（借助数对）. 从时间的跨度上看都差不多，从一年级到六年级下学期，与学生的认知水平相对应. 在部分内容上有些区别，如苏教版在二年级上学期就安排认识东、南、西、北四个方位，下学期介绍东南、东北、西南和西北这四个方位. 人教版则放在三年级下学期认识东、南、西、北四个方位，对东南、东北、西南和西北这四个方位的要求较高，会用北偏东（西）、南偏东（西）多少度来描述方向（借助量角器）. 在与实际生活的联系方面，苏教版提供的素材有经纬度、灯塔和雷达等知识. 人教版提供的素材为围棋、国际象棋和经纬度等知识. 相对来说，苏教版对实际生活的渗透更为精细些. 同时，苏教版还提供了用计算机构造表格，融进了行列知识，为坐标的学习增添了新的活力.

在教学方式上，都突出了“教师主导，学生主体”的理念，采用自主探究式的教学方式. 用一些富有生活情趣的内容引入，激发学生的学习兴趣，提高探究欲望.

在教学手段上，苏教版融入了少量的信息技术内容，如设计几行几列的电子表格内容. 更多的时候，两个版本的教材都采用传统的教学手段，通过剪、拼的动手操作，在图上标出某一坐标对应点的位置等来感知物体与坐标的对应.

4.4.3 知识疑点辨析

一、参考物体、参考系(或参照系)与坐标系

由于任何物体的运动都具有相对性，所以当我们要确定物体的位置和描述其运动状态时，就必须首先选取另一个物体(认为不动)作为参考，这种被认为不动的物体就叫作参考物体. 所选取的参考物体不同，被描述的物体的运动状态也不同. 例如，当你“静坐”在行驶着的公共汽车中，站在马路上的观察者却看到你是运动的. 这说明对于汽车这个参考物体和对于地面这另一个参考物体来说，同一个物体(指汽车中“静坐”的人)的运动状态是不一样的. 同样，有人要问地球是怎样运动的？如果不说清楚相对于哪个参考物体，我们就无法回答. 由此可见，参考物体在描述物体运动状态时是必不可少的.

物理学中，特别是理论力学中，我们往往在参考物体上取不共面的三根相交线作为框架(注意框架概念宽于直角坐标架，三线不一定垂直，在线上也不必规定正负指向和单位长度). 这个框架和参考物体是连在一起的，它可以代表参考物体，物理上把这种框架叫作参考系. 例如，可以在火车的车厢上安置一个固定的框架，也可以在地面上安置一个固定的框架，使它们的三个方向分别沿着当地的经线、纬线和天顶(位于观察者正上方处的天球点). 这就是两个不同的参考系. 参考物体总是一个大小有限的物体，但当我们在参考物体上安置框架以后，我们将认为这个框架可以延伸到空间的无限远处. 因此，参考系应理解为与参考物体相固定的整个空间(一个理论上抽象的三维空间). 譬如，可以选用地球作为参考物体来讨论离开地球遥远的某一行星的运动. 在那里，地球这个参考物“实体”是达不到的，而作为参考系可以延伸过去. 这就是为什么我们在参考物体基础上还要进一步引进参考系的道理.

在有些情况下，可能只有参考系，而不一定有真实的参考物体. 例如，设想从地球中心出发，引出三根线，指向三个恒星. 这也是一个参考系，称为地心参考系. 在这种情况下不存在真实的参考物体. 为此，我们就只提参考系，而不提参考物体了.

为了能定量地描述物体的运动状态，还需在选定的参考系中安置一定的坐标系才行. 在同一个参考系中可以安置许多不同的坐标系. 例如，当讨论斜面上的物体的运动情况时，在斜面上可安置两个不同的坐标系，一个是 x 轴沿斜面方向的平面直角坐标系，另一个是 x' 轴沿水平面方向的平面直角坐标系，如图 4-24 所示.

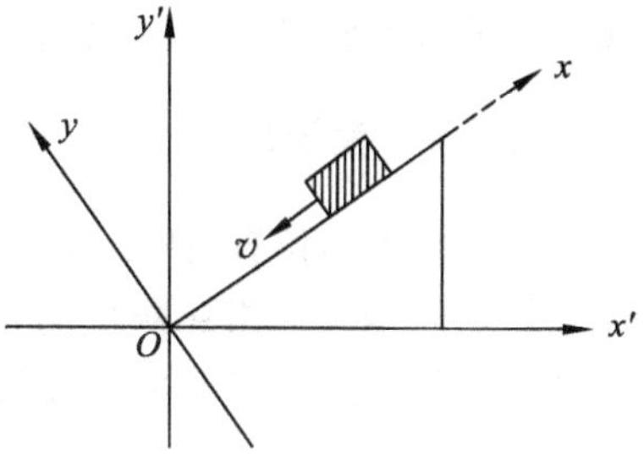

图 4-24

尽管 xOy，$x'Oy'$ 是两个不同的坐标系，但参考系是同一个，都是地球. 另外，坐标系还可以有各种不同的形式，其中直角坐标系和极坐标系是最常见的两种形式. 在讨论具体问题时，究竟选用哪一种坐标系是完全任意的，不过有一个原则，那就是要求选用的坐标系能够方便地讨论所要研究的问题.

纵观以上分析，参考物体、参考系与坐标系三者间的关系可归纳成以下几点：

(1) 参考物体是一个被认为静止不动的物体，而参考系是固定于参考物体上的框架，坐标系又是固定于参考系中的特殊框架.

(2) 参考物体是一个有限物体，而参考系是一个与参考物体相固定的无限空间.

(3) 参考系的代表物只是三根相交线(框架)，而坐标系的代表物则是一组由规定正负方向(包括指向)和单位长度的曲线或直线组成的特殊框架.

(4) 参考系能代表参考物体，但参考物体却不能代替参考系，参考系有时能脱离参考物体而独立存在.

(5) 一个参考系可用多个坐标系与之对应.

二、北偏东与东偏北

在描述具体方位时，不同的教材用的描述方法不尽相同，如北偏东与东偏北、东北方向等. 但本质上没有太大区别，只要前后一致即可. 通常我们说北偏东多少度，而不说东偏北多少度. 其实两者是可以简单互化的，如北偏东 60°，相当于东偏北 30°. 北偏东可以理解为从正北方向按顺时针转向正东方向，东偏北可以理解为从正东方向按逆时针转向正北方向. 具体见图 4-25.

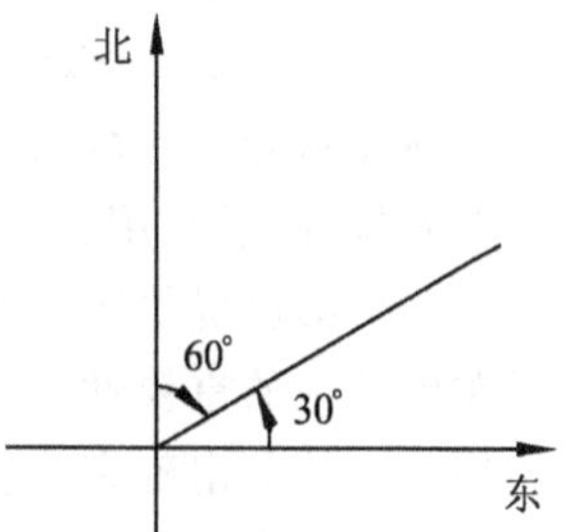

图 4-25

三、点与点的坐标

点是图形，它是一个抽象的概念，没有大小之别. 点的坐标是一个有序数对，数的不同和数与数之间的顺序不同会导致坐标的不同.点与点的坐标构成一种对应关系.

4.4.4 教学建议

由于图形与位置、图形与坐标和图形变换都是“空间与图形”部分的内容，所以它们之间是一个相互联系的整体.在具体教学时，要注意相互渗透，如图形变换的本质是图形上点的坐标变换，而坐标变换反映在形上就是点的变换，即为图形变换.

一、借助指南针，记忆四个方位

教学方向时，对于东、南、西、北四个方位和地图上对应的方位，如何比较形象地记忆呢？“面北而站，俯卧地面”对应地图上的“上北下南，左西右东”.指南针确定南北方向后，东、南、西、北按顺时针方向记忆即可.

指南针(图 4-26)是用以判别方位的一种简单仪器，又称指北针.指南针的前身是中国古代四大发明之一的司南，主要组成部分是一根装在轴上可以自由转动的磁针.磁针在地磁场的作用下能保持在磁子午线的切线方向上.磁针的北极指向地理的北极，利用这一性能可以辨别方向.指南针常用于航海、大地测量、旅行及军事等方面.

图 4-26

二、重视探索如何确定位置的过程

对于这部分内容的教学，教师应鼓励学生在具体的情境中，探索如何来描述物体或图形的位置，探索刻画位置需要哪些要素.例如，教师在学生学习确定位置的内容时，可以设置丰富的情境：

(1) 说一说剧院、教室是如何确定观众和学生的位置的.

(2) 城区的地图经常有小方格在上面，以便于我们确定位置，如汽车站在(E,7)小方格里.

(3) 在地图上确定某地的位置时需要知道它的经度和纬度.

在此基础上，教师再介绍 17 世纪一个叫笛卡尔的法国人用同样的想法来确定点的位置，以及用直角坐标确定位置的方法.

这个案例提供了丰富的情境，针对这些现实问题的讨论，学生将感受确定位置在生活中的重要性，体会数学对确定位置的作用，并在探索如何描述物体位置的基础上抽象出确定位置的不同方法，最后引导学生分析不同方法的共同特征.

三、注重从具体情境中抽象出坐标的过程

教学时，学生可以从自己在教室实际情境中的位置找到自己在全班座位图中的位置，再找到方格图中自己的位置，来完成由日常生活到抽象空间的思维过程. 也可以先给出一个没有标出列与行的公园平面图，引导学生根据对列与行的已有认识试着在该平面图中标一标，再呈现完整的方格图，让学生讨论列与行的标法，感受在该平面图中左下角的 0 既表示列的起点，也表示行的起点，进而让学生思考公园中的其他景点的位置怎样用数对来表示，甚至给出一个数对找到其对应的景点，从而加深对从具体情境中抽取坐标的认知过程.

四、淡化对“行与列”的非本质的讨论

在教学中不要在一些非本质的内容上下太大的工夫，比如行和列，有的老师说横为行，有的老师说竖为行，还有的老师用组等名称. 对于这些说法，千万不要纠缠，实际上就是一个规定，有了规定以后大家表达起来就统一了. 不妨在教学的开始就把这些“障碍”扫清，向学生说明为了交流方便，统一把这一行当成第一行……把这一列当成第一列……评价中更不能用这些规定去考学生.

五、在有些实际问题中，不必刻意去用坐标表示具体的位置

在有些实际问题中，用文字或字母表示位置更为清楚、简洁时，不必刻意去用坐标表示具体的位置. 比如，火车卧铺票的位置描述 03 车 12 号中铺就清楚地表示了是在第 3 节车厢的 12 号中铺位置(卧铺中分上铺、中铺和下铺，价格会有所区别). 再如，飞机票上描述座位号 12F，如图 4-27 所示.

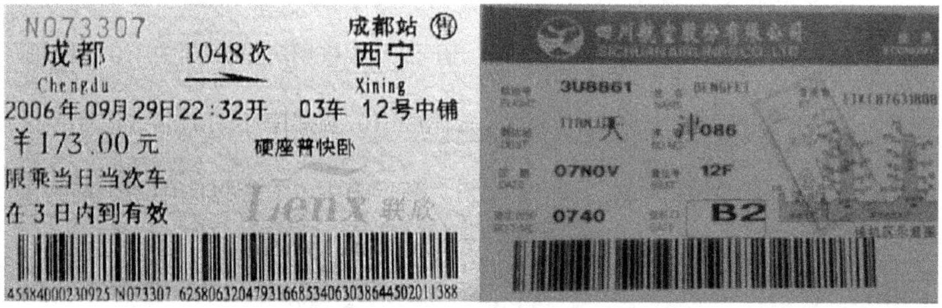

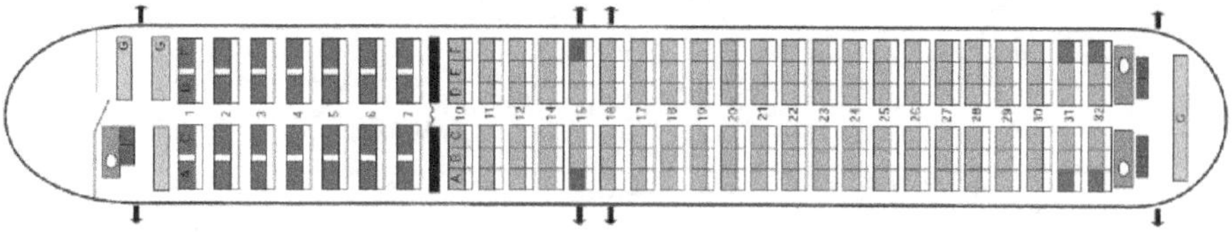

图 4-27　飞机上的座位分布图

思 考 题

1. 在下图中，描出横排和竖排上两个数相加等于10的格子，再分别描出相加等于6,9的格子，你能发现什么规律？

9									
8									
7									
6									
5									
4									
3									
2									
1									
+	1	2	3	4	5	6	7	8	9

2.《标准(2011)》中“图形与几何”在第二学段主要包含哪些内容？

3. 下图是一张动物园的示意图，根据图中所标的位置回答下列问题：

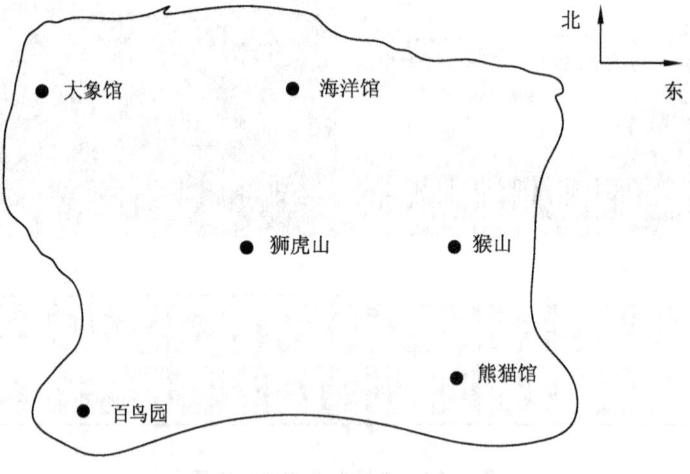

(1) 熊猫馆在猴山的哪个方向上？

(2) 大象馆在海洋馆的哪个方向上？

4. 具体说明坐标思想的价值如何体现？

第 5 章 图形变换

变换是处理数学问题的有效工具，也是数学学习的重要对象. 代数中有数与式的恒等变换、三角变换；几何中有平移、旋转、反射和缩放等图形变换. 几何学中的变换主要研究图形在变换过程中的不变性质. 在本章中，我们主要研究小学数学中几种重要的图形变换.

第 1 节　常见的图形变换

变换是一个集合到另一个集合的映射. 初等几何变换，是一个将几何图形按照某种法则或规律变成另一种几何图形的过程，它对于几何学的研究有重要作用. 在小学教材中出现的平移变换、旋转变换、反射变换和相似变换都是初等几何变换. 下面将一一加以阐述.

5.1.1　几种常见的图形变换

一、平移变换

平移变换是指平面内的这样一种变换：它将一个图形上的任意一点 P 变换到另一个图形上的点 P'，满足

(1) 射线 PP' 有确定的方向；

(2) 线段 PP' 有确定的长度.

也就是说，经过平移变换后，两个图形上的任意一对对应点的连线相互平行且相等.

事实上，一个图形 F 经过一次平移变换后得到另一个图形 F'，意味着将图形 F 上的所有点按照同一个方向都移动了同样的距离.

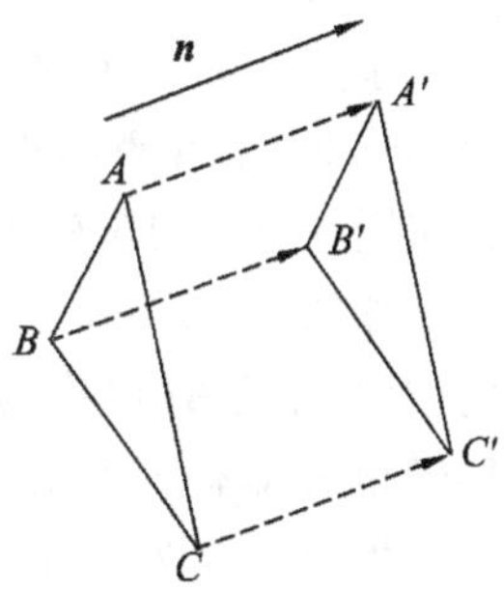

图 5-1

如图 5-1 所示，$\triangle ABC$ 按照向量 $\boldsymbol{n}$ 平移后得到 $\triangle A'B'C'$，$\triangle ABC$ 中的每个点都平行移动了相同的距

离$|\boldsymbol{n}|$，而且移动的方向与$\boldsymbol{n}$相同，即有$\overrightarrow{AA'}=\overrightarrow{BB'}=\overrightarrow{CC'}=\boldsymbol{n}$.

例 1 图 5-2 中房屋向(　　)平移了(　　)格.

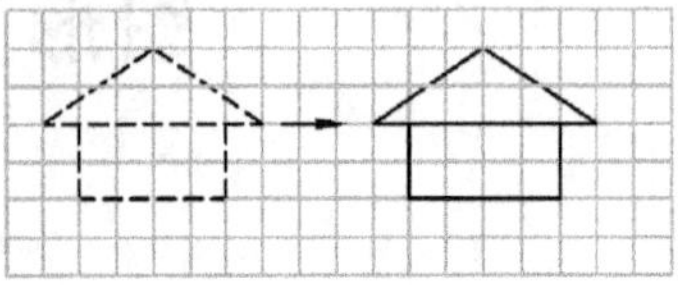

图 5-2

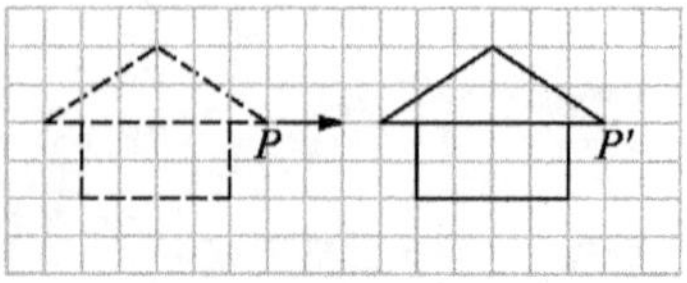

图 5-3

解题时，可以通过找对应点P和P'. 如图 5-3 所示，发现点P水平向右平移了 9 格. 当然有学生可能认为房屋水平向右平移了 5 格，这时该如何来处理呢？我们可以借助动画的辅助，把房屋水平向右平移 1 格，看有没有和右边的房屋重合，发现没有，继续水平向右平移 1 格，还没有和右边的房屋重合……当把房屋水平向右平移 5 格时，发现还是没有和右边的房屋重合……当把房屋水平向右平移 9 格时，正好重合. 在这样一个平移过程中，学生慢慢体会到平移时应该关注什么，这也是后面我们要说的平移的本质.

在本题中，关注的对应点可以任由我们选择，如选择屋顶，同样可以得到结果.

二、旋转变换

旋转变换是指平面内的这样一种变换：它将一个图形上的任意一点P变换到另一个图形上的点P'，满足

(1) 点P,P'到定点O的距离OP,OP'相等；

(2) $\angle POP'$等于定角θ.

其中，定点O叫作旋转中心，定角θ叫作旋转角.

也就是说，经过旋转变换后，两个图形上的任意一对对应点与旋转中心的连线所成的角都是旋转角θ，对应点到旋转中心的距离相等.

事实上，一个图形F经过一次旋转变换后得到另一个图形F'，意味着将图形F上的所有点绕着一个定点O、按照同一个方向旋转了相同的角度θ.

如图5-4所示，$\triangle ABO$绕定点O旋转θ角到$\triangle A'B'O$的位置，则$\triangle ABO$中的每一个点都绕旋转中心O旋转了旋转角θ. 即有$\angle AOA'=\angle BOB'=\theta$.

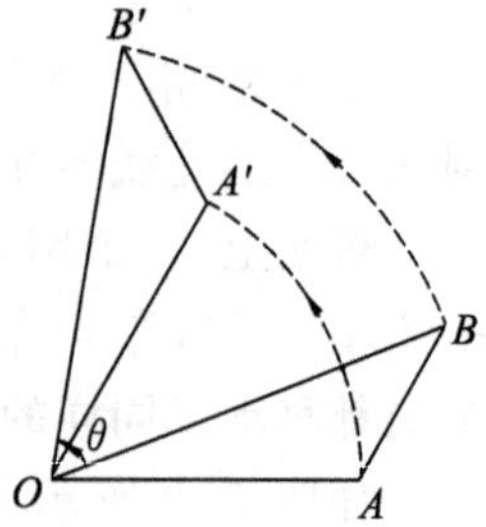

图 5-4

生活中有许多现象都是旋转现象，如电风扇扇叶的转动、风车的转动、海盗船、荡秋千等等. 在旋转变换中，

我们主要关注旋转中心、旋转方向和旋转度数. 当然到初高中后，旋转方向和旋转度数可以用一个实数来表示. 如$\frac{\pi}{3}$表示按逆时针方向旋转$\frac{\pi}{3}$，$-\frac{\pi}{3}$表示按顺时针方向旋转$\frac{\pi}{3}$.

特别地，当旋转角 $\theta=180°$ 时，这两个图形成中心对称，如图 5-5 所示. 如果把一个图形绕着某一点旋转 180°后能与自身重合，那么，我们就说这个图形是中心对称图形. 如平行四边形(图 5-6)就是一个中心对称图形，对称中心为两条对角线的交点.

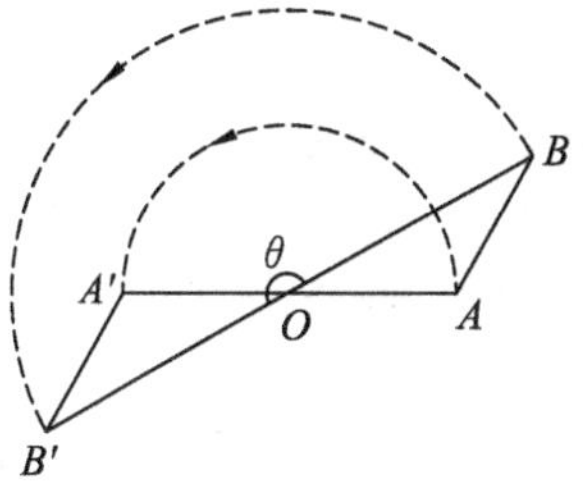

图 5-5

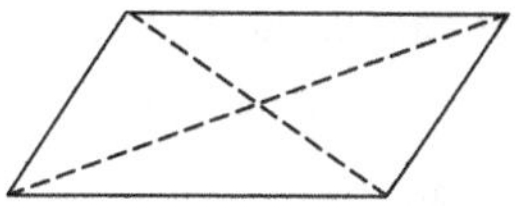

图 5-6

例 2　画一画(图 5-7).

(1) 把长方形绕 A 点顺时针旋转 90°；

(2) 把小旗图绕 B 点逆时针旋转 90°.

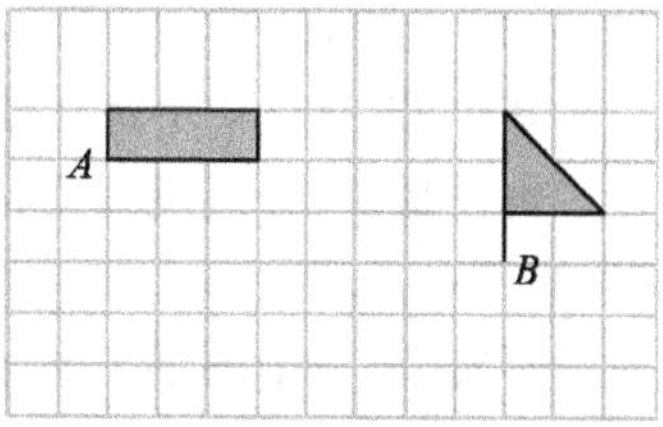

图 5-7

(1) 分析：要把长方形绕点 A 顺时针旋转 90°，就是要把长方形上的所有点顺时针旋转 90°. 因为旋转前后图形的形状不变，因此，只要找出能够确定长方形形状的若干特征点旋转后的位置即可，这些特征点即长方形的顶点. 如图 5-8 所示，只要按照旋转定义确定顶点 C,D 旋转后的位置 C',D' 即可. 因为长方形的两条相邻边一旦确定，则这个长方形也就完全确定了. 当然点 E 的位置也可用旋转定义来确定：连结 AE，用量角器作出直角$\angle EAF$，再在射线 AF 上量出线段 AE'，使得它的长度等于 AE.

(2) 分析：要把小旗围绕 B 点逆时针旋转 90°，就是要把小旗上的所有点逆时针旋转 90°. 因为旋转前后图形的形状不变，因此，只要找出能够确定小旗形状的若干特征点旋转后的位置即可. 如图 5-8 所示，先按照旋转定义确定 I,J 旋转

后的位置 I'，J'，再根据直角三角形旋转后仍然是直角三角形，从而容易确定出点 H 旋转后的位置 H'（过点 J' 作 $I'J'$ 的垂线，在垂线上截取一点 H'，满足 $H'J'$ 的距离为 2 个单位长度）. 当然点 H 的位置也可用旋转定义来确定：连结 BH，用量角器作出直角 $\angle HBK$，再在射线 BK 上量出线段 BH'，使得它的长度等于 BH.

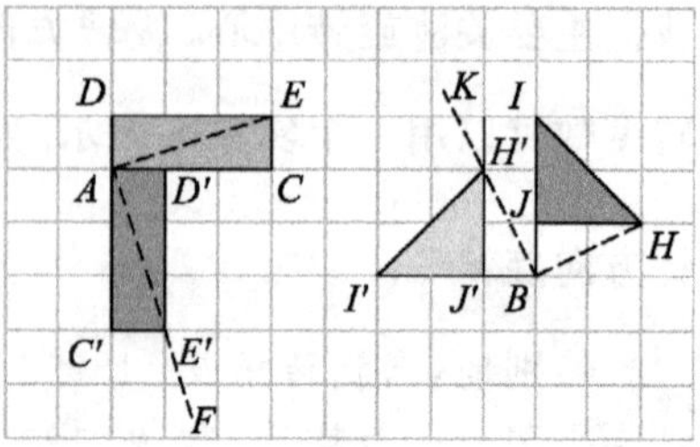

图 5-8

要平移或旋转一个圆，只要先平移或旋转圆心，然后作等圆.

要将一直线 l 绕一定点 O 逆时针旋转 θ 角，作法如下：在直线 l 上任取两点 A，B，分别作出它们绕定点 O 逆时针旋转 θ 角后的位置 A'，B'，作直线 $A'B'$，此直线 $A'B'$ 即为所求，如图 5-9 所示.

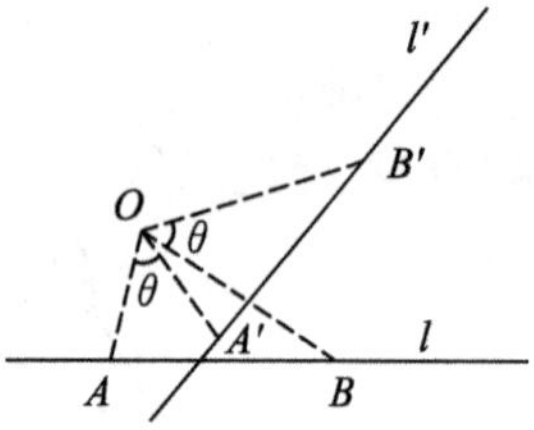

图 5-9

三、**反射变换**

我们所说的反射变换（也叫轴对称变换）是指平面内的这样一种变换：它将一个图形上的任意一点 P 变换到另一个图形上的点 P'，满足

(1) 线段 $PP' \perp l$；

(2) 点 P，P' 到定直线 l 的距离相等.

其中，定直线 l 叫对称轴.

也就是说，经过反射变换后，两个图形上任意一对对应点的连线段被定直线 l 垂直平分.

事实上，一个图形 F 经过一次反射变换后得到另一个图形 F'，意味着将图形 F 上的所有点变为它们关于定直线 l 的对称点.

如图 5-10 所示，$\triangle ABC$ 关于直线 l 作反射变换得到 $\triangle A'B'C'$，则有 AA'，BB'，CC' 被直线 l 垂直平分.

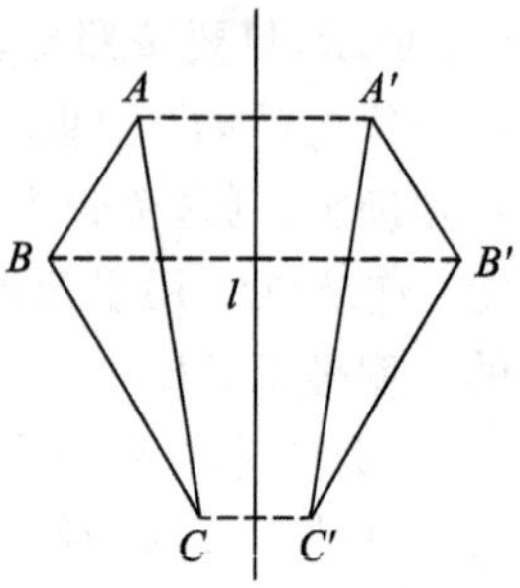

图 5-10

对于两个图形，如果把其中一个图形沿某条直线对折，能与另一个图形完全重合，那么，这样的两个图形关于这条直线成轴对称. 特别地，如果一个图形沿某条直线对折，直线两侧的部分能完全重合，那么这个图形关于这条直线成轴对称，这个图形叫作轴对称图形.

如图 5-11 所示，两个图形就是用墨迹折出的轴对称图案（即取一张质地较软、吸水性能较好的纸，如报纸、餐巾纸，在其上滴一滴墨水，沿纸的中部将纸迅速对折、压平，并用手指压出清晰的折痕，将纸打开、铺平，所得到的图案就可能是图 5-11 所示的图案）.

南通的蓝印花布艺术，有些图案也设计成轴对称图案（图 5-12），美观优雅.

图 5-11

图 5-12

以上三种变换都有一些共同的特点：在经过变换后，对应线段的长度保持不变，对应角相等，因而两个对应图形全等. 我们称这样的变换为全等变换（也叫刚体变换）.

四、位似变换和相似变换

我们所说的位似变换是指平面内的这样一种变换：它将一个图形上的任意一点 P 变换到另一个图形上的点 P'，满足 $OP'=kOP$（k 为非零常数，O 为平面内的一定点）. 其中，O 叫作位似中心，k 叫作位似比.

事实上，一个图形 F 经过一次位似变换后得到另一个图形 F'，意味着将图形 F 上的所有点 P 与定点 O 连线，并在此直线上取一点 P'，使得有向线段 OP'，OP 的长度之比为同一非零常数，即 $\dfrac{OP'}{OP}=k(k\neq 0)$.

如图 5-13 所示，$\triangle ABC$ 经过位似变换后得到 $\triangle A'B'C'$，则有 $\dfrac{OA'}{OA}=\dfrac{OB'}{OB}=\dfrac{OC'}{OC}=k$.

如果先进行全等变换，再进行位似变换或先进行位似变换，再进行全等变换，那么所得变换即为相似变换. 简单地说，相似变换就是将一个图形放大或缩小，再改变它在平面上的位置. 所以，如果两个多边形相似，那么这两个多边形的对应边成比例，对应角相等.

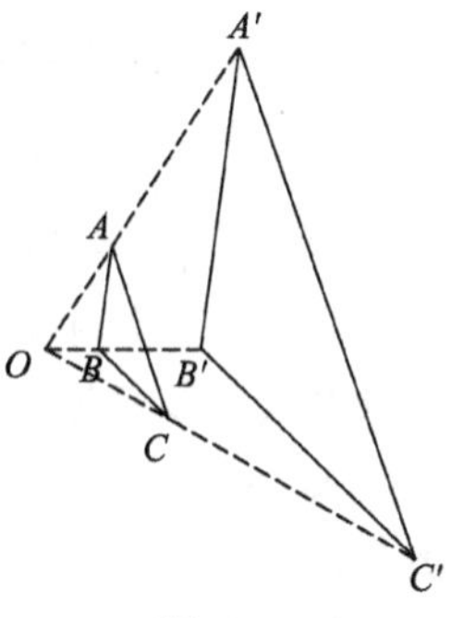

图 5-13

位似是相似的一种特殊情况，特殊在任意一对对应点的连线总通过同一定点．生活中的拍摄照片、冲洗照片，用放大镜观察物体等等都是相似变换的实际运用．

例 3 按照 2∶1 画出下面三个图形（图 5-14）放大后的图形．

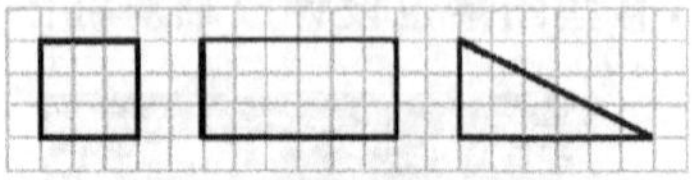

图 5-14

学生的答案如图 5-15 所示．其中按 2∶1 画正方形放大后的图形可以这样实现：先以 O 为位似中心，2 为位似比作出位似图形（用虚线表示），再把得到的位似图形向下平移若干（本题中为 5 个）单位即可；也可这样实现：先把正方形向下平移若干（本题中为 5 个）单位，再以 A 为位似中心，2 为位似比作出位似图形，即得到放大后的图形．

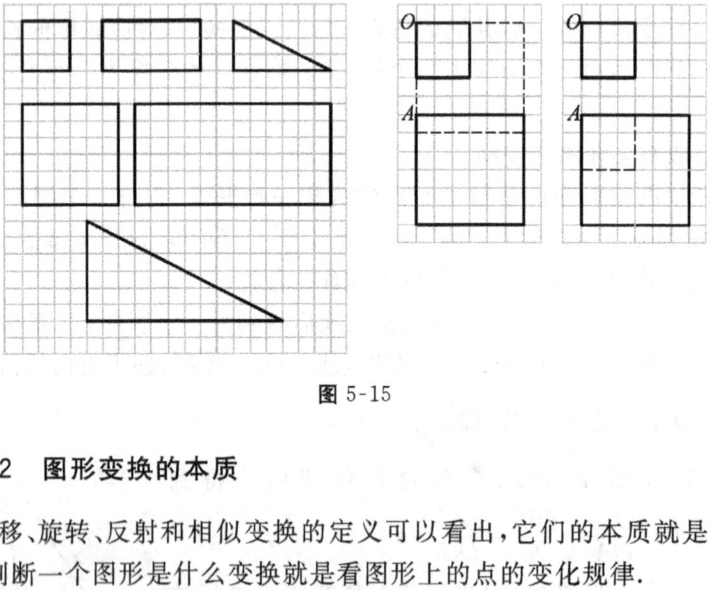

图 5-15

5.1.2 图形变换的本质

从平移、旋转、反射和相似变换的定义可以看出，它们的本质就是图形上点的变换．判断一个图形是什么变换就是看图形上的点的变化规律．

在全等变换中，由于图形上任意两点变换前后的距离保持不变，从而图形的形状和大小保持不变，这是全等变换的核心．例如，对平面内的一个三角形作全等变换，由于它的三个顶点中任意两点之间的距离保持不变，从而由这些点构成的线段所成的夹角保持不变，如图 5-1、图 5-4、图 5-10 中，均有 $\angle A=\angle A'$，从而三角形的形状和大小保持不变．

在全等变换下，直线变为直线，线段变为线段，射线变为射线；两直线的平行性、相交性、垂直性以及所成的角度都不变；共点线变为共点线，共线点变为共线点，且保持顺序关系不变；直线上 A,B,C 三点的简比 $AC:BC$ 不变；三角形、多边形和圆分别变为与它们全等的三角形、多边形和圆，封闭图形的面积不变.

在相似变换中，它的核心是保持图形的形状不变(大小和位置可变)，也即对应的边成比例，对应的角相等.

5.1.3　图形变换之间的区别

在全等变换中，对于反射变换而言，它与平移和旋转变换有特殊的区别，平移和旋转变换并不改变物体上点与点的方向顺序. 如图 5-1 中，A,B,C 三点是逆时针顺序排列，对应的 A',B',C' 三点也是逆时针顺序排列；但反射变换却不一样，如图 5-10 中，点 A,B,C 是按照逆时针顺序排列，对应的点 A',B',C' 却是按照顺时针顺序排列.

在位似变换中，若 $k>0$，则 OA' 与 OA 同向，这时位似称为正位似. 若 $k<0$，则 OA' 与 OA 反向，这时位似称为反位似. 当 $k=-1$ 时，反位似变换变成中心对称，此时的变换也是全等变换. 图 5-16 就是 $k=-1$ 时的位似变换.

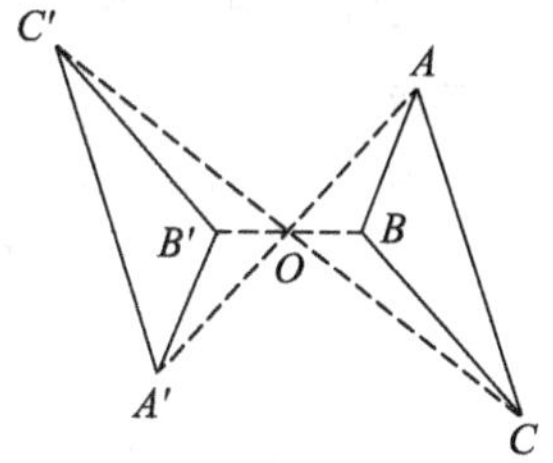

图 5-16

第 2 节　图形变换的坐标表示

把上述图形变换放在平面直角坐标系中研究，我们可以得到它们的坐标表示形式.

5.2.1　平移变换

在平面直角坐标系中，图形 F 按照向量 $\boldsymbol{n}=(h,k)$ 平移得到图形 F'，那么图形 F 上的任意一点 $P(x,y)$ 与其对应点 $P'(x',y')$ 之间满足的关系式为

$$\begin{cases}x'=x+h,\\y'=y+k.\end{cases}$$

其中 $\boldsymbol{n}=(h,k)$ 叫作平移向量. 这就是平移变换的坐标表示.

例如，在图 5-17 中，将 $\triangle ABC$ 按照向量 $\boldsymbol{n}=(4,3)$ 平移得到 $\triangle A'B'C'$，相当于把 $\triangle ABC$ 先水平向右平移 4 个单位，再竖直向上平移 3 个单位得到 $\triangle A'B'C'$，

则两个对应点的坐标满足关系式$\begin{cases}x'=x+4,\\ y'=y+3.\end{cases}$图中，点$A$的坐标是$(-2,2)$，则点$A'$的坐标是$(2,5)$.

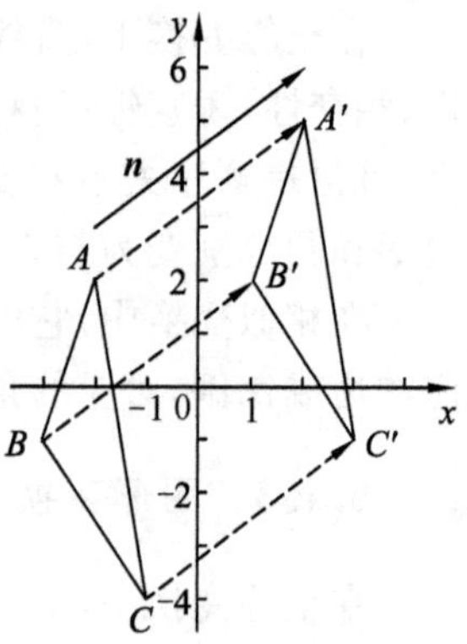

图 5-17

5.2.2 旋转变换

在平面直角坐标系中，图形F绕点O旋转角度θ得到图形F'，那么图形F上的任意一点$P(x,y)$与其对应点$P'(x',y')$之间满足的关系式为

$$\begin{cases}x'=x\cos\theta-y\sin\theta,\\ y'=x\sin\theta+y\cos\theta.\end{cases}$$

为讨论方便起见，此处的点O选取的是坐标原点. 旋转时，规定：如果$\theta>0$，则按照逆时针方向旋转；如果$\theta<0$，则按照顺时针方向旋转.

当$\theta>0$时（图 5-18），简要推导过程如下：

$$x'=r\cos(\varphi+\theta)=r\cos\varphi\cos\theta-r\sin\varphi\sin\theta,$$
$$y'=r\sin(\varphi+\theta)=r\cos\varphi\sin\theta+r\sin\varphi\cos\theta.$$

又$x=r\cos\varphi$，$y=r\sin\varphi$，所以

$$\begin{cases}x'=x\cos\theta-y\sin\theta,\\ y'=x\sin\theta+y\cos\theta.\end{cases}$$

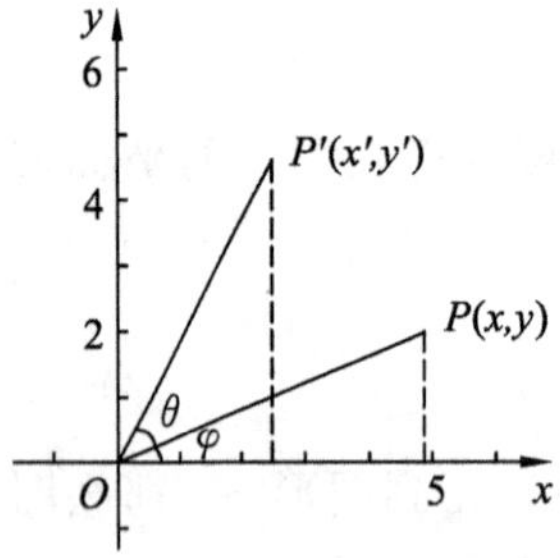

图 5-18

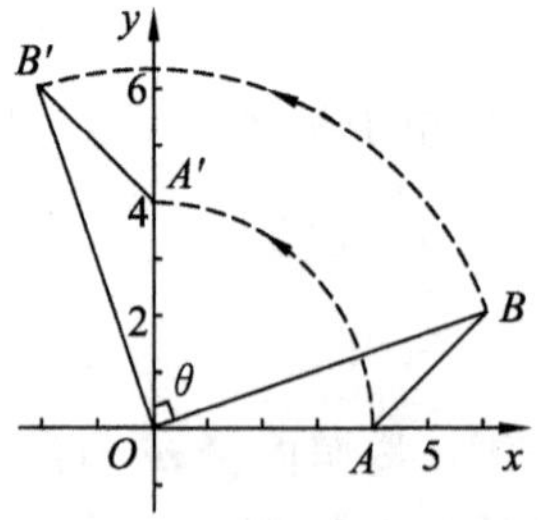

图 5-19

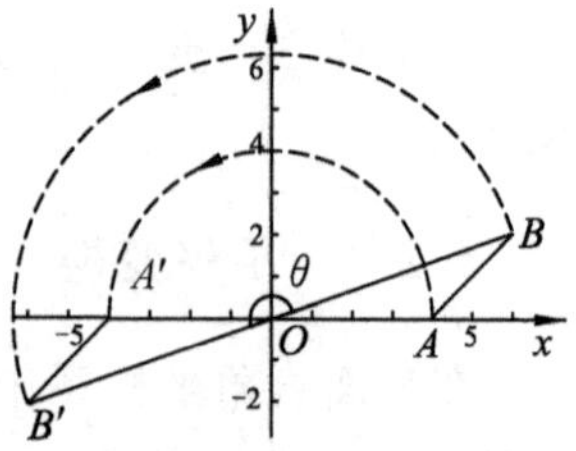

图 5-20

特殊情况下，当$\theta=\frac{\pi}{2}$时，$\begin{cases}x'=-y,\\ y'=x.\end{cases}$如图 5-19 所示，点$B$的坐标为$(6,2)$，则点$B'$的坐标为$(-2,6)$. 当$\theta=\pi$时，图形$F$和图形$F'$关于原点$O$成中心对称，此时$\begin{cases}x'=-x,\\ y'=-y.\end{cases}$如图 5-20 所示，点$B$的坐标为$(6,2)$，则点$B'$的坐标为$(-6,-2)$.

从几何变换的视角观察奇函数：因为奇函数的图象是关于原点成中心对称的图形，所以由奇函数图象的一半绕着坐标原点旋转 180°可以得到奇函数图象的另一半. 以正弦函数为例，如图 5-21 所示，将正弦曲线的右半部分绕着坐标原点 O 旋转 180°得到正弦曲线的左半部分，从而得到整个正弦曲线. 事实上，在正弦曲线 y 轴右侧的图象上任意取一点 $P(x,y)$，将它绕着原点旋转 180°得到它关于原点的对称点 $P'(-x,-y)$，又因为 $-y=-\sin x=\sin(-x)$，所以 $P'(-x,-y)$ 也在正弦曲线上，即它为正弦曲线位于 y 轴左侧图象上的一点.

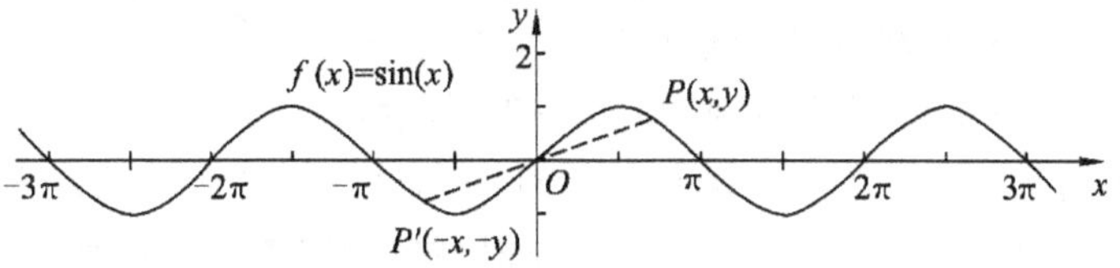

图 5-21

一般地，一个函数 $y=f(x)$，$x\in D$，其中 D 关于原点对称，如果对 $\forall x\in D$，都有 $f(x)=-f(-x)$（或者说 $f(-x)=-f(x)$），那么我们称这个函数为奇函数. 显然奇函数的图象关于原点成中心对称.

5.2.3　反射变换

为研究方便起见，通常我们把坐标轴选为对称轴.

在平面直角坐标系中，图形 F 关于 x 轴对称得到图形 F'，那么图形 F 上的任意一点 $P(x,y)$ 与其对应点 $P'(x',y')$ 之间满足的关系式为 $\begin{cases}x'=x,\\ y'=-y,\end{cases}$ 如图5-22所示.

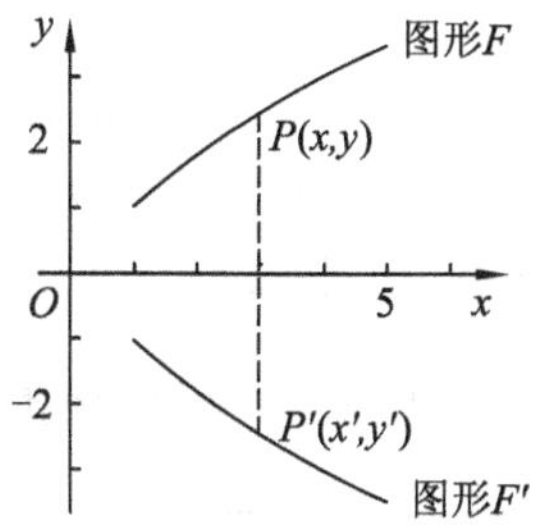

图 5-22

在平面直角坐标系中，图形 F 关于 y 轴对称得到图形 F'，那么图形 F 上的任意一点 $P(x,y)$ 与其对应点 $P'(x',y')$ 之间满足的关系式为 $\begin{cases}x'=-x,\\ y'=y,\end{cases}$ 如图 5-23 所示.

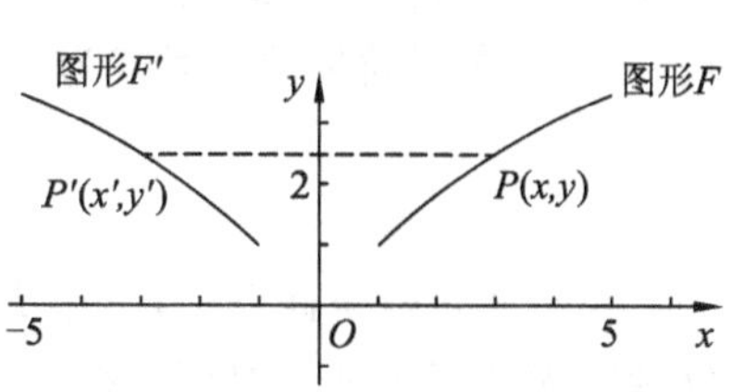

图 5-23

一般地，如果不以坐标轴作为对称轴，那么我们也只要找到对应点的坐标满足的关系式即可. 如点 $P(x,y)$ 关于直线 l：

$Ax+By+C=0(A^2+B^2\neq 0)$对称的点 $P'(x',y')$的坐标为

$$\begin{cases} x'=x-2A\dfrac{Ax+By+C}{A^2+B^2}, \\ y'=y-2B\dfrac{Ax+By+C}{A^2+B^2}. \end{cases}$$

点 P,P'与直线 l 的位置关系如图 5-24 所示.

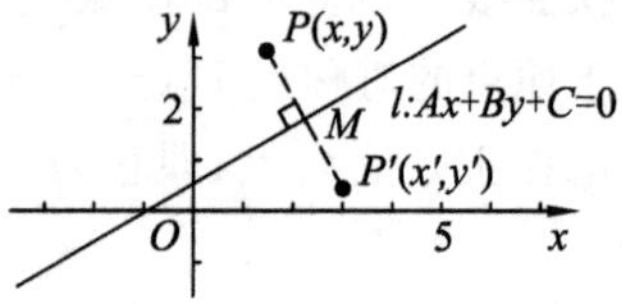

图 5-24

从几何变换的视角观察偶函数:因为偶函数的图象是关于 y 轴成轴对称的图形,所以由偶函数图象的一半关于 y 轴作轴对称图形可以得到偶函数图象的另一半.以余弦函数为例,如图 5-25 所示,将余弦曲线的右半部分关于 y 轴作轴对称图形得到余弦曲线的左半部分,从而得到整个余弦曲线.事实上,在余弦曲线 y 轴右侧的图象上任意取一点 $P(x,y)$,作关于 y 轴的对称点 $P'(-x,y)$,又因为 $y=\cos x=\cos(-x)$,所以 $P'(-x,y)$也在余弦曲线上,即它为余弦曲线左侧上的一点.

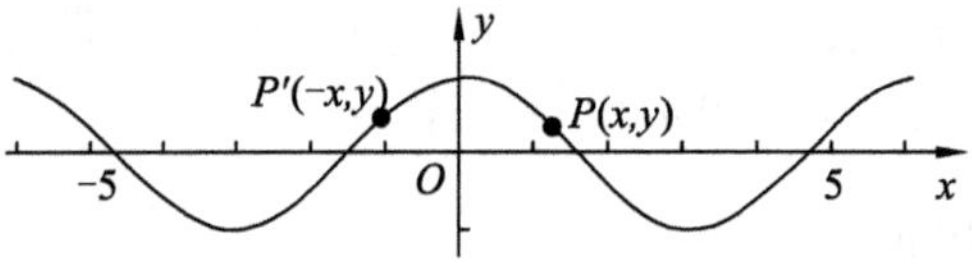

图 5-25

一般地,一个函数 $y=f(x)$,$x\in D$,其中 D 关于原点对称,如果对 $\forall x\in D$,都有 $f(x)=f(-x)$,那么我们称这个函数为偶函数.显然偶函数的图象关于 y 轴成轴对称.

5.2.4 相似变换的特例——位似变换

在小学阶段,我们通常考虑特殊的相似变换——位似变换.

在平面直角坐标系中,图形 F 以坐标原点 O 为位似中心、常数 $k(k\neq 0)$为位似比进行位似变换得到图形 F',那么图形 F 上的任意一点 $P(x,y)$与其对应点 $P'(x',y')$之间满足的关系式为

$$\begin{cases} x'=kx, \\ y'=ky. \end{cases}$$

在平面直角坐标系中,图形 F 以点 O'(其坐标为(a,b))为位似中心、常数 k $(k\neq 0)$为位似比进行位似变换得到图形 F',那么图形 F 上的任意一点 $P(x,y)$与其对应点 $P'(x',y')$之间满足的关系式为

$$\begin{cases} x'=k(x-a)+a, \\ y'=k(y-b)+b. \end{cases}$$

点 P 与 P' 的位置关系如图 5-26 所示.

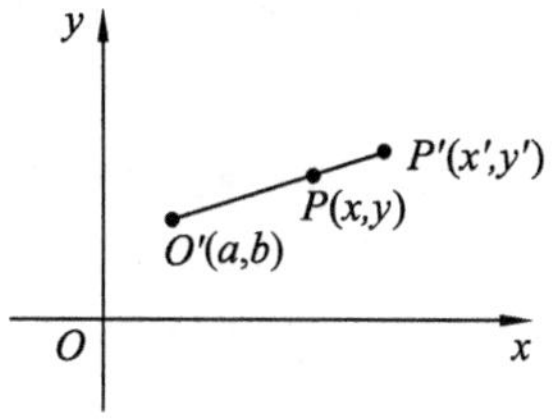

图 5-26

第 3 节　图形变换的复合

5.3.1　两个不同变换的复合

在实际运用中，常常是多种变换复合在一起，有的是平移和旋转的复合(图 5-27)，有的是轴对称和旋转的复合(图 5-28)，也有的是轴对称与平移的复合(图 5-29).

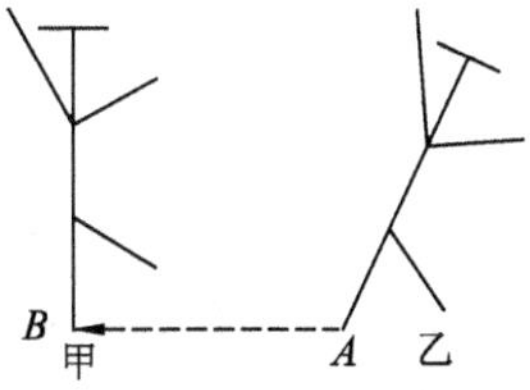

图 5-27

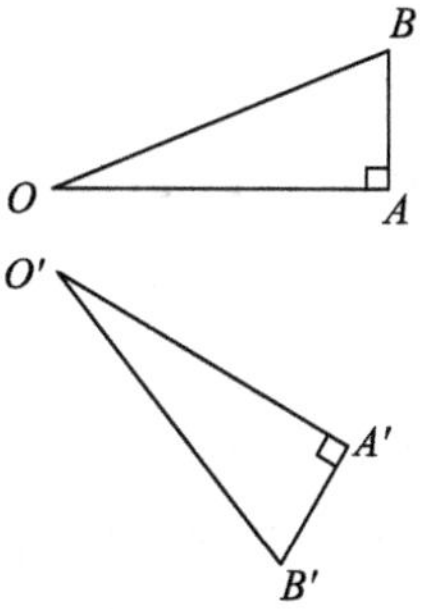

图 5-28

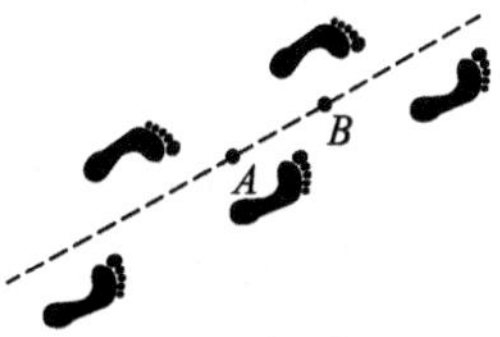

图 5-29

例 1　如图 5-27 所示，甲、乙是两根天线，如何将乙天线变成甲天线呢?

两种基本的思路：一是先将乙图平移，使得顶点 A 和顶点 B 重合，然后再绕顶点 $B(A)$ 旋转一定角度即可；另一种思路是先将乙图绕顶点 A 旋转一定角度，再将乙图平移一定距离，使得两个顶点 A 和 B 重合.

这就是说，需要将乙天线的位置与状态加以适当改变，平移旨在改变位置，旋转旨在改变摆放状态. 先平移再旋转和先旋转再平移，都可以实现目的. 如起重机装卸货物等都是平移和旋转的复合.

5.3.2 两个相同变换的复合

对于平移、旋转和反射变换来说，它们都是全等变换，其中反射变换最为基本.

(1) 对同一图形连续进行两次反射变换，如果两个对称轴互相平行，那么，这两次反射变换的复合等同于一次平移变换.

如图 5-30 所示，两条对称轴 l_1 和 l_2 相互平行，$\triangle ABC$ 经过两次反射变换，第一次关于直线 l_1 作反射变换得到$\triangle A'B'C'$，第二次把$\triangle A'B'C'$关于直线 l_2 作反射变换得到$\triangle A''B''C''$，那么相当于把$\triangle ABC$ 作了一次平移变换得到$\triangle A''B''C''$.

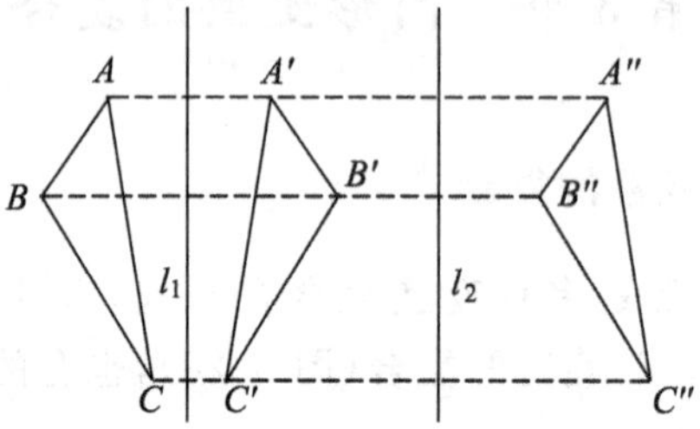

图 5-30

一般地，如图 5-31 所示，对称轴 $l_1 /\!/ l_2$，设 P 为原图象上任一点，由 P 作直线垂直于 l_1 和 l_2，垂足分别为 P_1, P_2，以 P'表示 P 关于 l_1 的对称点，以 P''表示 P'关于 l_2 的对称点. 则不论 P 在平面上的什么位置，应用有向线段的加法法则总有

$$\overrightarrow{PP''}=\overrightarrow{PP'}+\overrightarrow{P'P''}=2(\overrightarrow{P_1P'}+\overrightarrow{P'P_2})=2\,\overrightarrow{P_1P_2},$$

所以，以两条平行线 l_1, l_2 先后作为对称轴的两次反射变换的复合等于一个平移，平移的法线方向是 l_1 和 l_2 的法线方向(图 5-31 中向量$\overrightarrow{P_1P_2}$的方向)，平移的距离是 l_1 和 l_2 之间距离的两倍.

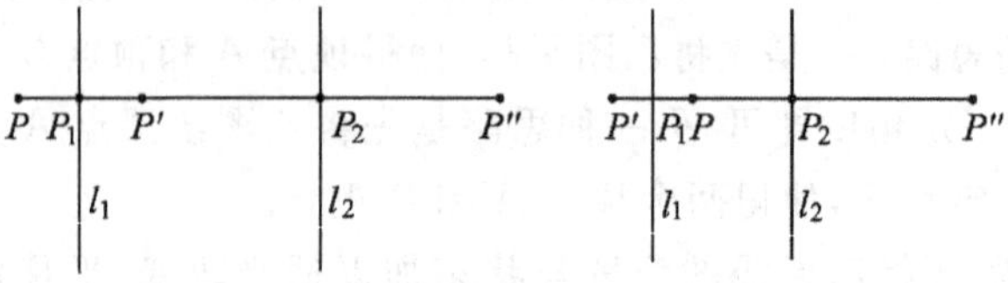

图 5-31

(2) 对同一图形连续进行两次反射变换，如果两个对称轴相交，那么，这两次反射变换的复合等同于一次旋转变换．

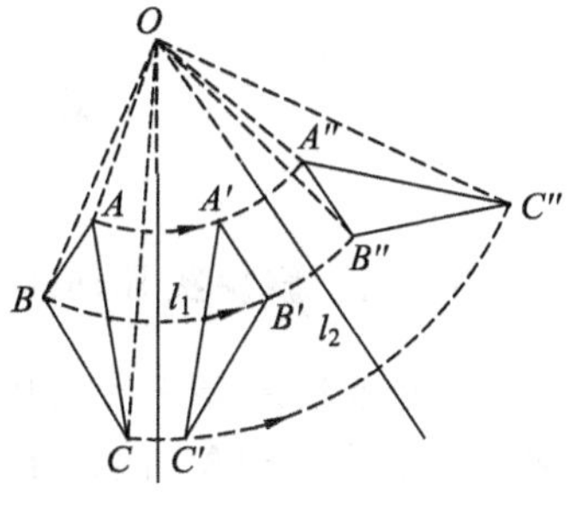

图 5-32

如图 5-32 所示，两条对称轴 l_1 和 l_2 相交，$\triangle ABC$ 经过两次反射变换，第一次关于直线 l_1 作反射变换得到$\triangle A'B'C'$，第二次把$\triangle A'B'C'$关于直线 l_2 作反射变换得到$\triangle A''B''C''$，那么相当于把$\triangle ABC$ 作了一次旋转变换得到$\triangle A''B''C''$，其中旋转中心为 l_1 和 l_2 的交点．

一般地，如图 5-33、图 5-34 所示，对称轴 $l_1\cap l_2=O$，设 P 为原图象上任一点，由 P 作直线垂直于 l_1，垂足为 P_1，P'为 P 关于 l_1 的对称点，过 P'作直线垂直于 l_2，垂足为 P_2，以 P''表示 P'关于 l_2 的对称点．

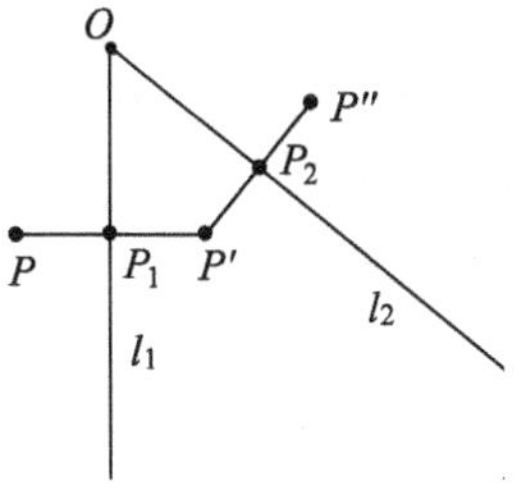

图 5-33

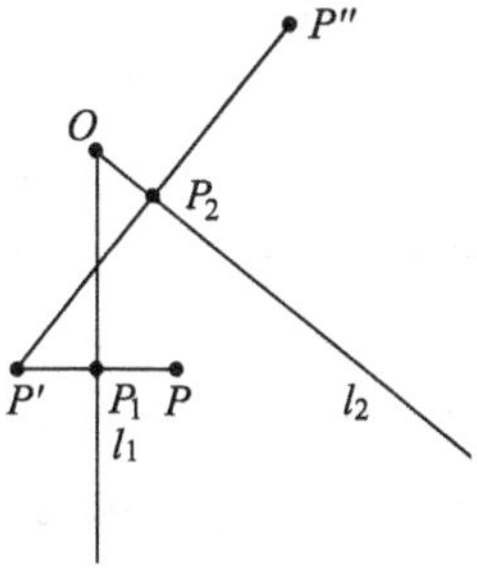

图 5-34

由轴对称的性质，易知 $OP=OP'=OP''$，在图 5-33 中，$\angle POP''=\angle POP'+\angle P'OP''=2\angle P_1OP'+2\angle P'OP_2=2\angle P_1OP_2$；在图 5-34 中，$\angle POP''=\angle P'OP''-\angle P'OP=2\angle P'OP_2-2\angle P'OP_1=2\angle P_1OP_2$．所以，以两条相交线 l_1 和 l_2 先后作为对称轴的两次反射变换的复合等于一个旋转变换，旋转中心是 l_1 和 l_2 的交点 O，旋转方向与 l_1 到 l_2 的旋转方向相同，旋转角度为直线 l_1 到 l_2 的角的两倍．

对于其他三种变换有如下结论：

(1) 两个平移变换的复合仍然是一个平移变换；

(2) 具有同一个中心的两个旋转变换的复合仍是一个旋转变换；

(3) 两个相似变换的复合仍然是一个相似变换．

第 4 节　图形变换的价值

5.4.1　解决实际问题

图形变换来源于生活中物体的平移、旋转、轴对称和相似的运动现象，因而了解图形的变换，有利于我们解决实际问题，认识和解释丰富多彩的生活空间，形成初步的空间观念.

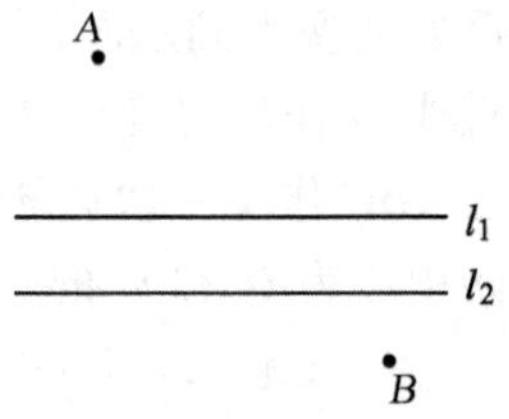

图 5-35

例 1　如图 5-35 所示，工厂 A 和宿舍 B 被一条河流阻隔，现在要在河上建造一座桥 MN，问桥架在何处时，才能使从 A 到 B 的路程最短？（假设两岸 l_1，l_2 平行，桥 MN 与河岸垂直，A 到 l_1 的距离大于河宽.）

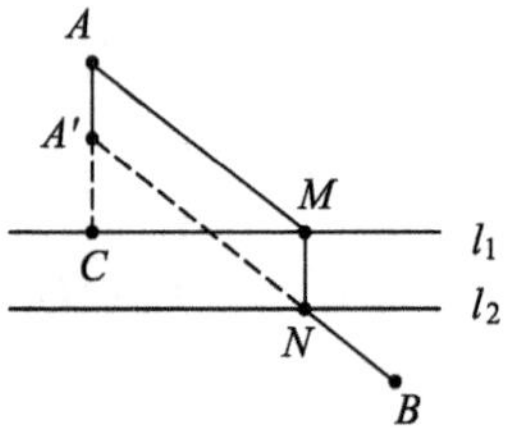

图 5-36

解决问题的方法如下：如图 5-36 所示，过点 A 作河岸 l_1 的垂线，垂足记为 C，在线段 AC 上截取 AA' 等于桥宽，这样问题就转化为求点 A' 到点 B 的最短距离. 方法自然是连结 $A'B$ 交 l_2 于点 N，过点 N 作 l_2 的垂线交 l_1 于点 M，则 MN 就是所建桥梁的位置.

平移的内容还可以跟密码学联系起来. 当年罗马皇帝搞密码，在一句话中，他把所有的字母都按照一定的规律（把 26 个英文字母环形排列）平移. 比如说，TODAY 这个词，把字母表中的每一个字母都向后平移三个位置，然后用平移后的字母组成一个新词 WRGDB，谁都不认识，一旦将平移的规律告诉你，按照相反的方向平移相同的“距离”，信息很快被还原，这叫罗马密码，是密码学的雏形. 不仅如此，电视传递图形、信号等其实也是同样的道理. 它们把所有图形的照片都平移一下拼成一个新图，这个新图什么也不是，然后在计算机上储存这个新图，谁也看不懂，这时再安装一个解码器（机顶盒），其作用是反向平移回到原来的图形照片. 运用平移可以承载现代信息传递的加密和解码.

反射（对称）变换对于车标设计、服装图案的设计和剪纸艺术等都有很好的指导作用. 正如 20 世纪著名的数学家赫尔曼·外尔所说的“对称是一种思想，通过它，人们毕生追求了解，并创造次序、美丽和完善……”

相似在我们的生活中也随处可见，比如照片的冲洗，洗成 2 寸还是 5 寸，就是对底片进行相似变换. 再如播放电影，胶片和屏幕上的图案也是相似变换的应用.

自然界中有许多物体和现象常是它们自身的多次重复,局部与它的整体以某种方式相似.例如,任意一棵大树上的一棵小树枝,它的形状与大树本身相似,这称为自相似性(图 5-37).又如海岸线、浮云的边界、波浪起伏的海面、流体的湍流、刚体内的裂缝、山地轮廓等,以这些被经典几何学称为“病态”的非规则几何形态为研究对象的几何学,称为分形几何学. 1975 年,美国的曼德布罗特(B. Manedlbrot)创立了分形几何学,用以描述这类曲线,20 世纪 80 年代中期分形几何学得以迅速发展,而今已成为本世纪各个领域中专家学者所注目的前沿焦点学科之一.

图 5-37

5.4.2　铺垫后续教学

数学知识的学习是个循序渐进、螺旋式上升的过程.正确理解平面图形的平移、旋转、反射和相似变换,为认识投影与三视图、几何证明、方程简化等带来诸多方便.如圆的方程是$(x-a)^2+(y-b)^2=r^2$,平移一下,把圆心移到原点,就变成 $x^2+y^2=r^2$,此时,圆的方程就标准化了.对于一个抛物线方程来说,如果顶点不在坐标轴上,对称轴又不平行于坐标轴,这个表达式将是非常复杂的.高中数学所学的配方法,其实质就是一个平移,它使得这个方程变得简单且标准化.通常,抛物线方程都要进行配方,椭圆方程、双曲线方程也是如此,否则,方程比较复杂,体现不了数学的简洁美.

例 2　设 O 是正三角形 ABC 内一点,且 $AO=3$, $BO=4$, $CO=5$,求正三角形的边长.

解　考虑把$\triangle BOC$ 绕点 B 逆时针旋转 60°到$\triangle BDA$ 的位置(图 5-38),则 $DB=OB=4$, $\angle OBD=60°$,所以$\triangle ODB$ 为正三角形,从而 $OD=4$.

又因为 $AD=CO=5$, $AO=3$,所以$\triangle AOD$ 为直角三角形,$\angle AOD=90°$.

所以在$\triangle AOB$ 中,$AO=3$, $BO=4$, $\angle AOB=150°$,由余弦定理得

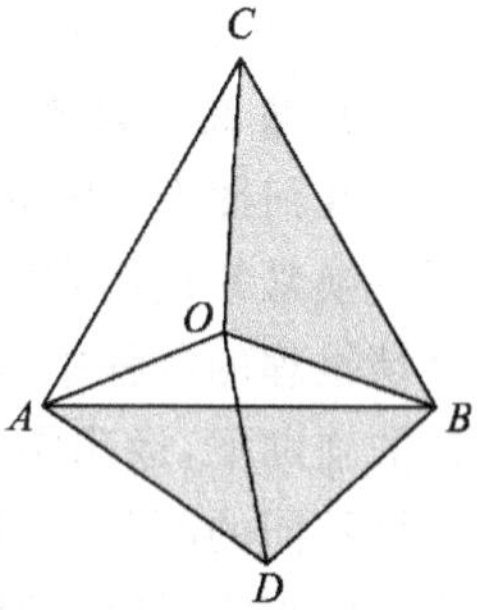

图 5-38

$$AB=\sqrt{AO^2+BO^2-2AO\cdot BO\cdot\cos\angle AOB}=\sqrt{25+12\sqrt{3}}.$$

此题中旋转起了非常重要的作用，它把一些孤立的元素 OA,OB,OC 组合成新的有机体，便于计算或证明.

有时借助轴对称，也可以把一些孤立的元素组合成新的有机体.

例 3 如图 5-39 所示，在$\triangle ABC$中，已知 $AH\perp BC$ 于点 H，$\angle C=35°$，且 $AB+BH=HC$，求$\angle B$的度数.

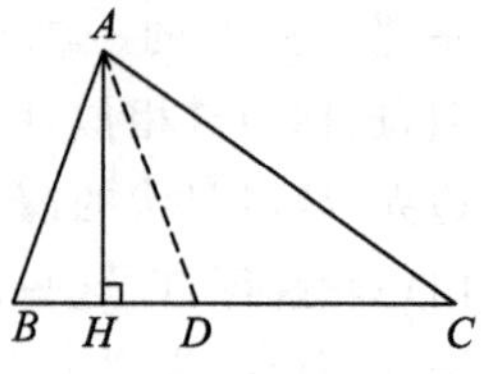

图 5-39

解 由于 $AH\perp BC$，所以以 AH 为轴作对称变换，点 B 的对称点 D 必落在 HC 上. 如图 5-39 所示，连结 AD，由轴对称的性质得到$\triangle ABH\cong\triangle ADH$，所以 $AD=AB$，$HD=HB$，从而有 $HC=AB+BH=AD+HD$，又 $HC=HD+DC$，所以 $AD=DC$，从而有$\angle C=\angle CAD$，所以$\angle B=\angle ADH=\angle C+\angle CAD=2\angle C=70°$.

5.4.3 体现教育价值

自 20 世纪以来，数学的发展，特别是数学与计算机的结合，使得数学在研究领域、研究方式和应用范围等方面得到了空前的发展，一些传统数学内容和要求也相应地有了改变. 图形变换的教育价值主要通过以下几个方面予以彰显.

1. 有助于理解人类的生存空间

儿童最先感知的是三维世界，是“空间与图形”，而图形变换作为其重要内容之一，起着不可替代的作用. 如把玩具汽车往前一推，汽车开始向前滑行，其中就蕴涵着平移变换；再如用手指敲击琴键，发出优美的声音，其中就蕴涵着旋转变换. 特别是随着计算机制图和成像技术的发展，图形变换广泛地运用到人类生活和社会发展的各个方面，因而，“图形变换”的教育价值首先在于使学生更好地认识、理解生存空间，更好地生存和发展.

2. 有助于培养学生的创新精神

几何图形的直观形象为学生进行自主探索、创新活动提供了有利的条件. 图形变换常常运用观察、操作、猜想、作图与设计等各种手段，在借助图形直观进行合情推理的过程中，学生能增强探究的好奇心，加深对数学的理解，尤其在计算机的辅助下，运用图形变换进行图案设计，变得更为简洁、方便，同时赋予线段或区域不同的颜色，更能充分发挥学生的潜能，激发他们的创造欲望，多方面刺激学生的感官，学生的创造力被极大地激发.

3. 有助于培养学生的化归能力

在平行四边形、三角形和梯形面积公式的推导过程中，含有丰富的图形变换思想. 如图 5-40 所示，借助几何变换，我们把三角形和梯形转化为平行四边形，再把平行四边形转化为矩形，从而把三角形、梯形的面积转化为学生熟悉的矩形的面积. 当然在化归过程中，可以只用某一图形变换，也可以借助图形变换的复合来推导，经历这样一个直观演示的化归过程，学生对这些图形面积公式的记忆将会非常深刻，也就很难会忘记三角形和梯形面积公式前面的$\frac{1}{2}$. 这种化归能力的培养，对于学生今后理解和处理一些数学问题将有很大益处.

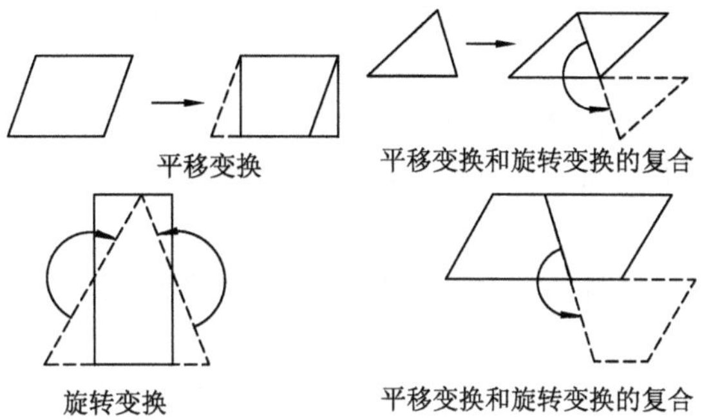

图 5-40

4. 有助于发展学生的综合能力

新课标指出“强调从学生已有的生活经验出发，让学生亲身经历将实际问题抽象为数学模型并进行解释和应用的过程，使学生获得数学理解的同时，在思维能力、情感态度与价值观等方面得到进步和发展”. 在认识数学与现实世界的密切联系方面，“图形变换”有着独特的作用. 它能化静为动，把静态的图象看“活”起来，这不仅能有效地发展学生空间想象力和推理能力，而且能引导学生感受数学的思想方法，体验数学学习的乐趣，逐步积累数学活动经验，发展学生自主创新的意识及综合能力.

第 5 节　小学数学中图形变换的教学探析

在《全日制义务教育数学课程标准(修订稿)》(以下简称《修订稿》)颁布后，人民教育出版社和江苏教育出版社分别出版了一套体现新课程理念且各具特色的小学数学实验教材(简称“人教版”和“苏教版”，当然还有其他版本的教材，如北师大版等). 由于任何知识的学习都是一个循序渐进、螺旋式上升的过程，对于图形变换的学习也不例外. 下面就以人教版和苏教版为例.

5.5.1 不同学段的教学目标

《标准(2011)》给出了不同学段的教学目标.

第一学段(1—3 年级)具体目标：

(1) 结合实例,感知平移、旋转、对称现象.

(2) 能在方格纸上画出一个简单图形沿水平方向、竖直方向平移后的图形.

(3) 通过观察、操作,认识轴对称图形,并能在方格纸上画出简单图形的轴对称图形.

第二学段(4—6 年级)具体目标：

(1) 用折纸等方法确定轴对称图形的对称轴,能在方格纸上画出一个图形的轴对称图形.

(2) 能利用方格纸等形式按一定比例将简单图形放大或缩小,体会图形的相似.

(3) 通过观察实例,认识图形的平移与旋转,能在方格纸上将简单图形平移或旋转 90°.

(4) 欣赏生活中的图案,灵活运用平移、对称和旋转在方格纸上设计图案.

第三学段(7—9 年级)具体目标：

(1) 图形的轴对称：

① 通过具体实例认识轴对称,探索它的基本性质,理解对应点所连的线段被对称轴垂直平分的性质.

② 能够按要求作出简单平面图形经过一次或两次轴对称变换后的图形;探索简单图形之间的轴对称关系,并指出对称轴.

③ 探索基本图形(等腰三角形、矩形、菱形、等腰梯形、正多边形、圆)的轴对称性及其相关性质.

④ 欣赏现实生活中的轴对称图形,结合现实生活中的典型实例了解并欣赏物体的镜面对称,能利用轴对称进行图案设计.

(2) 图形的平移：

① 通过具体实例认识平移,探索它的基本性质,理解对应点连线平行且相等的性质.

② 能按要求作出简单平面图形平移后的图形.

③ 利用平移进行图案设计,认识和欣赏平移在现实生活中的应用.

(3) 图形的旋转：

① 通过具体实例认识旋转,探索它的基本性质,理解对应点到旋转中心的距

离相等、对应点与旋转中心连线所成的角彼此相等的性质.

② 了解平行四边形、圆是中心对称图形.

③ 能够按要求作出简单平面图形旋转后的图形.

④ 欣赏旋转在现实生活中的应用.

⑤ 探索图形之间的变换关系(轴对称、平移、旋转及其组合).

⑥ 灵活运用轴对称、平移和旋转的组合进行图案设计.

(4) 图形的相似:

① 了解比例的基本性质,了解线段的比、成比例线段,通过建筑、艺术上的实例了解黄金分割.

② 通过具体实例认识图形的相似,探索相似图形的性质,知道相似多边形的对应角相等,对应边成比例,面积的比等于对应边比的平方.

③ 了解两个三角形相似的概念,探索两个三角形相似的条件.

④ 了解图形的位似,能够利用位似将一个图形放大或缩小.

⑤ 通过实例观察和认识现实生活中物体的相似,利用图形的相似解决一些实际问题.

⑥ 通过实例认识锐角三角函数($\sin A$,$\cos A$,$\tan A$),知道 $30°$,$45°$,$60°$角的三角函数值,会使用计算器由已知锐角求它的三角函数值,由已知三角函数值求它对应的锐角.

⑦ 运用三角函数解决与直角三角形有关的简单实际问题.

与《全日制义务教育数学课程标准(修订稿)》相比,《标准(2011)》在具体目标部分作了多处调整:

在第一学段,适当降低了要求,如删除了《修订稿》中"能在方格纸上画出一个简单图形沿水平方向、竖直方向平移后的图形;能在方格纸上画出简单图形的轴对称图形".

在第二学段,语言的描述更加细腻、到位.如把《实验稿》中具体目标"用折纸等方法去定轴对称图形的对称轴,能在方格纸上画出一个图形的轴对称图形"分解为"通过观察、操作等活动,进一步认识轴对称图形及其对称轴,能在方格纸上画出轴对称图形的对称轴;能在方格纸上补全一个简单的轴对称图形".又如,对于平移变换,将《实验稿》中的"能在方格纸上将简单图形平移"调整为"能在方格纸上按水平或垂直方向将简单图形平移".再如,把《实验稿》中的"欣赏生活中的图案"调整为"能从平移、旋转和轴对称的角度欣赏生活中的图案".

在第三学段,比《修订稿》的描述更加细致,如对"简单平面图形"的解释细化为"点、线段、直线、三角形等".此外还增加了"图形的投影"部分内容,如"通过丰富的实例，了解中心投影和平行投影的概念”，这部分内容事实上是平移和位似变换在空间的拓展，因为前面所研究的图形变换都是指在同一平面内的两个图形之间的关系.

5.5.2 两种版本的教材编排

对于相同的学段目标，不同的编者有着各自不同的理解，编写的教材自然也呈现出各不相同的特点. 表 5-1、表 5-2 中分别给出了苏教版和人教版的小学数学教材内容和教学重难点.

表 5-1 苏教版“图形变换”的编排

年级	教材内容	重点和难点
三下	感受生活中的平移和旋转实例，在方格纸上画出几何图形经过平移后的图形 感受生活中的轴对称图形：几何图形、英文字母；能在方格纸上画出几何图形经过对称变换后的图形；利用对称变换剪纸设计	利用对称变换剪纸设计
四下	画出简单几何图形的对称轴；对一个几何图形进行两次平移；感受旋转在生活中的实例，画出几何图形经过一次旋转后得到的图形	判断一个图形是否是轴对称图形；找全对称轴；画出几何图形经过一次旋转后得到的图形(四下 67 页)
五下	平移、旋转、对称变换的综合运用设计	综合设计
六下	按比例把一个简单图形放大或缩小；探索图形放大或缩小后简单图形的面积关系	按比例把一个简单图形放大或缩小

表 5-2 人教版“图形变换”的编排

年级	教材内容	重点和难点
二下	感知生活中的平移、旋转实例，在方格纸上画出几何图形经过平移后的图形；借助动手操作，感知如何由平移和旋转创作图案	利用对称变换，剪出图案
五上	图形的密铺	正五边形的密铺
五下	由图案到图形介绍轴对称图形，旋转变换得到的图形，埃舍尔镶嵌图案欣赏；花边设计；剪纸设计；找对称轴；设计镶嵌图案	剪纸设计，镶嵌图案设计，找对称轴
六下	复习剪纸设计；画出对称轴；图形的缩放变换	图形的缩放变换

从表中可以看出，对于图形的平移、旋转、轴对称和缩放变换，都强调知识产生的背景，提出“从生活实例出发”“结合图形”“观察模型”，其目的是使学习内容

更容易被学生理解和掌握.

对于具体知识的介绍，苏教版从三年级下学期开始，先感知平移和轴对称，在四年级下学期对平移和轴对称内容进行提升，同时感知旋转变换，再在五年级下学期进行平移、旋转和对称变换的综合运用，六年级下学期在比的基础上介绍图形的相似变换. 人教版从二年级下学期开始，通过生活实例，让学生感知平移和旋转现象，借助动手操作，利用平移和旋转创作图案；五年级主要让学生感知轴对称变换和旋转变换，并综合利用平移、旋转和轴对称进行镶嵌设计；在六年级下学期介绍图形的缩放变换.

从图形变换的时间跨度上看，人教版从二年级下学期开始接触，六年级下学期结束，比苏教版跨度长一年，而在三年级和四年级两个年级段没有图形变换教学章节. 苏教版从三年级开始，每一学年均融进部分内容. 因而，从教学安排上看，苏教版相对比较合理. 同时，我们可以发现，图形的缩放变换都安排在六年级下学期，主要是因为此时学生已具有了一定的抽象思维能力，在总结已学过的三种变换概念的基础上，能体会和理解图形的缩放变换概念.

在教学方式上，都突出了以“学生发展为中心”的理念，采用启发式为主的教学. 尤其是在综合设计环节，人教版在设计环节提供了小步骤操作的方法，如图 5-41 所示；而苏教版提供的操作步骤跳跃性比较大，如图5-42所示，学生的创作空间受限少些. 两种设计各有利弊，人教版突出了过程设计，为学生进行自我创作提供很多的辅助，学生可以通过自学来掌握；而苏教版突出了结果设计，学生要充分开动脑筋，去想象中间的创作过程，一般情况下，对思维的要求高些，如

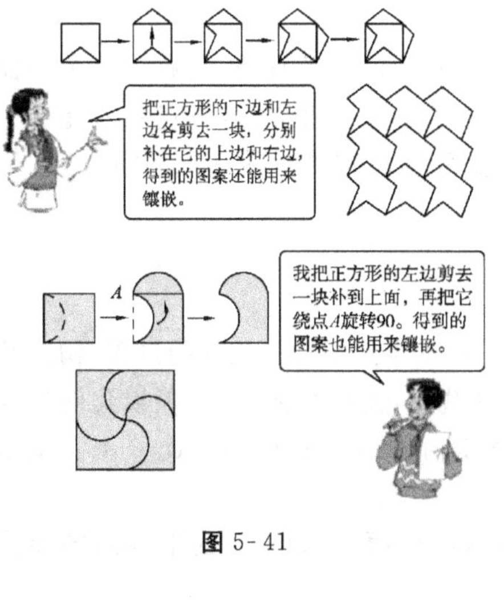

图 5-41

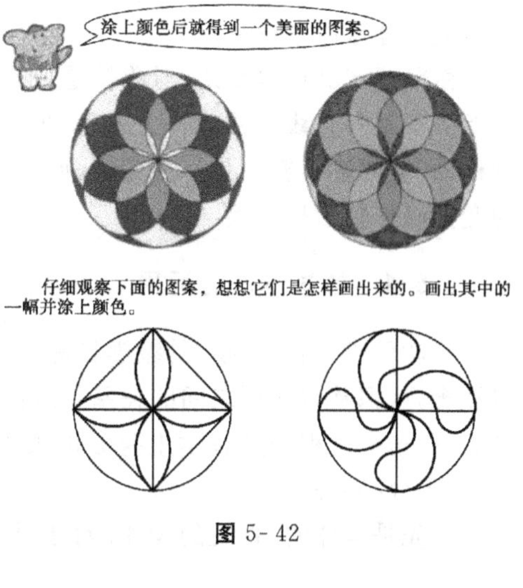

图 5-42

果能在自我充分思考的基础上加以适当的教师指导，那么其效果也会非常理想.

在教学手段上，两个版本的教材都采用了传统的动手操作(折、剪、拼等)和先进的信息技术相融合的方法.一方面，学生的动手操作在丰富认知表象上起着十分重要的作用；另一方面，借助先进的教学媒体，学生减少了许多不必要的重复劳动.在设计图案时，能很方便地实现对图形的变换处理、颜色填充，充分调动了学生的多种感官，激发了学生的学习欲望，为新知识的习得创造了有利的条件.

5.5.3 相关知识的疑点辨析

一、轴对称与轴对称图形

如果两个平面图形的对应点之间的连线都被某一直线垂直平分，那么就说这两个平面图形关于这条直线成轴对称.由此可见，轴对称表示两个平面图形之间的一种位置关系.

在平面内，如果一个图形沿一条直线对折，直线两旁的部分能够完全重合，这样的图形叫作轴对称图形.

二、镜面对称与镜面对称图形

如果两个立体图形的对应点的连线都被某一确定的平面垂直平分，那么就说这两个立体图形关于这个平面成镜面对称.其中每一个立体图形都可以称作另一图形的镜面对称图形.

如果一个立体图形关于某一平面成镜面对称，那么这个立体图形就叫镜面对称图形.

三、对称轴与轴对称

由前述定义可以知道，对称轴是依附于轴对称的一条直线，只有当两个平面图形关于某一直线对称或一个平面图形关于某一直线对称时，该直线才能成为对称轴.轴对称事实上是一种变换.如果图形 F 与 F' 成轴对称，那么图形 F 到 F' 的变换叫作轴对称变换.

5.5.4 教学方法的运用

小学阶段“图形变换”的教学目标在于：让学生经历几何抽象的过程，构建几何概念，认识基本图形之间的关系，形成空间观念，发展几何直觉，积累几何活动经验.而这个过程是随着学生身心的发展而逐步深化、发展的，因此分步实施教学，是十分必要的.

首先是具体的、直观的操作.对于低年级学生而言，结合生活中零散的经验和常识，让他们亲身经历图形的直观操作，逐步撇开具体的属性，抽象出点、线、面、角、三角形、圆等几何概念.

其次是具体图形的直观操作. 在二、三年级，学生的几何抽象已经不再停留在直接的生活常识层面，而是建立在已有的几何概念和具体的图形之上，这个过程比较艰难.

最后是对简单图形之间关系的初步分析. 例如，对平行四边形、梯形的研究，需要建立在将图形分解为三角形、矩形的基础之上，而三角形、矩形的分析又要借助于对线段和角的分析来完成. 这一阶段自小学高年级阶段延续到初中阶段，其中的难点在于全等变换.

获得亲身经历和几何活动经验是小学阶段"图形变换"教学的核心目标之一. 因而动手操作、观察确认、归纳猜想是一种非常重要的教学方法. 首先它有利于积累几何活动经验，建立几何直观，发展空间观念，逐步发展推理能力. 其次是借助现代信息技术，运用电脑辅助软件或电子白板技术，进行整合教学. 尤其值得一提的是几何画板软件，利用其"变换"菜单下的相应功能，能很好地实现图形的平移、旋转、轴对称和相似变换，并且图形精确美观，可以在虚拟的方格纸上实现创新. 两者协调进行，定将锦上添花.

5.5.5　"图形变换"的教学案例

几何教学与代数教学不同，它最好基于丰富的图形及对图形的操作. 对图形的操作，有两种方法：一种是通过在方格纸上构图、剪裁、拼接进行训练，另一种是借助几何画板软件进行辅助教学. 因为第一种方法过去研究得较多，所以这里着重介绍用几何画板辅助教学的案例. 几何画板的最大优点在于"几何元素在动态状态下保持几何关系间的不变性"，这对于学生的观察、归纳、猜想和证明起着重要作用.

"图形变换"的一个教学案例——奇妙的图形密铺

在探讨五种基本图形(图 5-43)能否密铺时，学生虽然可以通过动手操作对前三种基本图形作出判断，但若对后两种基本图形仍用动手操作、直观展示的方法，效果未必理想. 为此，可以考虑借助几何画板的平台，完成探索过程. 大概流程如下：

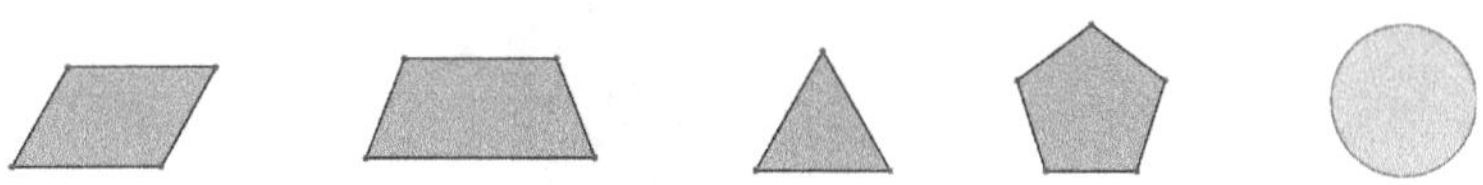

图 5-43

先探索平行四边形能否密铺. 学生通过拷贝、复制，可以得到两种不同的铺法(图 5-44).与此同时,教师结合学生的铺法指出密铺方法的要点(贴边铺展,不“叠”不“空”),再让学生研究梯形能否密铺.学生通过动手铺展,可以发现也有两种不同的铺法(图 5-45).接着追问学生:如果不进行动手操作,能否直接得到梯形可以进行密铺的结论呢?

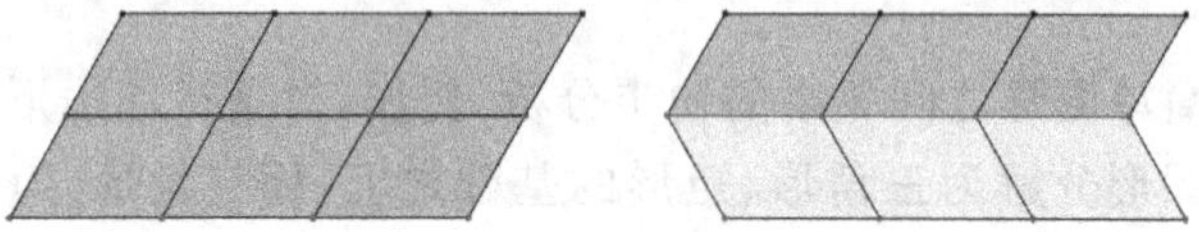

图 5-44

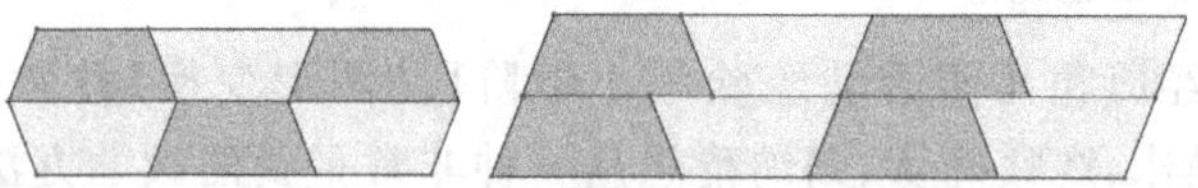

图 5-45

对于正三角形,常规铺法是,先铺一行,再在下方铺一行(图5-46).而后追问:如果不进行动手操作,能否判断正三角形可以进行密铺呢?(因为两个相同的等腰梯形和等边三角形都可以拼成一个平行四边形,因为平行四边形可以密铺,所以它们也可以密铺)进一步提问:一般的三角形能否密铺呢?结合几何画板的动态演示(图 5-47 为三个中间过程),学生一下子豁然开朗.

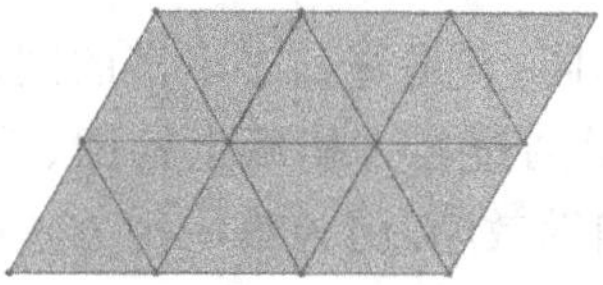

图 5-46

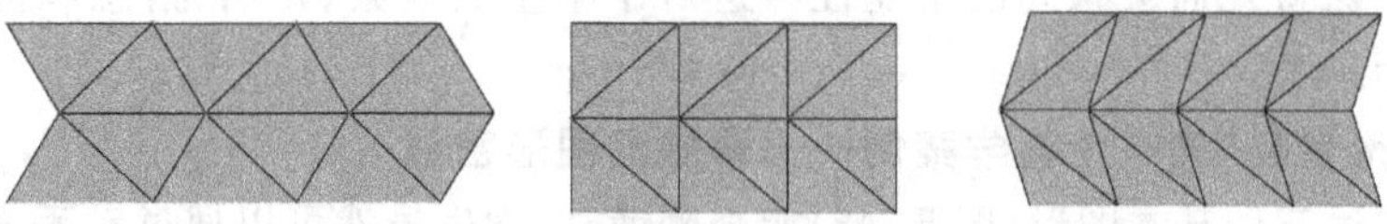

图 5-47

另一种铺法过程是,先围绕着一个顶点把周围的区域铺满(图 5-48).

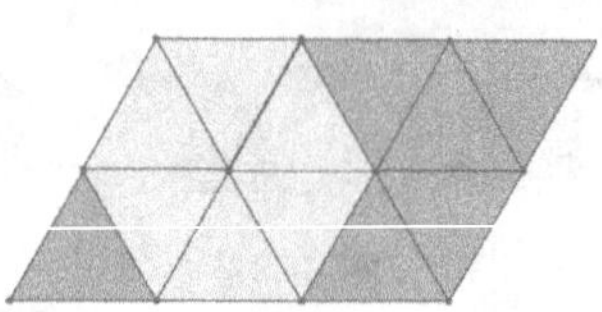

图 5-48

对于正五边形能否密铺的判断，对学生有一定的挑战性：如果学生按照先铺一行的做法可以得到图 5-49，再在它的上、下区域进行铺展便得到图 5-50，留有间隙，不能密铺；如果围绕正五边形的一个顶点在周围铺展，便会发现再铺两个有空白，铺三个会重叠，所以不能密铺（图 5-51）. 于是追问：如果不进行动手操作，能否判断正五边形不可以进行密铺呢？（可以. 正五边形的内角是 108°，因为 108 不是 360 的因数，所以无论用几个正五边形的角都拼不成一个周角）这些过程都是借助几何画板中的旋转、平移来实现. 学生的积极性空前高涨，有的学生摆出图 5-52 来说明正五边形不能密铺. 接着对圆是否可以密铺进行判断，学生容易得出圆不能密铺的结论.

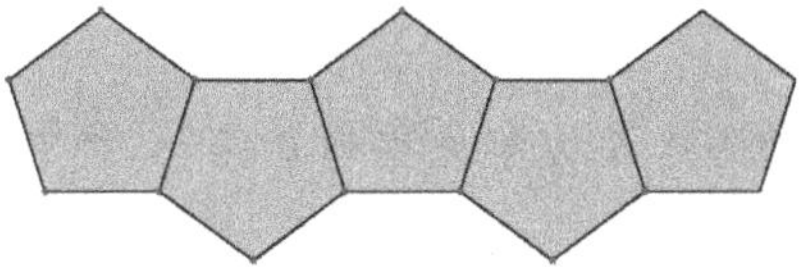

图 5-49

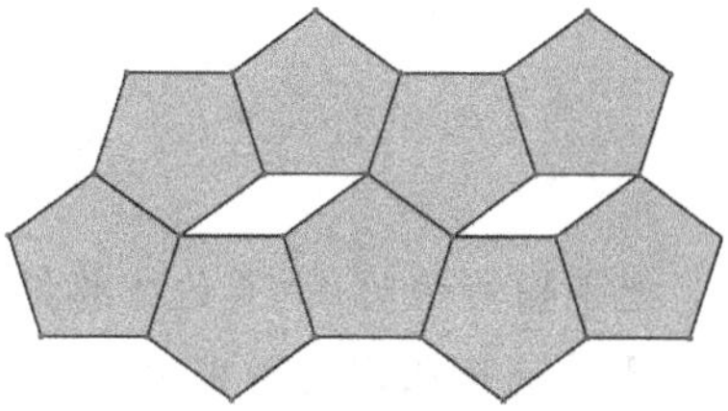

图 5-50

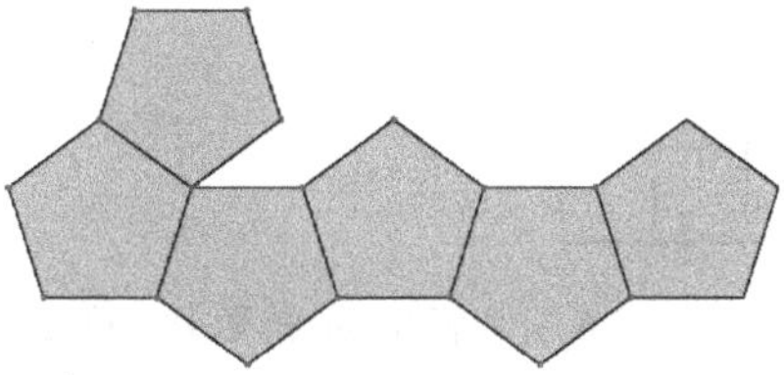

图 5-51

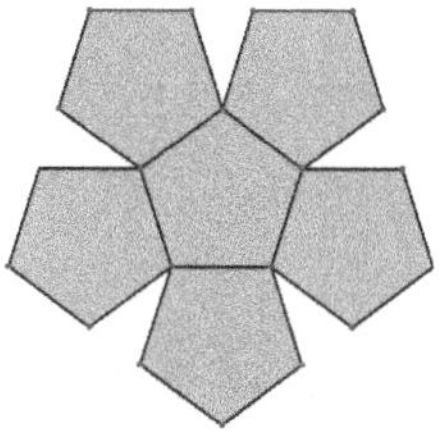

图 5-52

进一步探索：对于圆、正五边形这些美丽的图形不能密铺总有一些遗憾，那么能否再借助一种图形来进行密铺呢？学生容易发现用两种不同的平面图形可以进行密铺，在创作灵感得到激发之后，自己用两种平面图形动手构造各种各样的密铺图案. 最后教师可以通过学生的作品展示、自己的创作作品（图 5-53）以及著名艺术家埃舍尔的作品欣赏（图 5-54），启迪学生的智慧.

图 5-53

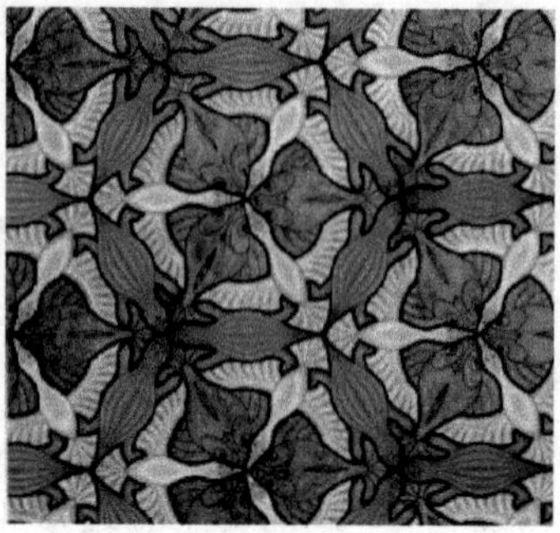

图 5-54

思 考 题

1. 把下图所示的 4×4 的方格纸在保持每个小方格完整的情况下，将它分割成大小、形状完全相同的两部分.

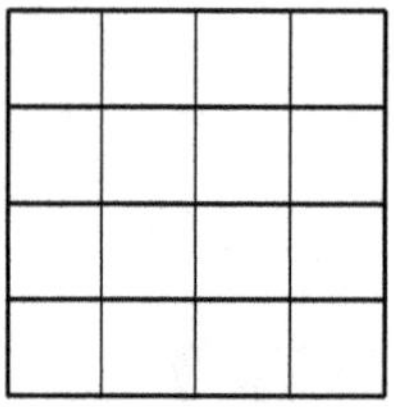

2. 下图由 16 个边长为 1 厘米的正方形组成，请把它剪成两块，拼成正方形.

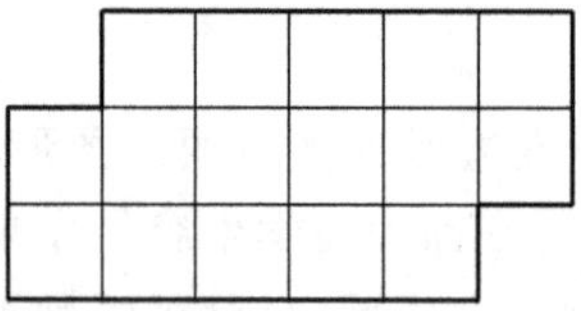

3. 举出日常生活中用到复合变换的若干例子.

4. 在直角坐标系中，图形 F 关于直线 $y=x$ 对称得到图形 F'，那么图形 F 上的任意一点 $P(x,y)$ 与其对应点 $P'(x',y')$ 之间满足的关系式是怎样的？

5. 在直角坐标系中，图形 F 关于直线 $y=-x$ 对称得到图形 F'，那么图形 F 上的任意一点 $P(x,y)$ 与其对应点 $P'(x',y')$ 之间满足的关系式是怎样的？

6. 图 5-31 和图 5-32 中的图案是经过怎样的复合变换而得到的？

7. 选择题：

笑笑非常喜爱《小英雄雨来》中“我们是中国人，我们爱自己的祖国”这句话，于是她自己刻了一枚如下图最左边所示的印章. 下面四个图案中用这枚印章印制的是__________.

A　　B　　C　　D

8. 观察右图，在下列四种变换中，本题图案不包含的变换是　　(　　)

A. 平移

B. 轴对称

C. 旋转

D. 位似

9. 利用下面的图形，设计一个美丽的图案.

第6章 方程与函数

方程与函数是初等数学代数领域的主要内容，也是解决实际问题的重要工具，它们都可以用来描述现实世界的数量关系，而且它们之间有着密切的联系，方程与函数都是义务教育阶段重要的数学思想方法．用方程与函数表示数量关系和变化规律，不仅体现了方程和函数的思想价值，也有助于学生形成方程和函数的模型思想．

第1节　方程与函数思想

6.1.1　方程思想

方程是数学中一个重要的思维体系，可以这样说，方程思想的出现极大地扩展了数学的应用领域，大量复杂和含有多元未知量的数学模型有时只能用方程思想才能进行有效地建模和处理．小学数学是我国数学教育的基础性环节，对学生基本数学思维的形成和建立具有深远的影响，因此，在小学数学教学中引入方程思想是非常有意义的，也是小学数学体系的一个重要组成部分．小学生的理解能力和推导能力较差，对于方程这一有别于传统算术思维方式的数学思维在理解上有很大的难度．正是由于这个原因，小学数学中方程思维的建立一直是教学中的一个重点和难点．

一、方程的概念

一般地，我们把形如 $f(x_1, x_2, \cdots, x_n)=g(x_1, x_2, \cdots, x_n)$ 的等式（其中 $f(x_1, x_2, \cdots, x_n)$ 和 $g(x_1, x_2, \cdots, x_n)$ 是在定义域的交集内研究的两个解析式，且至少有一个不是常数）叫作方程．简而言之，含有未知数的等式叫方程．判断一个式子是不是方程，只需要同时满足两个条件：一个是含有未知数，另一个必须是等式．方程按照未知数的个数和未知数的最高次数，可以分为一元一次方程，一元二次方程，…，一元 m 次方程；二元一次方程，二元二次方程，…，二元 m 次方程；…；n 元一次方程，n 元二次方程，…，n 元 m 次方程；等等，这里 n,m 都是正整数. 比如，二元三次方程，就是含有 2 个未知数，且含未知数项的最高次数是 3(3 次项系数不等于 0)的方程.

方程中，恒等式叫作恒等方程，如方程 $(x+1)^2=x^2+2x+1$ 对任意实数 x 都恒成立；矛盾式叫作矛盾方程，如 $y+3=y$ 对任意实数 y 都不成立；在未知数等于某特定值时，恰能使等号两边的值相等的方程称为条件方程，如 $z+4=-1$，在 $z=-5$ 时等号成立. 能使方程左右两边相等的未知数的值称为方程的解. 求出方程的解或说明方程无解这一过程叫作解方程.

苏教版小学数学只涉及一元一次方程，就是只含有一个未知数，且未知数次数是 1 的方程. 在列方程的过程中，只涉及简单的一次“式”的运算，通常形式是 $ax\pm b=c(a,b,c$ 是常数，$a\neq0)$ 或 $ax\pm bx=c(a,b,c$ 是常数，$a,b\neq0)$. 这类方程的求解，无非是用等式的性质，对方程的两边同时加、减、乘一个数以及除以一个非 0 的数，等式不变，最后以 $x=p$ 的形式作为方程的解而结束. 为了避免产生负数，问题中的所有数据需精心选择.

二、方程思想

所谓方程思想，主要是指通过已知和未知的联系，建立起方程或方程组，通过解方程或方程组，求出未知量的值，从而使问题得以解决的思想方法. 方程思想体现了已知与未知的对立统一，具有很丰富的含义，其核心体现在建模思想和化归思想. 如将问题中的未知量用数字以外的数学符号(常用 x,y 等字母)表示，根据相关数量之间的相等关系构建方程，即建模. 三元一次方程可以化为二元一次方程，二元一次方程可以化为一元一次方程，一元一次方程最终可化为 $x=a$ 的形式，即化归.

《标准(2011)》指出：方程是刻画现实世界的有效模型. 这是因为，现实世界的许多数量关系，都可以归结为一种特别的“等式”关系，成为一种抽象的模型，仔细分析列方程解题的一般步骤可以发现：列方程中最关键的是怎样在题目中正确找出能够表示问题全部含义的等量关系. 相等关系有两类：一类是题目中给出的条件等量关系，这类关系对应的问题中的量一般是变化的，属于“动态”问题；另一类是表示各种量之间内在规律固有的等量关系，这类关系对应的问题中的量在一般情况下处于稳定状态，属于“静态”问题. 对于“动态”问题中的相等关系，可在发生变化的事物中找，对于发生量变的事物，可以从“量”的方面来找，也可以从“质”的方面来找. 例如，应用题中的和、差、倍、分问题，等积变形问题，追及问题，相遇问题，劳力调配问题等都可以从量的方面按发展的顺序找到相等关系. 对于“静态”问题中的相等关系，可在事物之间的内在联系中找到相等关系，因为处在“静态”问题中的几个事物之间，必然存在着一种数量上的联系，我们要根据这种数量上的联系找到相等关系.

方程模型常用的等量关系大概有以下几种：

(1) 行程类应用题的基本关系：路程＝速度×时间.

(2) 调配类应用题的特点是：调配前有一种数量关系，调配后又有一种新的数量关系.

(3) 工程类应用题中的工作量并不是具体数量，因而常常把工作总量看作整体1，其中，工作效率＝工作总量÷工作时间.

(4) 商品利润率问题：商品利润＝商品售价－商品进价.

(5) 利息类应用题的基本关系式：本金×利率＝利息，本金＋利息＝本息.

(6) 等积类应用题的基本关系式：变形前的体积(容积)＝变形后的体积(容积).

(7) 比例类应用题：若甲、乙的比为 $3:2$，可设甲为 $3x$，乙为 $2x$.

总之，小学方程问题的教学，要理论联系实际，要注意整个教学过程中学生的思维发展，培养学生的数学创新意识，渗透列方程中蕴涵的“数学建模思想”和解方程中蕴涵的“化归思想”，使学生有机会体验到数学的概念和具体的事物是可以联系的，都可以化归为关于 x 的一元一次方程 $ax\pm b=c$ 或 $ax\pm bx=c$，这样的方程就是这类问题的数学模型. 和一般的建模过程一致，方程模型也是在某种情景中发现关系，然后用自然语言描述等量关系，再用数学语言描述相应的关系，并引入未知数表示这个等量关系.

方程与算术不同，算术是一种算法，依照给定的程序，可以求出未知数；方程是一种思想，更是一种模型，反映的是所研究问题中存在的某种相等关系. 对于小学生而言，x 的含义他们往往不能理解，在这方面，我们可以给学生渗透“未知即已知”的观点. 具体来说，可以从简单的应用题入手. 例如，某匀速运动的物体运动3小时，位移120千米，问运动速度是多少？算术方法只是给出算式 $120\div3$. 若未知的速度用 x 表示，方程则要给出模型 $3x=120$，这是一个一元一次方程. 有人认为小学早就有方程思想了，例如，用符号“Δ”表示未知数，$5-\Delta=2$，则 $\Delta=?$；$4\times\Delta=24$，则 $\Delta=?$. 这其实是四则运算的逆向思考，对解方程确实有用，但是这样的训练还不是建立数学模型. 这里的等式关系是已经给定的，并非是为了寻求未知数由学生自己建立起来的，因此这还不是学习方程思想的主要部分.

列方程给解应用题带来了巨大的方便，即经过意识机能的活动使学生在处理数学概念与客观事物的关系时，思维方式获得相应的进展：从综合性的思维方式转变为分析性的思维方式，初步获得对数学模型的方法体会与感受. 这就是列方程解应用题的应用价值与教育价值的统一.

三、小学生列方程解题的难点分析

小学生学习方程的现状是：

(1) 用方程与算术法解题的模糊性，不能很快理解已知数与未知数的平等关系，表现为：设了未知数 x，总想列出 $x=\cdots$(右端不含未知数)，这是披着方程外衣的“算式解法”. 例如，地球表面的陆地面积大约是 1.5 亿平方千米，比海洋面积少 2.1 亿平方千米，问海洋面积大约是多少亿平方千米？(要求列方程解题)不少同学这样解答：设海洋面积大约为 x 平方千米，则 $x=1.5+2.1$. 这显然是没有很好地理解算术与方程之间的关系.

(2) 不能很快地理解用字母表示数，取得问题的公式解.

(3)一个常见的书写错误是不能区分恒等变换和同解变换. 例如，有不少同学解 $x-36=40$，写成 $x-36=40=40+36=76$. 这是把算术中的等号用法($2+7-6=9-6=3$)搬到方程中来了.

小学生学习方程的难点在于：从综合性的算术思维到分析性的代数思维的心理转换. 对小学生而言，如果从上幼儿园开始算起，列算式法解应用题的方式至少经过了五六年的训练，他们已经形成了一种强烈的思维定势，以至于不能很快理解已知数与未知数的平等关系. 这种定势在短时间里很难改变，反而使学生形成了根深蒂固的两对矛盾：一是等号的涵义固定在得到应用题的答案的一种标记上，把这种表象当成了本质属性. 等号的本质是表示一种对等性的结构关系，即等号的两边都可以执行对等的运算，从而产生了等式的性质. 这对矛盾阻止了未知数进入等式并参与计算，从而加大了符号进入运算的难度. 二是将“已知数”与“未知数”绝对对立了起来，总是设法利用“已知数”列出综合算式来得到“未知数”，从而获得问题的解答. 这样就将“未知数”对解决问题的巨大帮助抛弃了. 而实际的情况却是，就一个问题来说，“已知数”与“未知数”是相对而言的. 数字无非是指代物体的个数的符号，它本身是一种抽象的语言. “已知数”是我们用已经知道了的数字来表示已经明确事物多少的数量，而“未知数”也是指代事物的数量的，只是这个数量还不明确而已，我们只得用字母来表示，这样“已知数”与“未知数”就具有了相同的内涵，它们都指代物体的数量，进入代数式与运算中就具有了对等的权利. 所以，不论“已知数”还是“未知数”，它们既可以放在等号的左边，也可以放在等号的右边，只要它们符合题目所设定的具体运算条件就行了.

小学生学习列方程解应用题还有一个难点就是从生活语言向形式化的代数符号语言的转换，表现为：应用题要求的背景知识十分广泛，如“增加到”“增加了""相遇""追上""静水速度""水流速度""十位上的数""十位数""溶液""溶质""溶剂""工作时间""工作量""工作效率"等在具体的问题中的表达.这些自然语言似是而非,极易混淆,学生很难理解.教学实践中对这一难点的处理,可以从"列方程解应用题"的问题产生与思维发展的一般步骤出发,抽象地引领学生执行列方程的相关步骤,以促成学生的思维转换与升级.这种教学设计是以促成思维发展为主线,但如果过分强调,就可能使学生产生"眼高手低"的结果.小学生正处于由依赖于具体实物支持的"具体运演阶段"向因果解释的"形式运演阶段"的过渡阶段,由于抽象程度的增加,学生必须要有"拟真化"的想象的实物作为支撑,才能使思维获得升级.因此,在教学设计中,要从"大处着眼,小处着手",即要达成"微观"与"宏观"的某种平衡,形成主导性的、抽象化的结构与项目性的、具有描摹具体实物性特征的结构相互融合与贯通,既要促进学生"代数思维"达到应有的水平,又要对具体的文字、知识点做到精致把握与准确区分,从而以具体的知识点为支点促成学生的"代数思维"的升级.

6.1.2 函数思想

《标准(2011)》在基本理念中指出:教师帮助学生在自主探索和合作交流的过程中真正理解和掌握基本的数学知识与技能、数学思想和方法.这说明数学思想方法对小学数学学习有着极其重要的作用.虽然在小学数学中没有正式引入函数概念与函数关系式,但这不等于没有函数的雏形和函数模型的存在.在小学阶段渗透函数思想,可以使学生懂得一切事物都是在不断变化,而且是相互联系与相互制约的,从而了解事物的变化趋势及其运动的规律.这对于培养学生分析和解决实际问题的能力有极其重要的意义,而且可以为学生进一步学习数学奠定良好的基础.

一、函数的概念

在小学,函数以对应的思想出现.在学习了常量和变量后,初中用"变量说"的思想定义了函数:一般地,在一个变化过程中如果有两个变量 x,y,并且对于 x 的每一个确定的值 y 都有唯一确定的值与其对应,那么我们就说 x 是自变量,y 为 x 的函数.这个定义主要通过图象来加深对函数的理解.把函数当成了一个变量,与函数的本质相悖,同时该定义没有给出"对应"的定义,对应法则影响函数到什么程度也不清楚.

高中用"对应说"的思想定义了函数:设 A,B 是非空的数集,如果按照某个确定的对应关系 f,使对于集合 A 中的任一个数 x,在集合 B 中都有唯一确定的数 y 和它对应,那么就称 $f: A\to B$ 为从集合 A 到集合 B 的一个函数,记 $y=$

$f(x)$，$x\in A$. 其中，x 叫作自变量，x 的取值范围 A 叫作函数的定义域；与 x 的值相对应的 y 叫作函数值，函数值的集合 $\{f(x)\mid x\in A\}$ 叫作函数的值域.

以上函数的定义是从初等数学的角度出发的，与每一个自变量对应的函数值都是唯一的. 这样的函数研究的是两个变量之间的关系，一个变量的取值发生了变化，另一个变量的取值也相应发生了变化. 小学里学习的正比例关系、反比例关系（正比例、反比例函数的雏形），中学里学的正比例函数、一次函数、反比例函数、二次函数、幂函数、指数函数、对数函数和三角函数都是这类函数. 需要指出的是，数列是一种具有特殊定义域的函数. 它的定义域一般是正整数集或者正整数集的子集. 正整数是离散的，因此，数列通常称为离散函数.

但现实中变量的个数可能不止两个，这样的函数是多元函数. 虽然在小学里不学习多元函数，但实际上它是存在的. 例如，圆柱的体积 V 与底面半径 r 和圆柱的高 h 的关系：$V=\pi r^2 h$，也就是说，体积随半径和高的变化而变化. 通过对这种变化的探究找出对应关系之间的法则，从而构建函数模型.

大学用“关系说”的思想定义了函数：设非空集合 $D\subseteq \mathbf{R}$，则映射 f：$D\to\mathbf{R}$ 称为 D 上的一个函数，记作 $y=f(x)$，$x\in D$.

以上三种定义反映了函数的发展史，依次叫作函数的“变量说”“对应说”和“关系说”.“变量说”建立在变量（数）的基础上，优点是形象、直观、自然、通俗易懂，但没有突出函数的本质——对应关系.“对应说”和“关系说”建立在集合论的基础上，更接近现代数学的语言，普适性强，更重要的是它们都抓住了函数的本质——对应关系.

函数的集合论（关系）定义：如果 X 到 Y 的二元关系 f：$X\times Y$，对于每个 $x\in X$，都有唯一的 $y\in Y$，使得 $\langle x,y\rangle\in f$，则称在集合 X 上定义了一个函数 f：$X\to Y$，记作：$y=f(x)$. 当 $X=X_1\times X_2\times\cdots\times X_n$ 时，称 f 为 n 元函数.

当然，不用给小学生讲函数概念，但教师若在教学过程中注意渗透变量和函数的思想，潜移默化，对学生数学素质的发展将有好处. 例如，过去教学“比多少”时，学生的自然反应是“先数一数，各有几个”，但教师为了体现教材意图，往往要求学生将物品一一对应排列，然后再数数谁多谁少，显得很生硬. 由于教师一般只知道一一对应与建立函数概念有关，并不理解为什么要在教学“比多少”时就引入一一对应，所以缺少教学对策. 例如，

$$
\begin{array}{rcccccccc}
\text{自然数：} & 0, & 1, & 2, & 3, & \cdots, & n, & \cdots \\
 & \updownarrow & \updownarrow & \updownarrow & \updownarrow & & \updownarrow & \\
\text{自然数中的偶数：} & 0, & 2, & 4, & 6, & \cdots, & 2n, & \cdots
\end{array}
$$

我们替上排的数在下排的数中找“朋友”，找“朋友”时要有顺序，从左到右，一个一个地找，找到“朋友”就连线到下面的数. 学生总认为“自然数集＝正奇数集＋非负偶数集”，正奇数个数不可能为零，所以自然数比非负偶数多. 实际上对于任何一个自然数，按照“乘 2”这个对应法则，都可以找到一个非负偶数与之对应；反之，对于任何一个非负偶数，按照“除以 2”这个对应法则，都可以找到一个自然数与之对应. 所以，非负偶数集所含的元素个数一点也不比自然数集少，事实上自然数集与非负偶数集的势是相等的. 如果两个集合的势相等（称为“对等”），通俗地理解就是这两个集合的元素个数相等，那么这两个无穷集之间就可以建立一一对应的关系. 在自然数集与非负偶数集之间就可以建立如下一一对应的关系：$y=2x$，这里 x 属于自然数集，y 属于非负偶数集.（集合能与它的一个真子集对等，这实际上也是无限集合的一种定义）

二、函数的表示方法

在中小学数学中，研究函数主要是研究函数的变化特征即函数的性质. 为了研究函数的性质，人们往往借助解析式表示法、表格表示法和图象表示法来表示函数.

(1) 解析式表示法：就是把变量之间的函数关系用一个等式来表示，这个等式就叫函数解析式. 它的函数关系清楚，容易从自变量的值求出其对应的函数值，便于研究函数的性质，是最常用的函数表示方法，适用于表述连续函数或者分段函数. 但注意用解析法表示函数时，一定要注明函数的定义域.

(2) 表格表示法：就是列出表格表示变量之间的关系. 适用于表述变量取值是离散的情况，优点是不必通过计算就可以直接由表中看出自变量 x 的每一个取值所对应的函数值，但它所能表示的一般是定义域为有限集的函数.

(3) 图象表示法：就是用函数图象来直观地表示两个变量之间的对应关系. 它可以直观地刻画函数的变化形态，体现了形和数的完美结合. 它从形上揭示了函数的变化规律，是数学的图形语言. 利用图象法有利于分析各类函数的性质，如奇偶性、单调性、周期性等，又能用“数形结合”的方法去解决某些问题.

函数的三种表示方法之间具有内在联系，有时它们之间可以相互转化. 可以根据具体的问题及不同的需要选用不同的形式表示函数，特别要注意图象在研究问题中的重要工具性作用.

三、函数思想

所谓函数思想，就是运用运动和变化的观点、集合和对应的思想去分析问题中的数量关系，通过类比、联想、转化合理地构造函数，运用函数的图象和性质，使问题获得解决. 它是一种考虑对应、运动变化、相依关系，以一种状态确定地刻画另一种状态，由研究状态过渡到研究变化过程的思想方法. 函数思想的本质在于建立和研究变量之间的对应关系. 具体地说，函数思想体现在以下几个方面：

(1) 认识到这个世界是普遍联系的，各个量之间总是有互相依存的关系，即“普遍联系”的观点；

(2) 于“变化”中寻求“规律(关系式)”，即“模式化”思想；

(3) 于“规律”中追求“有序”“结构化”“对称”等思想；

(4) 感悟“变化”有快有慢，有时变化的速度是固定的，有时是变动的；

(5) 根据“规律”判断发展趋势，预测未来，并把握未来，即“预测”的思想.

于“变化”中把握“规律”，并根据规律作出预测，不仅仅是重要的数学思想，更是人类生存的基本原则. 函数的核心就是“把握并刻画变化中的不变，其中变化的是‘过程’，不变的是‘规律’(关系)”. 小学阶段并不要求学习“形式化”的函数定义，函数思想在小学阶段强调的是“渗透”，让学生愿意去发现规律，并培养能将规律表述出来的意识和能力，让他们感受到“于变化之中寻求不变，并把握规律的重要性”就是函数思想在教学中的渗透.

第 2 节　方程与函数的关系

6.2.1　方程与函数的联系

方程和函数都是基本的代数模型，两者之间有着密切的联系. 函数与方程是从字母表示数、集合与对应这两种思想方法衍生出来的一种思想方法. 方程可以表示不同事物具有相同的数量关系，也可以表示同一事物具有不同的表达方式. 方程的本质是在已知数和未知数之间建立一种等式关系. “方程思想”的本质就在于建立关系. 运用方程观点可以解决大量的应用问题(建模)、求值问题、曲线方程的确定及其位置关系的讨论问题等. 函数概念是客观事物运动变化和相依关系在数学上的反映，本质上是集合间的对应，是从常量到变量的一个认识上的飞跃. 变量是运动的数学描绘，函数是运动中变量间依存关系的刻画. 变量思想是函数思想的基础，变量与函数的数学思想带动着数学史进入了变量数学时代：从静止的、孤立的形式及数量的研究，转向运动和相互关联的形式与数量的研究. 方程不一定是函数，但函数一定是方程. 函数的一般形式 $y=f(x)$，写成方程的一般形式 $g(x,y)=0$. 例如，$x^2+2y^2=2$ 只能是方程，无法写成 $y=f(x)$ 的函数的形式(因为函数要求对于任意 x 的值，有唯一确定的 y 的值与之相对应. 请注意：唯一)；又如，$y=\frac{1}{4}x^2$ 是函数，也可以写成方程 $x^2-4y=0$.

二元一次不定方程 $ax+by+c=0$ 和一次函数 $y=kx+b$，如果方程的解在实数范围内，函数的定义域和值域都是实数，那么二元一次方程 $ax+by+c=0$ 经过变换可转化为 $y=-\frac{a}{b}x-\frac{c}{b}$，它们在直角坐标系里画出来的图象是一条直线.因此可以说一个二元一次方程对应一个一次函数.如果使一次函数 $y=kx+b$ 中的函数值等于0，那么一次函数转化为 $kx+b=0$，这就是一元一次方程.因此，可以说求这个一元一次方程的解，实际上就是求使函数值为0的自变量的值，或者说求一次函数图象与 x 轴交点的横坐标的值.一般地，就初等数学而言，如令函数 $y=f(x)$ 的函数值为0，那么这个函数就转化为含有一个未知数的方程 $f(x)=0$.求方程的解，就是求使函数值为0的自变量的值，解方程 $f(x)=0$ 就是求函数 $y=f(x)$ 的零点，从而求方程的根就变成了思考函数图象与 x 轴的相交关系，这也是学习二分法的基础.

6.2.2 方程与函数的区别

从小学数学到中学数学，数与代数领域经历了从算术到方程的过程.算术研究具体确定的常数以及它们之间的数量关系，方程研究确定的常数与未知的数量之间的关系，函数研究变量之间的数量关系.

方程和函数虽然都是表示数量关系的，但是它们有本质的区别.如二元一次不定方程中的未知数往往看成常量，而一次函数中的自变量和因变量一定是变量，因此二者有本质的不同.方程必须有未知数，未知数是常量，而且一定用等式的形式呈现，二者缺一不可，如 $2x-4=6$.而函数至少要有两个变量，两个变量依据一定的法则相对应，呈现的形式可以有解析式、图象和表格三种.如集合 $A=\{x|1\leqslant x\leqslant 10, x\in \mathbf{Z}\}$，$B=\{y|4\leqslant y\leqslant 31, y-1$ 为3的倍数$\}$，那么两个集合的数之间的函数关系用解析式表示为 $y=3x+1(x\in A)$，用表格表示如下：

表 6-1

x	1	2	3	4	5	6	7	8	9	10
y	4	7	10	13	16	19	22	25	28	31

如果用图象表示，即直线 $y=3x+1$ 上的十个孤立的点，它们是(1,4)，(2,7)，(3,10)，(4,13)，(5,16)，(6,19)，(7,22)，(8,25)，(9,28)，(10,31)(图略).

人们运用方程的思想，一般是通过设未知数如何找出数量之间的相等关系，构建方程模型，并求出方程的解，从而解决数学问题和实际问题．人们运用函数思想，一般更加关注数量之间的对应关系，通过构建函数模型并研究函数的一些性质来解决数学问题和实际问题．方程中的未知数往往是静态的，而函数的变量则是动态的．方程已经有 3 000 多年的历史，而函数概念的产生不过才 300 年．

6.2.3　方程与函数思想的重要意义

16 世纪以前，人们主要是运用算术和方程的方法解决现实生活中的各种实际问题．方程与算术相比，由于未知数参与了等量关系式的构建，更加便于人们理解问题、分析数量关系，并构建模型，因而方程在解决以常量为主的实际问题中发挥了重要作用．到了 17 世纪，随着社会的发展，传统的研究常量的算术和方程已经不能解决以研究变量之间的关系为主的经济、科技以及军事等领域的重要问题，这时函数便产生了．函数为研究运动变化的数量之间的依存、对应关系和构建模型带来了方便，从而能够解决比较复杂的问题．概括地说，方程和函数思想是数学的重要内容之一，方程和函数在研究和构建现实世界的数量关系模型方面，发挥着不可替代的作用．

第 3 节　小学数学中方程与函数思想的内容编排

6.3.1　小学数学中方程与函数内容的编排特点

苏教版小学数学教材关于方程内容的编排：

四年级（下册）“用字母表示数”这部分内容讲授了含有字母的式子，学生初步学会了写式子的方法；五年级（下册）“方程”部分讲授了方程的意义、用等式的性质解一步计算的方程，学生能够列方程解答简单的实际问题；六年级（上册）继续教学方程，要解类似于 $ax \pm b = c$、$ax \pm bx = c$ 的方程，并用于解决稍复杂的实际问题．教学内容的编排有以下特点：

五年级（下册）：

第一，在教学方程的特征前先认识等式．教学方程从再认等式开始是必要的，符合知识之间客观存在的规律，也符合学生的学习需求．

第二，依据掌握知识的一般规律，教学方程知识先初步认识方程，再教学解方程的方法，然后应用方程解决实际问题．教材以等量关系贯穿全单元，在认识方程时借助现实的相等情境写出方程，在应用方程时把实际问题的等量关系用符号化的方式抽象成方程，方程的概念随着这条主线逐渐形成．

第三，利用等式的性质解方程，这是《全日制义务教育数学课程标准（修订稿）》规定的，有利于中小学数学的衔接. 为了便于教学，把等式的性质分成两条，解方程分成两段. 这样编排体现了知识由易到难，技能从会到熟，等式性质及其应用紧密结合的特点.

六年级（上册）：

第一，把解方程和列方程解决实际问题的教学融为一体，同步进行，这是和以前教材的不同编排. 这样编排能较好地体现数学内容和现实生活的联系. 一方面，分析实际问题里的数量关系，抽象成方程，形成知识与技能的教学内容；另一方面，利用方程解决实际问题，使知识技能的教学具有现实意义，成为数学思考、解决问题、情感态度有效发展的载体.

第二，突出思想方法，通过举一反三培养能力. 全单元编排的两道例题、两个练习，涵盖了很宽的知识面. 如例 1 教学解 $ax-b=c$ 这样的方程，练习一里却要解 $ax+b=c$、$ax+bx=c$ 这些形式的方程. 从例题到习题，虽然方程的结构变了，但应用等式的性质解方程是不变的. 也就是说，解方程的策略是一致的，知识与方法的具体应用是灵活的. 无论教学解方程还是列方程，例题讲的是思想方法，以不变的思想方法应对多变的实际情况，有利于形成解决问题的策略，培养创新精神和实践能力.

第三，重视培养自觉检验的意识和习惯. 教材十分重视教给学生正确检验方程的方法，培养自觉检验的意识和习惯. 例 1 要求学生把方程的解代入原方程，检验求出的答案是否符合实际问题中的已知条件. 例 2 主要引导学生用不同的检验方法进行检验. 教学时可以提出“这道题怎样检验?”的问题，引导学生通过讨论提出不同的检验方法，并对不同检验方法进行比较，体会每一种检验方法的不同思路.

第四，有层次地组织练习. 为了配合例题的教学，教材有层次地安排相应的练习，以帮助学生掌握列方程解决实际问题的基本思想和方法，培养解决问题的能力. 一方面，安排和例题结构相同或相似的实际问题，使学生在解决实际问题的过程中，进一步体会方程的思想和方法，掌握列方程解决实际问题的一般步骤. 另一方面，安排了一定数量的富有变化的实际问题，以帮助学生进一步打开寻求实际问题中等量关系的思路，提高分析问题和解决问题的能力.

小学数学中函数是“数与代数”的重要内容，也是义务教育阶段学生最难理解和掌握的数学概念之一. 为此，《标准(2011)》在三个学段中均安排了与函数关联的内容目标，希望学生能够逐渐加深对函数的理解. 小学阶段，也就是第一学段，教材安排的特点是：通过一些具体实例，在实际情境中理解比及按比例分配的含义，让小学生感受数量的变化过程以及变化过程中变量之间的对应关系——正比例和反比例关系，探索其中的变化规律及基本性质，尝试根据变量的对应关系在方格纸上画图，并根据其中一个量的值估计另一个量的值，获得对函数的感性认识. 苏教版小学数学教材关于函数没有专门编排函数概念教学，不出现函数名称，只是在各个章节单元知识的运用教学中渗透函数思想.

6.3.2　小学数学中方程和函数思想的应用

小学数学在学习方程之前的问题都是通过算术方法解决的. 在引入方程之后，小学数学中比较复杂的有关数量关系的问题，都可以通过方程解决. 方程思想是小学数学的重要思想，其中一元一次方程是小学数学的必学内容. 在小学数学里没有学习函数的概念，但是有函数思想的渗透，与正比例函数和反比例函数最接近的正比例关系和反比例关系是小学数学的必学内容. 另外，数与数的一一对应也体现了函数思想. 方程和函数是小学数学与初中数学衔接的纽带.

小学数学中方程和函数思想的应用如下表所示.

表 6-2

思想方法	知识点	应用举例
方程思想	方程	用一元一次方程解决整数和小数等各种问题
	分数、百分数和比例	用一元一次方程解决分数、百分数和比例等各种问题
	等量代换	二(三)元一次方程思想的渗透
	鸡兔同笼	用方程解决鸡兔同笼问题
函数思想	加法	一个加数不变，和随着另一个加数的变化而变化，可表示为 $y=x+b$，渗透了一次函数思想
	积的变化规律	一个因数不变，积随着另一个因数的变化而变化，表示为 $y=kx$，渗透了正比例函数关系
	商的变化规律	除数不变，商随着被除数的变化而变化，可表示为 $y=\frac{x}{k}$，渗透了正比例函数思想；被除数不变，商随着除数的变化而变化，可表示为 $y=\frac{k}{x}$，渗透了反比例函数思想
	正比例关系	正比例关系改写成 $y=kx$，就是正比例函数

续表

思想方法	知识点	应用举例
方程思想	反比例关系	反比例关系改写成 $y=\frac{k}{x}$，就是反比例函数
	数列	等差数列、等比数列、一般数列的每一项与序号之间的对应关系，都可以看作是特殊的函数关系
	空间与图形	长方形、正方形、平行四边形、三角形、梯形的面积公式；长方体、正方体、圆柱、圆锥的体积公式；圆的周长和面积公式都渗透了函数思想
	统计图表	函数的列表法与统计表都有相似之处

第 4 节　小学数学中方程与函数思想的教学思考

6.4.1　小学数学教学中渗透方程思想的教学策略

一、教学中应设置恰当的环节使学生感受、体验方程思想

方程思想的渗透具有明显的分界点，即是从人教版五年级上册教材中“简易方程”这章开始的．所以，作为五年级教师，进行这一单元知识的教学就显得尤为重要．从方程的意义开始，就应该使学生充分感受到等价与平衡的本质．例如，直观上让学生认识天平称重原理，或者对一场激烈的拔河比赛的观摩都是很好的教学情景．列方程解应用题是进行方程思想渗透的最佳时期．学生原有的认知习惯是利用四则运算的方法解决应用题，对于方程这一新思路，一开始会有一定的排斥，所以教师应该在教学中通过比较两种方法的优缺点，使学生发现方程思想在解题中的作用，逐渐感受到方程的优越性．

例 1　足球上黑色皮都是五边形的，白色皮都是六边形的，白色皮共有 20 块，比黑色皮的 2 倍少 4 块，问共有多少黑色皮？（用两种方法解答）

解法一：$(20+4)\div 2=24\div 2=12$（块）．

答：共有 12 块黑色皮．

解法二：设共有 x 块黑色皮，则 $2x-4=20$．

$$2x=20+4,2x=24,x=24\div 2,x=12.$$

答：共有 12 块黑色皮．

通过对两种方法的比较，学生感受到第一种方法是需要逆向思考的，考虑起来非常困难；而方程的方法却比较顺畅，只要按照题目中的意思，用含 x 的式子

表示出白色皮有 20 块就可以了. 通过比较，学生会感受到方程化逆为顺的优点，或许从那一刻开始就会喜欢上这个新方法.

二、教学中要善于挖掘能够渗透方程思想的因素

在小学数学中渗透方程思想，是一个潜移默化的过程. 为此，教师在备课过程中要充分挖掘能够渗透方程思想的因素，以便有目的、有计划、循序渐进地渗透. 通过仔细挖掘，在小学阶段可以渗透方程思想的点大致有以下几点：

(1) 逆向问题的应用题. 例如，鸡兔同笼，鸡与兔的数量相同，两种动物的腿加起来共有 48 条，鸡与兔各有多少只？（这里先知道两种动物的腿有 48 条，而要求两种动物的只数，对于很多同学来讲思考起来很困难，而生活中只要知道动物的只数，根据每种动物腿的条数，就可以很顺利地计算出腿的总条数. 因为鸡和兔的数量相同，所以设鸡和兔都有 x 只. 根据先知道动物只数再求腿的条数这一顺畅思维，马上可以列出方程：$4x+2x=48$）

(2) 平面图形的面积、周长公式以及立体图形的体积、表面积公式的逆用. 例如，梯形的上底为 8 厘米，下底为 16 厘米，面积为 120 平方厘米，求它的高.（平时学生习惯于按着公式的顺序进行计算，而这道题目是公式的逆用，特别是"除以 2"在逆用时给学生制造了障碍，所以，设梯形的高为 x 厘米. 根据公式顺序应用的原则马上可以列出方程：$(8+16)x\div 2=120$）

(3) 比和比例中的问题. 例如，三角形的三个内角度数之比为 $1:2:1$，求各个角为多少度.（同理，设一份为 x 度，根据三角形内角和等于 180 度的原理可列出方程：$x+2x+x=180$）

(4) 尽可能抓住一些典型的具有等价关系的题目.

例 2　一个数和它本身相加、相减、相除后，所得的和、差、商的和为 11.2，求这个数是多少.（设这个数为 x，可以把和表示为 $2x$，差表示为 0，商表示为 1，再根据和、差、商的和为 11.2 这个等价关系构造出方程：$2x+0+1=11.2$）

例 3　把一个棱长为 10 厘米的正方体钢坯，锻造成一个宽和高都为 5 厘米的钢材，求长方体钢材的长.（设长方体的长为 x 厘米，根据锻造前后体积相等这个等价关系，分别把锻造后的体积表示为 $5\times5\times x$，把锻造前的体积表示为 $10\times10\times10$，因为等价，所以根据方程的模型，用等号连接形成方程：$5\times5\times x=10\times10\times10$）

只有抓住这些有利于方程优势发挥的点，才能更有效地进行方程思想的渗透，使学生充分体验到它的方便快捷.

三、教学中应不拘泥于形式地渗透方程思想

东北师范大学校长史宁中教授指出：在中小学数学中，最害怕将方程问题形式化,希尔伯特的形式化对数学有很大的贡献,但过早形式化、过度形式化对学生害大于益.例如,列方程解应用题历来被看作是教学的重点和难点,但在教学中,教师满足于分析数量关系,机械地列方程、解答问题,甚至把问题进行分类,并就每一类问题提供主要的等量关系和解题套路.如行程问题、工程问题等,而行程问题又分成同向问题、相遇问题等,这样就使得教学没有探索,没有研究,也没有挑战性,有的只是被动地接受和机械地模仿、操练,使原本具有良好作用的课题变了味儿,学生体会不到方程是现实世界的模型,更没有经历过数学模型建立的过程,应用意识和实践能力的培养也就成了一句空话.所以,要排除这些形式,尽可能给学生提供合适的问题,鼓励学生积极参与解决问题的活动中,自己去探索、研究,寻求具体问题中的数量关系,进而列出方程解决问题.在经历了若干次这样的活动后,学生将感受到方程与实际问题的联系,体会到方程是刻画现实世界的数学模型,领会数学建模的思想.

例 4 在一个房间里有四条腿的椅子和三条腿的凳子共 16 个,如果椅子腿和凳子腿数加起来共有 60 个,问有几个椅子和几个凳子?

说明 可以引导学生运用尝试的办法探索规律,得出结果.比如,可以有规律地给出下面的计算:

椅子数	凳子数	腿的总数
16	0	$4\times16=64$
15	1	$4\times15+3\times1=63$
14	2	$4\times14+3\times2=62$
…	…	…

继续计算下去,可以得到当椅子数为 12、凳子数为 4 时,腿数恰好为 60.通过上表可以启发学生思考:每减少一个椅子就要增加一个凳子,腿的总数就要减少 $4-3=1$,如果这个思考是正确的,腿的总数为 60 时,需要减少的椅子数是 $64-60=4$,于是椅子数是 $16-4=12$,凳子数是 $0+4=4$.最后验证一下:$12\times4+3\times4=60$,是正确的.当然,也可以从凳子数的变化思考:每减少一个凳子就要增加一个椅子,腿的总数就要增加 $4-3=1$.进一步用字母代替椅子数与凳子数,则由上表可以得出

椅子数	凳子数	腿的总数
$\square=16$	$16-\square=0$	$4\times\square+3\times(16-\square)=64$
$\square=15$	$16-\square=1$	$4\times\square+3\times(16-\square)=63$

□＝14　　16－□＝2　　4×□＋3×(16－□)＝62

…　　…　　…

这样，符合题意的方程为 $4\times a+3\times(16-a)=60$，可以通过尝试的方法，解得 $a=12$. 通过具体计算引导学生理解方程的意义是重要的，有助于学生建立模型的概念. 此题对不同学生可以提出不同的要求，关注的是学生在教师的引导下能列出方程即可.

总之，方程思想贯穿于整个数学学习的进程之中，并达到比较稳定的层次. 重视问题的解决，是未来数学发展的目标之一. 而方程思想恰恰成为实现这一目标不可或缺的工具，作为新课标形式下的小学教师，不仅要对方程思想有深刻的理解，而且更要对渗透方程思想的意义有准确把握，并能适时适度地进行渗透.

6.4.2　小学数学中方程的教学案例分析

“式与方程”是“数与代数”领域的教学内容，是学生从算术的学习转向代数的学习的重要转折点，它们是后续学习的重要基础. 课标对“式与方程”的教学要求有两句话：“能用方程表示简单情境中的等量关系，了解方程的作用”“能根据具体问题中的数量关系列出方程，体会方程是刻画现实世界数量关系的有效模型”. 小学的应用题大多都可以用算术法来解，因为计算简便，是小学生常用的方法，就算五年级学了方程，好多学生还是习惯于用算术法解题. 那么如何引导学生构建数学模型、感悟方程思想、实现课标提出的这一教学目标，就非常重要了. 下面以五年级下册“列方程解决简单的实际问题”教学为例说明.

1. 初次尝试：都是逆向思维犯的错

教师出示示意图(图 6-1)，指导学生观察示意图，引导学生得出等量关系：牛奶的重量＋苹果的重量＝砝码的重量.

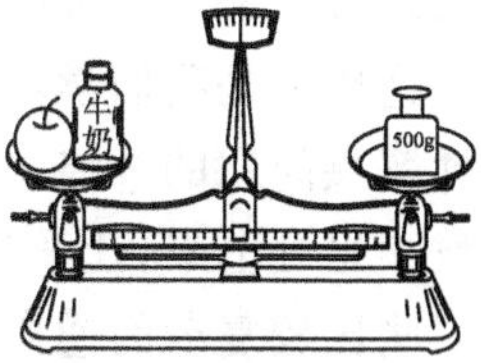

图 6-1

师：已知牛奶重 220 克，砝码重 500 克，怎样求苹果的重量？

生：500－220＝280(克).

师：根据这幅图，能不能列出一道方程？

生：$220+x=500$.

师：这里的 x 表示谁的重量呀？大家会求未知数 x 的值吗？天平是平衡的，即左右两边是相等的. 现在开始改变盘中的数值，左边的 220 克牛奶不要了，拿去它，要使天平保持平衡，右边该怎么办？

生：右边的 500 也该减去 220，就得到苹果的重量 $x=500-220$，得 $x=228$，也就是苹果的重量是 280 克.

师：根据这个方程，我们也能求出苹果的重量，大家比较一下，刚才我们使用了两种不同的方法求出了苹果的重量. 第一种方法，根据“牛奶的重量＋苹果的重量＝砝码的重量”这个关系式，我们进行了反向推理，苹果的重量就是砝码的重量减去牛奶的重量. 而第二种方法，我们只是用 x 代替苹果的重量，这样代替之后就列出一道方程，解方程就能求出苹果的重量. 我们把第二种方法叫作列方程解决问题.

教学中教师要努力引导学生寻找题目里的等量关系，从数量关系的顺逆关系（“加法算式”变成“减法算式”）和“代替”的思维程序上来引导学生主动建构方程模型的思想. 但实际教学中学生似乎很不领情，教学过程显得艰涩单调，学生的思维明显地呈现出“亦步亦趋”的被动状态. 这是为什么呢？

本节课是学生首次学习列方程解决实际问题. 从教材上来看，例题呈现的实际问题如果列算式解答，学生体会其中的数量关系有一定难度，而用方程的知识解答，利用的是问题中最本质的数量关系，思路会顺畅得多. 从上面的教学过程来看，学生往往对教材这样的安排并不认可. 一方面，因为所涉及的实际问题都是一步计算的，思维难度不大，学生稍加推理就能逆向思维解答，而用方程方法来解答，却显得繁琐，学生从心底里不情愿；另一方面，学生多年来已经形成的逆向思维解决问题的策略（倒推），已经定势地理解为：求未知数，就是想办法根据题目的已知条件和问题之间的数量关系，来进行逆向推理. 学生的思维调整控制能力较弱，一般不易变更自己的思路，从而增加了利用列方程解应用题的难度. 如果仅从解题思维的繁杂程度上来讨论方程思想的优越性，学生显然不能接受，而这也不是我们学习方程思想的目的. 我们应当将教学重点引向让学生感受两种解决问题的策略的思维难度，换句话讲，我们应当将学生的学习注意力引导到数学思维上来，让学生充分感受到是列式容易还是列方程容易. 为此，可以增加一些比较复杂的逆向问题帮助学生感悟运用方程模型来解决问题的优越性.

2. 再次实践：在逆向思维和顺向思维的对比中展现方程思想的优势性

(1) 出示：小明原来有一些邮票，今年又收集了 24 张，送给妹妹 30 张后，还剩 52 张. 小明原来有多少张邮票？

指导读题：你能整理条件和问题，并清楚地表示出小明邮票的变化情况吗？

原来的邮票？张→又收集了 24 张→送给妹妹 30 张→还剩 52 张.

比较：这样整理后的信息和原题比较，有什么优点？

师：像这样先进行有序地整理（板书：有序整理），可以把复杂的变化变得清楚简洁. 但是,这样整理文字比较多,有没有更简洁的方式使题目的数量关系看得更清楚?

生:? +24−30=52.

师:这样的整理,像一道什么?

生:方程.

师:你会列方程吗?

生:解:设原来有 x 张,则 $x+24-30=52$.

师:会解答吗? 试试看!

指导学生运用倒推策略进行解答.

师:这样的想法对不对呢? 我们还需要检验,怎样检验呢?

引导学生按照原来的顺序进行顺推:58+24−30=52(张). 板书:顺推检验.

师:观察刚才解决问题的全过程,当我们遇到一些复杂的问题,我们需要先进行有序整理,然后根据题目的叙述顺序找出等量关系,进行列方程解答,最后我们再顺推检验我们的思路是否正确.

板书:有序整理—找出等量关系—列方程解答—顺推检验.

(2) 出示:小军收集了一些画片,他拿出画片的一半还多 1 张送给小明,自己还剩 25 张. 小军原来有多少张? 要求学生独立整理信息并解决问题.

交流:先展示整理的信息:原有? 张÷2(先送一半)−1(再送一张)=还剩 25 张.

列方程并解答:

解:设小军原有 x 张,那么

$$x\div 2-1=25,$$
$$x=(25+1)\times 2,$$
$$x=52.$$

(3) 拓展:唐代的数学家张遂的"李白喝酒"算题:李白街上走,提壶去买酒. 遇店加一倍,见花喝一斗(斗是古代酒具,也可作计量单位). 三遇店和花,喝光壶中酒. 借问此壶中,原有多少酒?

师:你们能用列方程的方法解决吗? 试试看……

教学反思:从第二次教学实践来看,会明显地感觉到学生对列方程解决问题已经产生了浓厚的兴趣. 具体说来,主要有以下原因:1) 呈现的问题具有明显的顺逆关系,学生对方程的优越感明显增强. 2) 数量关系的难度增大了,他们也感觉到如果还是用原来的算术列式解答已经有了一些不足,容易犯错,而用方程的思路解答,则显得较为容易. 3) 教学没有回避逆向思维,而是让学生在逆向思维和顺向思维的相互支撑下，取得共融和谐的发展.

6.4.3 小学数学教学中渗透函数思想的基本原则

如前所述，函数的思想方法就是运用运动和变化的观点、集合和对应的思想去分析问题的数量关系，通过类比、联想、转化合理地构造函数，运用函数的图象和性质，使问题获得解决. 函数的思想方法是最重要、最基本的数学思想方法之一. 函数在小学数学中虽然没有正式引入，但函数思想在整个小学阶段的“数与代数”“空间与图形”“统计与概率”“实践与综合应用”中都有所渗透，可以说有“变化”的地方都蕴涵着函数思想的火花，教师应做课堂的有心人，在教学中寻找契机，注意渗透变量和函数的思想，潜移默化地让学生感受到函数的魅力，提高学生的数学素质. 澄清了对函数的认识，知道了什么是函数思想及其教育价值，有利于教师站在函数思想的高度审视教材、设计教学. 在小学数学教学中，渗透函数思想的教学要遵循以下基本原则：

一、意识性原则

意识性原则，是指在教学中要能够自觉地觉察到蕴涵于数学知识体系中的函数及函数思想，意识到它的存在，意识到它在数学知识体系中的地位和作用以及学习它的重要性. 贯彻意识性原则，首先应对函数及函数思想的本质有深刻的认识. 一个不知道函数是什么的教师，一个认为函数仅仅是抽象的表达式“$y=f(x)$”的教师，一个只懂得求函数的定义域、值域、极限、极值等技巧性方法的教师，是很难在小学数学的课堂上对学生渗透函数思想的. 另外，要有意识地挖掘教材中、生活中渗透函数思想的教学资源. 纵观小学数学教材，隐含函数思想的素材无处不在，图形的周长、面积、体积公式本身都可以归结为函数关系，甚至加、减、乘、除的运算也是算式左端的两个数与右端的一个数的函数关系. 生活中也有很多函数的例子，如身高、体重等与年龄之间的关系，鞋码和鞋子的长度之间的关系，银行利息与存款时间的关系等都是函数关系. 这就要求教师做个教学中的有心人，深入挖掘，精心设计，有意渗透，以适应小学生年龄特点的方式呈现教学内容，让学生在获取知识的同时，感悟函数思想.

二、渗透性原则

渗透性原则，是指在教学中不直接点明，而是有意识地将某些抽象的函数思想逐渐“融进”具体的、实在的数学知识中，使学生对函数有一些初步的感知或直觉，但还没有从理性上开始认识它. 比如学乘法，九九表是学生必须熟背的. “三七二十一”的下一句是“四七二十八”，如果背了上句忘了下句，可以想想 $21+7=28$，就想起来了. 这样用理解帮助记忆，用加法理解乘法，实际上就包含了变量和函数的思想：3 变成了 4，对应的 21 就变成了 28. 这里不是把 3 和 4 看成孤立的数，而是一个变量先后取的两个值. 挖掘九九表里的规律，将枯燥的死记硬背变成有趣的思考，不仅是教给学生学习的方法，也是在渗透函数的思想. 对于函数思想，虽然不直接点明，教师将其有意识地逐步渗透在数学知识的教学中，使学生在潜移默化中感受"变化""变化规律""关系""不同表示方法"等函数概念的本质即可.

三、循序渐进原则

根据学生的年龄特点和认知规律，重要的数学概念与思想方法的学习应遵循逐级递进、螺旋上升的原则. "函数及函数思想"，在第一学段定位在通过求解一些简单而现实的问题，感受到现实中存在着许多变化着的事物和现象，其中是有规律可循的；第二学段则通过解决某些现实问题，学习寻找规律的一些基本方法，并掌握这些规律；第三学段则是在前两个学段的基础上，让学生学习有关函数的基本概念、知识，了解研究函数的一些基本过程和方法. 例如，同样是教学"青蛙歌"，二年级学习乘法口诀时用到它，学生只要能感受到随着青蛙只数的增多，嘴巴、眼睛、腿的个数也随着有规律地增多就可以了. 到了五年级学习用"字母表示数"时再次用到它，就需要学生用字母、含字母的式子表示青蛙只数与嘴、眼睛、腿的个数之间的关系，并能根据这些关系计算任意只青蛙的嘴、眼、腿的个数. 同样的材料，同样是在渗透函数思想，在不同的学段却有不同的要求. 贯彻循序渐进原则，关键是不能操之过急.

6.4.4　小学数学教学中渗透函数思想的基本途径

一、在探索"数与运算"的规律中进行函数思想的渗透

在苏教版小学数学五年级上册中安排了以下练习：

算一算，填一填.

表 6-3

被除数	1.5	15	150
除数	5	50	500
商			

有些老师让学生计算完毕、答案正确就满足了，这就与教材编写者的意图不符. 显然，课本安排这道题的意图是，要通过讲解渗透"商不变时，被除数和除数数量之间的依赖关系和变化规律"的函数思想. 在小学阶段向学生渗透函数思

想，可以为进一步学习好数学打基础. 所以，现行的教材都采取一些行之有效的办法适当地渗透一些集合思想、函数思想. 渗透函数思想，应只是给学生一些感性认识，不要给学生得出概括的结论. 由于只是渗透，连函数名称都不出现，所以不会给学生增加负担. 而且给后续的学习做好铺路搭桥的工作，减少学生以后学习的难度. 接着再出现如下表所示的练习.

表 6-4

180		24						30		
18	÷	24	=			13.5	÷	0.3	=	
0.18		0.24						0.03		

虽然学生还没有学过一个数除以小数的计算方法，但可以根据上一题得到的规律加以解决. 这种整合不仅是能解决一两个练习的问题，而是让学生从中体会到"当一个数变化，另一个数不变时，得数变化是有规律的"这种朴素的函数思想，同时为六年级学习正、反比例做了很好的铺垫. 这样做可以把商不变的性质、小数除法、正比例和反比例的相关知识串联起来，使知识脉络化，可以说是一举多得，而这种"得"归根到底是依赖于函数思想来实现的.

二、在"空间与图形"领域的教学中进行函数思想的渗透

在学习了长方形与正方形的周长和面积后我们可以设计"周长和面积"的练习课. 课上设计这样的环节：用 16 根 1 厘米长的小棒围成长方形或正方形，你能围出多少个？其中面积最大的是多少？并填写如下表格.

表 6-5

序号	长(厘米)	宽(厘米)	周长(厘米)	面积(平方厘米)	示意图
1					
2					
…					

学生经过研究可以得到：长 7 厘米，宽 1 厘米；长 6 厘米，宽 2 厘米；长 5 厘米，宽 3 厘米；长 4 厘米，宽 4 厘米(正方形)这四种长方形，其中正方形的面积最大. 在研究过程中学生会渐渐地认识到：要想得到最大的面积，就要把所有的长方形一一列举出来去比较；而要想得到不同的长方形，必须在保持周长不变的情况下改变长方形的长和宽，由于长逐渐地减小，在周长不变的情况下，宽必须跟随着不断地增大. 这样就把"静态"的学习变成了"动态"的研究，而这种由"静"到"动"就是函数的本质. 因此说，是函数思想使学生学习的过程"动"了起来，使学

生的学习“主动”起来，这样也更有利于渗透函数的概念和极值的概念.

另外，我们应该认识到在小学的“空间与图形”领域的教学中，许多公式都是一种多元函数关系. 例如，矩形的面积等于长乘宽，是二元函数；梯形的面积等于上底加下底的和再乘高除以 2，是三元函数. 可见教师在教学过程中注意渗透变量和函数的思想，潜移默化，对学生的数学素养的发展提升会有很大帮助.

三、利用数量关系在解决实际问题中进行函数思想的渗透

小学阶段有许多数量关系，如：单价、数量和总价之间的关系；路程、时间和速度的关系；工作量、工作效率和工作时间的关系……当这些数量关系中的某一种量固定后，另外两种量在变化时就构成了函数.

以简单的解决问题来说，我们可以把封闭的题目改编成开放的题目，如让学生根据所给的两个条件补一个问题，或给一个条件和问题，让学生补上另一个条件. 例如，学校有 120 名学生排队做操，__________，可以站几排？这看起来是很简单的一点儿变化，当把学生的各种补充条件汇集到一起时，学生就会认识到：可以站几排是随着每排人数的变化而变化的，而每排的人数也会有一定限制，至少不会少于 1 人，至多不会超过 120 人，这个范围所蕴涵的思想就是函数中的定义域和值域. 我们看到这种开放不是简单的形式上的开放，而是建立在函数思想上的有目的的开放.

四、在“统计与概率”的教学中进行函数思想的渗透

“统计与概率”的内容往往通过表格、图象来描述数据，但大多数教师认为其中不存在函数关系，只重视到了其对培养学生统计观念的作用而忽视了对函数思想的渗透.

下面是一位老师在六年级下册“统计与可能性”中设计的“测量一个水龙头不同时间内滴水量”的教学活动.

环节一：边测量边填下表.

表 6-6

时间(秒)	10	20	30	40	50	60	…
滴水量(毫升)							

环节二：根据实验数据再制成折线统计图.

环节三：结果分析.

(1) 说一说从图中你发现了什么；

(2) 描述一下滴水量与时间之间的关系；

(3) 估计 3 小时将浪费多少毫升水.

……

在这个活动中，学生不仅经历了统计的全过程，而且亲历了滴水量的变化随着时间的变化而变化的过程，初步体验了函数的味道.

以上是《标准(2011)》规定的教学领域涉及的可渗透函数思想的教学点，然而众多的数学思想方法也是有联系的，函数思想与其他一些思想方法紧密相连.

五、在与其他数学思想方法的结合、关联中进行函数思想的渗透

1. 结合数形结合的思想方法渗透函数思想

解析几何为几何学的研究提供了新的方法，使许多几何问题变得简单易解，它使几何从定性研究阶段发展到定量分析阶段，使人们对形的认识由静态发展到动态，这才是"数形结合"思想的本质所在. 数形结合的思想方法是将抽象的数学语言与直观的图象结合起来，它可以使代数问题几何化、几何问题代数化. 而函数思想侧重于研究代数问题，有时将函数思想与数形结合的思想结合，可以使抽象的函数关系更具体、直观，便于学生理解.

例如，在讲授"正比例"时，教师不仅利用统计表(表 6-7)来研究数量之间所体现的规律，还利用信息技术手段将函数图象形成的过程展示出来，借助图象(图 6-2)来研究正比例函数.

表 6-7

产品数量(个)	1	2	3	4	5
总价(元)	5	10	15	20	25

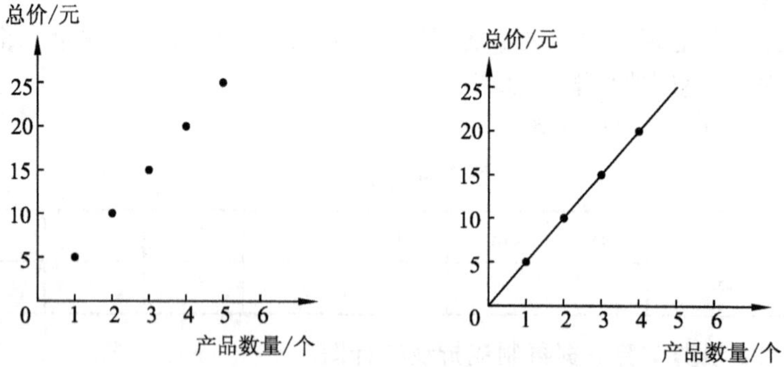

图 6-2

在函数图象的形成过程中，学生不仅能感受一一对应、连续性，而且将抽象的数据借助具体的图象展现出来，在动态的过程中形成了对函数直观的认识，更好地帮助学生把握数量间的变化规律，使学生由具体形象的静态认识提高到在

运动、变化中去概括，形成正确的表象信息，这样有利于学生对正比例意义的理解.

2. 结合极限的思想方法渗透函数思想

极限的思想方法是用联系变动的观点，把所考察的对象看作是某对象在无限变化过程中的变化结果的思想方法. 有时这两个对象就是具备函数关系的两个变量.

例如，在“圆的周长”的教学中，教师为了让学生认识圆周率而介绍人类探索的过程，而刘徽的“割圆术”是不能不提的. 用圆的内接正多边形的周长来近似地代替圆的周长，当圆的内接正多边形的边数逐渐增多时，其周长就越来越接近圆的周长，正所谓“割之弥细，所失弥少. 割之又割，以至于不可割，则与圆周合体而无所失矣”. 具体如图 6-3 所示.

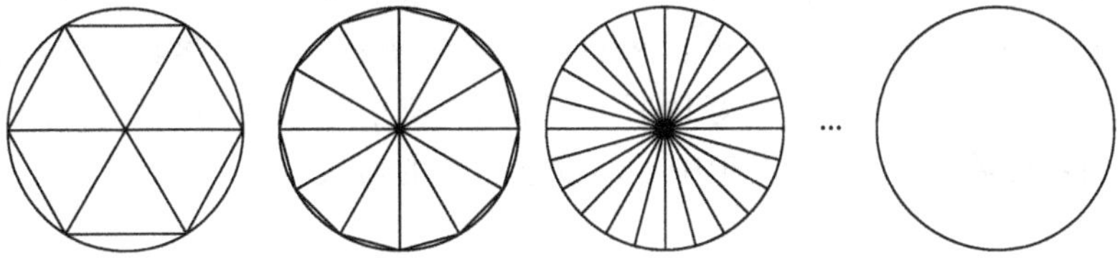

图 6-3

在这个变化过程中，圆的内接正多边形的边数与其周长就是两种相依变化的量，具备函数关系. 同时，圆的内接正多边形的周长的极限就是圆的周长，又体现了极限的思想. 所以在这个例子中，函数思想与极限思想是密不可分的.

3. 结合对应的思想方法渗透函数思想

函数思想往往与对应的思想密不可分，这是由函数的本质所决定的.

例如，在苏教版五年级下册“位置”的教学中，以往的教学目标只设定在学生能够用数对表示出整数列与整数行交叉处点的位置，实际上可以依次选择：在整数列但不在整数行的点、在整数行却不在整数列的点和既不在整数列又不在整数行的点这几种形式，使学生认识到无论点在哪里，都可以用数对表示点的位置. 当把点移至图外时，学生自然能利用知识的迁移，认识到“图外点”也能用数对表示位置. 在为初中的直角坐标系的学习做好铺垫的同时，突出了点与数对的一一对应的关系，渗透了对应的思想. 在此基础上设计如下的练习：

(1) 用数对表示三角形 ABC 各个顶点的位置.

(2) 画出三角形 ABC 向右平移 5 个单位后的图形 $A'B'C'$.

(3) 用数对表示所得图形 $A'B'C'$ 各个顶点的位置.

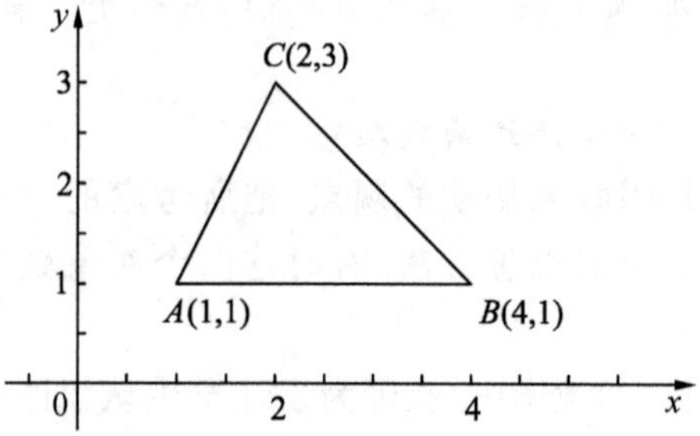

图 6-4

练习内容将数对的学习与平移的知识相结合，通过对图形平移前后数对的变化规律的研究渗透了函数的思想，使得教学立意更深更高.

函数是研究变量和变量之间关系的重要的数学模型，是中学阶段数学学习的一条主线.通过澄清函数的概念和函数思想点明在小学数学教学中应如何渗透函数思想，可以帮助教师更好地服务于教学，使小学生经历一些函数的雏形，丰富他们对函数的感受，有助于中小学数学教学的衔接.

思　考　题

1. 小学数学中用等式的性质解方程有哪些局限性？你是怎么认为的？
2. 小学数学课本中在哪些方面涉及函数思想的渗透教学？
3. 函数的表示方法有哪些？各有哪些优缺点？

第7章 统计与概率

现实世界存在两种性质截然不同的现象：一类是必然现象，即这种现象在一定条件下必然会发生某一结果. 例如，在地面抛一石子，经过一定的时间后它必然落下. 另一类是随机现象，即这种现象在一定条件下可能发生某一结果，也可能不发生这一结果. 例如，买彩票可能中奖，也可能不中奖. 研究必然现象及其规律的数学分支称为必然数学，包括算术、代数、三角、几何、微积分、微分方程等. 研究随机现象及其规律的数学分支称为或然数学，主要是指概率论和数理统计.

概率论创立于17世纪，其产生的直接动力来源于保险业的需要，而后很快在保险理论、人口统计、射击理论、年度预算、产品检验以及天文学和物理学中得到广泛的应用. 数理统计起源于17—18世纪地质与生物进化统计的研究，在20世纪形成了用数学方法研究统计规律的数学分支，并很快应用于电子技术、自动控制、气象预报、地质勘探、企业管理以及军事国防等领域.

随着社会的不断发展，概率与统计的思想和方法在日常生活、生产和科学研究中的应用越来越广泛，已经成为人们普遍需要掌握的基础知识和基本技能. 生活中，报纸、杂志、网络等新闻媒体中充斥着各种统计数据、图表或概率专业术语，等待我们去阅读、理解和分析. 例如，明天的降水概率为90%，十月份商品房价格同比增长8%等. 同时，概率统计思想和相关知识已渗透到计算机、通信、管理、经济、生物、天文、物理等多门学科中，在产品质量控制、风险评估、人口统计等方面更有重要的作用. 学会处理各种信息尤其是数字信息，具有收集、整理与分析信息的能力，并能根据信息进行预测和判断已经成为数字社会公民基本素养的一部分.

第1节 随机思想与统计观念

7.1.1 随机现象与随机思想

现实社会中随机现象普遍存在,而且有其自身的规律.随机现象就个别的观察来说,它时而出现这种结果,时而出现那种结果,呈现出偶然性.但在大量试验中它却呈现出一定的规律性,即随机事件发生的频率的稳定性.也就是说,随机包含两方面的含义:一方面,单一事件的不确定性和不可预见性;另一方面,事件在经历大量重复试验中表现出规律性.

随机现象的特点就在于单一事件事先无法预料其结果,无论你研究与否,这一特点总不会改变.即掌握随机现象的规律,并不意味着改变了结果的随机性.那么对随机现象的研究意义何在呢?我们说,一旦随机现象中所有可能出现的结果知道了,且每个结果出现的可能性大小也知道了,对此随机现象就算研究清楚了.因为全面的信息已经提供,我们便可以据此作出合理决策.比如,设想当人们要在甲、乙两种产品中作出选择时,假如甲产品的次品率为0.001,乙产品的次品率为0.02,两种产品在价格等其他方面的条件都相同,人们自然愿意买甲产品而不是乙产品,尽管买甲产品也不能完全确定买到正品,但我们知道买乙产品买到次品的可能性比买甲产品买到次品的可能性大.

随机现象在经历大量重复试验中表现出的规律性是概率论研究的基础,作为研究随机现象的学科,概率论是从数量的角度来研究大量的随机现象,从中寻找这些随机现象所服从的统计规律,并用严格的数学方法研究各种随机现象的统计规律之间的相互联系.其最重要的思想是如何认识隐藏在随机现象背后的统计规律性,强调随机现象的个别观察的偶然性与大量观察中的统计规律性之间的联系.

随机思想是概率论的核心思想,是从个别偶然的现象发展到这种偶然现象所表现出的一种内在的必然规律.从中可以见到偶然性与必然性这一哲学范畴所起的作用.必然性只有通过偶然性表现出来,偶然性背后总是隐藏着必然性,大量的随机现象正体现出事物发展过程中的必然性的一面.随机思想(或称概率思想)乃是通过对这种偶然性的研究去发现其背后的必然性,即统计规律性,并通过这种必然性去理解、认识和把握随机现象.

随机试验是随机思想中的一个重要方法.所谓随机试验是指试验可以在相同的条件下重复进行;试验的所有可能结果是明确的、可知道的(在试验之前就可以知道的)，并且不止一个；每次试验总是恰好出现这些可能结果中的一个，但在一次试验之前却不能肯定这次试验会出现哪一个结果. 历史上为了研究随机现象呈现的统计规律性，进行过一些非常著名的随机试验，如蒲丰、皮尔逊等所做的掷硬币试验，高尔顿设计的高尔顿板试验模型等.

历史上一些数学家做过的掷硬币的试验数据如下：

表 7-1

实验者	投掷次数	正面向上的次数	正面向上的频率
蒲丰	4 040	2 048	0.507 0
德·摩根	4 092	2 048	0.500 4
费勒	10 000	4 979	0.497 9
K·皮尔逊	12 000	6 019	0.501 6
K·皮尔逊	24 000	12 012	0.500 5
罗曼诺夫斯基	80 640	39 699	0.492 3

从上表可以看出，不管什么人去抛，当试验次数逐渐增多时，正面向上的频率总是在 0.5 附近摆动而逐渐稳定于 0.5.

随机思想和概率方法在生活中也大量呈现，如“抽签有先后，结果公平吗?”假设有 4 只空白签、1 只标志签，共 5 只标签，五人进行抽签，第一个抽签人与其后的四名抽签人抽到标志签的概率是否相同? 实际上，第一名抽签人抽到标志签的概率为$\frac{1}{5}$，第二个人只有在第一个人未抽到标志签的情形下才可能抽到标志签，第一个人没有抽到标志签的概率为$\frac{4}{5}$，这时第二个人抽到的概率为$\frac{1}{4}$，所以第二个人抽到标志签的概率为$\frac{4}{5}\times\frac{1}{4}=\frac{1}{5}$. 用类似的方法可计算其后三人抽到标志签的概率均为$\frac{1}{5}$. 所以，抽签虽有先后，但每人抽到标志签的概率是相等的，结果是公平的.

7.1.2　统计与统计观念

数学意义上的统计不仅是指对数据的收集、整理、分析，还包括对已有数据运用概率方法进行推断、预测等，即根据带随机性的观测数据(样本)以及问题的条件和假定(模型)，对未知事物作出的以概率形式表述的推断，即统计推断和统计预测，数学上均归为推断统计范畴. 它是数理统计学的主要任务，其理论和方法构成数理统计学的主要内容. 以随机现象为研究对象的概率论，是推断统计的理论基础.

在数理统计学中，统计推断问题常表述为如下形式：所研究的问题有一个确定的总体，其总体分布未知或部分未知，通过从该总体中抽取的样本（观测数据）作出与未知分布有关的某种结论. 统计预测是根据对象过去一段时期的发展轨迹，概括出一般的发展趋势，并在假定对象未来仍按这一趋势发展的基础上，对未来发展状况作出预测. 由于统计推断和预测是由部分（样本）推断整体（总体），或由已知推测未知，因此不可能是完全精确和可靠的，其结论要以概率的形式表达. 统计推断的目的，是利用问题的基本假定及包含在观测数据中的信息，作出尽量精确和可靠的结论.

统计推断是数理统计的重要思想方法，它不同于数学中的逻辑推理，是带有概率性质的一种推理方法，其依据是小概率事件原则. 小概率事件原则为：概率很小的事件在一次试验中可以看作是不可能发生的. 如假设检验问题的解法便是统计推断思想的体现. 对于某个假设（参数假设或非参数假设），给定一小概率水平标准，通过对抽样数据进行整理、计算，如果结果使得该小概率事件发生了（这与小概率事件原则矛盾），我们作出拒绝接受原假设的推断；否则，认为原假设是相容的（可接受）. 参数的区间估计、方差分析、回归分析等方法也体现了统计推断思想. 这种统计推断思想的实施使数理统计的实用性得到充分的展示.

概率统计思想就是从一组样本出发分析、判断这个系统的状态，或判定某一论断能以多大的概率来保证其正确性，或算出发生错误判断的概率. 随机思想与概率统计思想研究的都是随机现象，但随机思想更基本，因为无论是概率的研究还是统计的研究都必须建立在事件的发生具有随机性这一思想前提之上，没有随机思想，就没有统计与概率，研究大量复杂现象也将变成空话. 而概率与统计思想则更深刻、更精确，是对随机思想的量化发展.

《标准（2011）》中将统计观念改为数据分析观念，包括：了解在现实生活中有许多问题应当先做调查研究，收集数据，通过分析作出判断，体会数据中蕴涵着的信息；了解对于同样的数据可以有多种分析方法，需要根据问题的背景选择合适的方法；通过数据分析体验随机性，一方面对于同样的事情每次收集到的数据可能不同，另一方面只要有足够的数据就可能从中发现规律.

例如，某一群人的身高构成一个总体，通常认为身高服从正态分布（概率论中最重要的一个分布，经验表明许多实际问题中的变量均服从正态分布或近似正态分布），但不知道这个总体的均值，随机抽部分人，测得身高的值，用这些数据来估计这群人的平均身高，这就是一种统计推断形式，即参数估计. 若感兴趣的问题是“平均身高是否超过 1.7(米)?”就需要通过样本检验此命题是否成立，这也是一种推断形式，即假设检验.

7.1.3　概率统计中蕴涵的其他数学思想方法

1. 归纳思想

统计即是将已有的数据进行归纳、整理、分析，并得出其中蕴涵的数学规律，进而进行推断和预测. 可以说，归纳思想是小学概率统计甚至小学数学中最常用的思想方法.

2. 分类思想

统计中常常将所研究的对象按一定的标准进行分类，并制作出统计图表，而且，根据不同的分类标准，可以从多个角度和层次分析研究对象，得到更为客观的结果. 概率中将概率问题分类归纳为各种概率模型，也是分类思想的体现.

3. 建模思想

数学建模思想的实质是将实际问题数学化，进而用数学的方法解决实际问题. 概率论与数理统计研究的问题涉及诸多领域，但这些不同领域中的实际问题可以抽象为同一概率模型来处理，比如制作统计图表、古典概型、几何概型等.

4. 数形结合思想

利用图形的直观以及几何性质来辅助解决概率统计问题，即把问题中关于“数”的问题与图形结合起来. 统计中的条形图、折线图、扇形图等，概率中的几何概率以及概率中随机变量的概率密度函数、概率分布函数的图象等均体现了数形结合思想.

5. 公理化思想和函数思想

统计中的条形图、直方图、折线图等其实就是一种函数关系. 概率公理化结构的建立，使得概率论成为一个严谨的数学分支. 概率的公理化定义中，随机事件、样本空间等概率论中的基本概念其实质就是集合，“概率”定义为事件域 F 到实数区间[0,1]的一个函数，随机变量的定义也是从样本空间 Ω 到实数域 $\mathbf{R}$ 建立的一种函数关系.

第2节 统计与概率知识简介

7.2.1 统计

统计包括描述统计和推断统计两类.描述统计是研究如何取得反映事物属性的数据,并通过图表等形式对数据进行加工、整理和显示,进而综合、概括并分析得出反映客观现象数量特征的方法.如:小学数学中的统计表、条形统计图、折线统计图、扇形统计图等都属于描述统计.另外,计算集中量所反映的一组数据的集中趋势,如算术平均数、中位数、众数、加权平均数等,也属于描述统计的范围.其目的是将大量零散的、杂乱无序的数字资料进行整理、归纳、简缩、概括,使事物的全貌及其分布特征清晰、明确地显现出来.

当需要统计的数据很多或统计过程具有破坏性时,比如全国人口统计、统计某种型号子弹的质量等,通常从需要统计研究的对象(称为总体)中抽取一部分个体作为样本,根据样本数据去推断总体的数量特征,称为推断统计学.推断统计是基于样本观测数据或实验数据对总体特征值作出估计或检验的方法,包括总体参数的点估计、区间估计及假设检验两部分内容.如果根据过去不同时期样本特征值的变化推断未来总体的变化特征,则为统计预测,因此广义的推断统计还包括统计预测.用数学解释和证明推断统计原理、方法的学问,称为数理统计学.

一、统计表

统计表是用原始数据制成的一种表格.它用数据代替文字描述,集中而有序地体现统计资料,便于统计结果精确、简洁的表达和对比分析.

按统计项目的多少,统计表可分为单式统计表和复式统计表两种.只对某一个项目的数据进行统计的表格,叫作单式统计表,也叫作简单统计表.统计项目在两个或两个以上的统计表格,叫作复式统计表.

制作统计表应做到规范、准确、美观,分类标准明确,条目清晰,各统计数字包括合计数字准确无误,必要时可在下方添加备注.

例如,某小学各年级学生人数统计表:

表 7-2

人数 \ 年级 性别	总计	一年级	二年级	三年级	四年级	五年级	六年级
合计	680	95	66	118	158	125	118
男生	375	61	33	72	95	56	58
女生	305	34	33	46	63	69	60

二、统计图

1. 条形统计图

条形统计图一般简称条形图，也叫长条图或直条图. 它是用直条的长短表示统计事项数量的图形. 即根据数量的多少画成长短不同的直条，然后把这些直条按一定的顺序排列起来. 条形统计图是用条形的长短来代表数量的多少，因而很容易比较出各种数量的多少，符合小学生的认知水平，在小学数学中出现的次数最多.

条形统计图又分为单式条形统计图和复式条形统计图. 其中复式条形统计图由多种数据组成，用不同的颜色标出. 条形统计图中的直条一般是纵向的(图 7-1)，但有时也可以绘制成横向的(图 7-2).

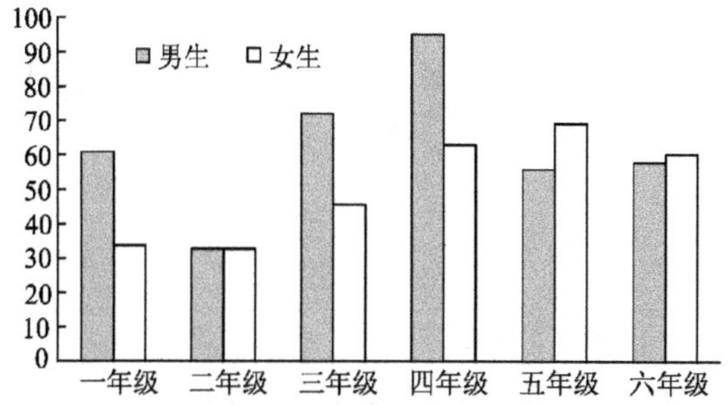

图 7-1 某小学各年级学生人数条形统计图

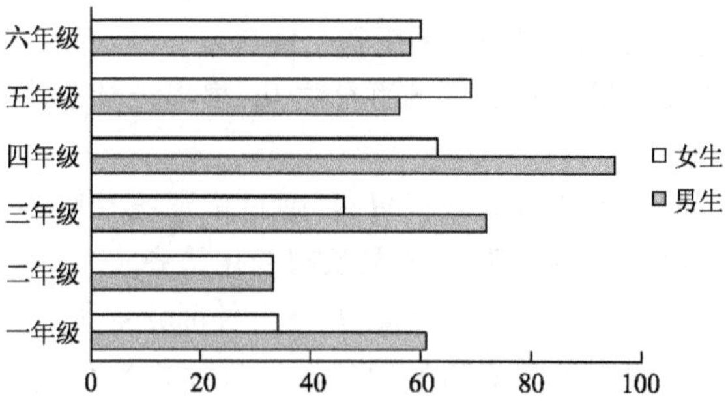

图 7-2 某小学各年级学生人数条形统计图

条形统计图主要用于表示离散型数据资料，因此在制作条形图时，相邻直条之间应有一定间隔，各直条的宽度及间隔应一致. 复式条形统计图的同一个指标，相邻直条之间则不应留空隙.

2. 折线统计图

折线统计图也称为线形图，与条形图相比，折线统计图不仅能体现出数量的多少，还能展现同一事物在不同时间、不同阶段的发展变化情况. 当两个变量之间存在函数关系，或一种现象随另一种现象的变化而变化，用折线图能很好地表示出两者的变化关系.

折线统计图在生活中的运用非常普遍，如心电图、股票 K 线图等. 与条形统计图相比较，折线统计图不仅能用点来表示数量的多少，还能用线条（折线）反映出数量之间的增减变化幅度或变化趋势.

折线统计图也分为单式折线统计图和复式折线统计图. 其中复式折线统计图由多种数据组成，用不同的线条加以区分.

例如，某小学各年级学生人数折线统计图：

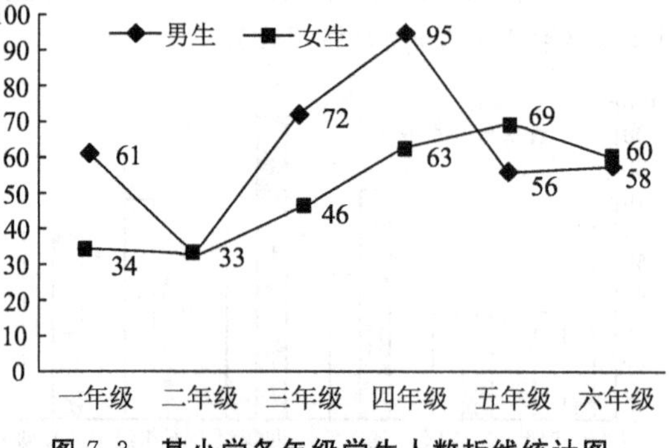

图 7-3 某小学各年级学生人数折线统计图

3. 扇形统计图

扇形统计图也称圆形图、饼图，是用整个圆表示总数（单位"1"），用圆内各个扇形的大小表示各部分量占总数量的百分之几，扇形统计图中各部分的百分比之和等于"1".

扇形图主要用来表示离散型数据资料. 通过扇形统计图可以很清楚地表示出各部分数量与总数之间的关系，而不是反映变化趋势.

扇形图通常用不同颜色表各部分量，并标出各部分量所占百分比. 制作扇形图时各部分量所对应的扇形圆心角应与各部分百分比相对应. 扇形所对圆心角的度数与百分比的关系是：圆心角的度数＝百分比×360 度.

例如，某小学各年级男生人数扇形图：

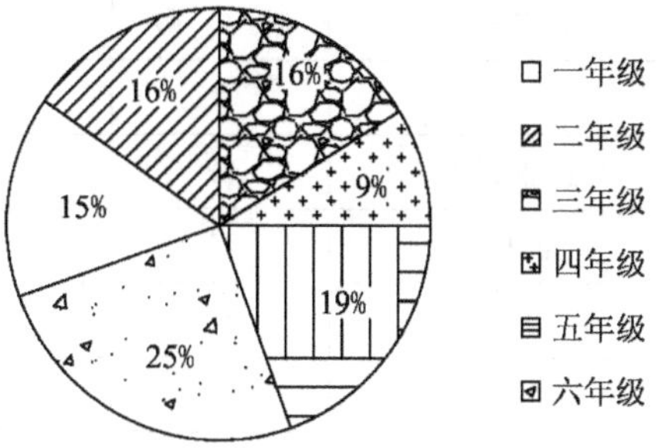

图 7-4 某小学各年级男生人数扇形图

4. 频率直方图与频率折线图

当需要统计的数据较多，且数据较为分散，但可以看成在某个区间内“连续”时，可用频数分布表、频率分布表、频率直方图、频率折线图等图表对数据进行整理、分析，得出数据的分布特征，多应用于推断统计，即从样本特征推断总体特征.

例如，为了了解中学生的身体发育情况，在某中学随机抽取 60 名 17 岁的女生，并对身高进行了测量，结果(单位：厘米)如下：

表 7-3

154	159	166	169	159	156	166	162	158	160
156	166	160	164	160	157	151	157	161	156
158	153	158	164	158	163	158	153	157	159
162	159	154	165	166	157	151	146	151	150
160	165	158	163	163	162	161	154	165	158
162	159	157	159	149	164	168	159	153	167

下表为这组数据的频率分布表. 分组时要求组数恰当，每组组距相等.

表 7-4

分 组	个数累计	频 数	频 率
[145.5,148.5)	一	1	0.017
[148.5,151.5)	下	3	0.050
[151.5,154.5)	正一	6	0.100

续表

分　　组	个数累计	频　　数	频　　率
[154.5,157.5)	正下	8	0.133
[157.5,160.5)	正正正下	18	0.300
[160.5,163.5)	正正一	11	0.183
[163.5,166.5)	正正	10	0.167
[166.5,169.5)	下	3	0.050
合　计		60	1.00

下图为这组数据的频率分布直方图. 注意各小矩形之间不留空格,这是因为各组之间是连续的,而且纵轴为$\frac{频率}{组距}$,这样每个小长方形的面积=组距×$\frac{频率}{组距}$=频率,所以各小长方形的面积表示相应各组的频率. 频率分布直方图以面积的形式反映了数据落在各个小组的频率的大小,且各小长方形的面积的总和等于1.

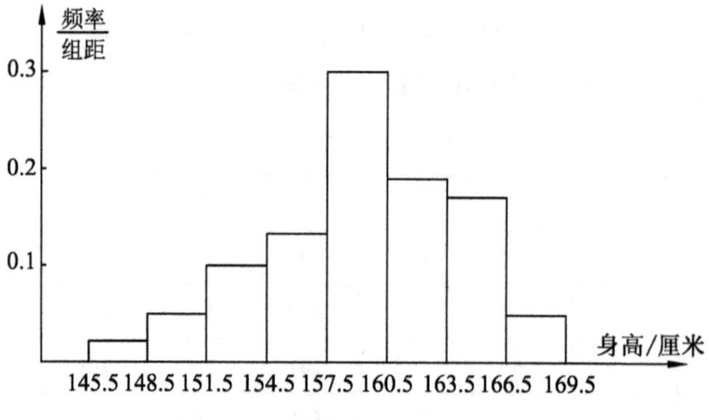

图 7-5

从随机思想的角度理解,测量了60名女生的身高,相当于做了60次重复试验,而图表中分成的8个组,可看成8个随机事件,[163.5,166.5)这一组的频数是10,表示在这60次试验中随机事件“[163.5,166.5)”出现了10次. 若在条件相当的情况下测量更多女生的身高,由随机事件在大量重复试验中呈现的稳定性,也可以推测,在总数中出现“[163.5,166.5)”的频率是$\frac{1}{6}$,或者随机选择一名女生,她的身高在区间[163.5,166.5)的可能性为$\frac{1}{6}$. 当然,此推测存在误差,有多大的把握保证此推测准确,则需用假设检验等方法计算.

如果将频率分布直方图中各相邻的矩形的上底边的中点顺次连结起来，就得到频率分布折线图，简称频率折线图.频率折线图的优点是它反映了数据的变化趋势.

三、平均数(Average)

1. 算术平均数(Arithmetic average)

算术平均数是表征数据一般水平的一个统计指标.它是一组数据之和除以这组数据的个数.计算公式为

$$\bar{x}=\frac{x_1+x_2+\cdots+x_n}{n}=\frac{1}{n}\sum x_i.$$

算术平均数在统计学上的优点是计算简单，它较中位数、众数更少受到随机因素的影响，而缺点是计算平均数时没有考虑到近期的变动趋势，因而预测值与实际值往往会发生较大的误差，另外还容易受到极端值的影响.算术平均数可用于推断统计，通常适用于预测销售比较稳定的产品，如没有季节性变化的粮油食品和日常用品等.

2. 加权平均数(Weighted average)

如果 n 个数据中，x_1 出现 n_1 次，x_2 出现 n_2 次，…，x_k 出现 n_k 次，$n_1+n_2+\cdots+n_k=n$，那么

$$\bar{x}=\frac{x_1n_1+x_2n_2+\cdots+x_kn_k}{n}=\frac{1}{n}\sum x_in_i$$

称为加权平均数，其中 $n_1,n_2,\cdots,n_k$ 叫作权，$\frac{n_1}{n},\frac{n_2}{n},\cdots,\frac{n_k}{n}$分别是各个数据出现的频率，也称权重.如果各数据的权重都是$\frac{1}{n}$，那么加权平均数就是算术平均数.

例如，某人射击十次，其中两次射中 10 环，一次射中 9 环，三次射中 8 环，四次射中 7 环，那么他平均射中的环数是多少？

若运用算术平均数方法：$\bar{x}=\frac{10+10+9+8+8+8+7+7+7+7}{10}=8.1.$

若运用加权平均数方法：$\bar{x}=\frac{10\times2+9+8\times3+7\times4}{10}=8.1.$

显然，两种方法的算式意义和计算结果相同，但用加权平均数方法计算更为简便.

在加权平均数中，除了一组数据中某一个数的频数称为权重外，权重还有更广泛的含义.比如，在一些体育比赛项目中，也要用到权重的思想.在跳水比赛中，每个运动员除完成规定动作外，还要完成一定数量的自选动作，而自选动作

的难度是不同的，两位选手由于所选动作的难度系数不同，尽管完成各自动作的质量相同，但得分却是不相同的，难度系数大的运动员得分应该高些，难度系数实际上起着权重的作用.

四、中位数(Median)与众数(Mode)

1. 中位数

中位数是依数值大小排列居中的数. 若数值个数为奇数，则中位数为中间的数；若数值个数为偶数，则中位数为中间两个数的平均值. 中位数受极端值影响不大.

中位数的作用与算术平均数相近，也是作为所研究数据的代表值. 在一个等差数列或一个正态分布数列中，中位数就等于算术平均数. 若在数据中出现了极端变量值，或者数据中有个别数据不确切，或者研究目的就是为了反映中间水平等情况下，用中位数作为代表值要比用算术平均数更好. 在统计数据的处理和分析时，常常结合使用平均数和中位数.

在求中位数的过程中，如果一组数据中有相同(重复)的数据也要进行排列并比较大小. 例如，1,2,3,5,7 的中位数是 3；1,2,3,5 的中位数是 2.5；1,2,3,3,5,7 的中位数是 3.

2. 众数

一组数据中出现次数最多的数值或类别就叫这组数据的众数.

用众数代表一组数据，可靠性较差，不适合进行统计分析. 不过，众数不受极端数据的影响，并且求法简便，可快速而粗略地找到一组数据的代表值. 而且，在一组数据中，如果个别数据有很大的变动，选择众数表示这组数据的“集中趋势”就比较合适.

一组数据可能有不止一个众数，也可能没有众数. 例如，1,2,3,3,4 的众数是 3；1,2,2,3,3,4 的众数是 2 和 3；1,2,3,4,5 没有众数.

英国统计学家皮尔逊在长期的统计实践研究中，发现平均数($\overline{x}$)、中位数(M_e)、众数(M_o)三者之间存在经验关系：$M_o \approx 3M_e - 2\overline{x}$.

五、数学期望

定义 1 设离散型随机变量 ξ 的概率分布为 $P(\xi = x_k) = p_k$ ($k = 1, 2, \cdots, n$ 或 $k = 1, 2, \cdots$)，记 $E(\xi) = \sum\limits_k x_k p_k$ 为 ξ 的数学期望，简称期望(求无穷项和必须有意义).

定义 2 设连续型随机变量 ξ 的概率分布为 $\varphi(x)$，记 $E(\xi) = \int_{-\infty}^{+\infty} x\varphi(x)\mathrm{d}x$

为 ξ 的数学期望(此广义积分必需有意义).

数学期望特别是离散型随机变量的数学期望与加权平均数的计算方法类似. 但加权平均数属于描述统计范畴,是对已有数据进行整理分析,数学期望属于推断统计范畴,在已有样本数据的基础上对总体进行估计或对未知的试验进行分析、推测.

7.2.2　可能性(概率)

小学数学为了适合小学生的认知水平及语言习惯,将概率描述为"可能性",更直白、通俗、易懂. 描述事件发生与否的语句是一定、不可能、可能,对应于概率术语就是必然事件、不可能事件、随机事件,以及随机事件发生的可能性大小(概率).

一、随机事件

若某件事情在一次试验中一定发生,则称这件事情为必然事件. 若某件事情在一次试验中一定不发生,则称这件事情为不可能事件. 若某件事情在一次试验中可能发生也可能不发生,则称这件事情为随机事件.

必然事件发生的概率为 1,不可能事件发生的概率为 0,随机事件发生的概率介于 0~1 之间. 某事件 A 发生的概率 $0\leqslant P(A)\leqslant 1$.

需要指出的是,概率为 0 的事件不一定是不可能事件. 例如,用步枪射击靶子,恰好击中某一点 A 的概率为零,因为若设靶子的面积为 S,A 点的面积显然为 0,由几何概率可知,恰好击中 A 点的概率为 $P(A)=\dfrac{0}{S}=0$,但这件事却是可能发生的. 同样,某同学恰好在 8:00 进入教室的概率为 0,但这也是可能发生的.

二、概率的统计定义

在抛掷一枚硬币时,究竟会出现什么样的结果事先是不能确定的,但是当在相同的条件下,大量重复地抛掷同一枚均匀硬币时,就会发现"出现正面"或"出现反面"的次数大约各占抛掷总次数的一半左右. 历史上不少数学家,如皮尔逊等人做过成千上万次抛掷硬币的试验,随着试验次数的增加,出现正面的频率波动越来越小,频率在 0.5 这个定值附近摆动,这一现象是内在必然性规律的表现,0.5 恰恰就是刻画出现正面可能性大小的数值,0.5 就是抛掷硬币时出现正面的概率. 这就是概率统计定义的思想,这一思想也给出了在实际问题中估算概率的近似值的方法,当试验次数足够大时,可将频率作为概率的近似值. 例如,100 粒种子平均大约有 90 粒种子发芽,我们就说种子的发芽率为 90%; 某类产品平均每 1 000 件产品中大约有 10 件废品,我们就说该产品的废品率为 1%.

定义 3 在相同的条件下进行大量试验时，根据频率的稳定性，事件 A 的频率 $\frac{n_A}{n}$ 必然稳定在某一个确定的数 p 附近，则定义事件 A 的概率为 $P(A)=p$.

这就是概率的统计定义，由上式确定的概率称为统计概率. 需要说明的是，进行大量试验时，事件 A 的频率 $\frac{n_A}{n}$ 必然稳定在某一个确定的数 p 附近，但并不是 $\lim\limits_{n\to\infty}\frac{n_A}{n}=p$.

事实上，由极限的 ε-N 定义，若 $\lim\limits_{n\to\infty}\frac{n_A}{n}=p$ 成立，则对 $\forall\varepsilon>0$，$\exists N>0$，$\forall n>N$ 总有 $\left|\frac{n_A}{n}-p\right|<\varepsilon$，而频率具有随机性，$\forall n>N$，并不能保证 $\left|\frac{n_A}{n}-p\right|<\varepsilon$ 恒成立. 例如，当 $n_A=n$ 时，取 $\varepsilon<1-p$，上述不等式不成立.

运用概率论中的大数定律可以讲清这一问题. 大数定律说明的是在什么条件下，一随机变量序列的算术平均值（按某种意义）收敛于某数的定理. 其中伯努利大数定律说明：事件 A 的频率 $\frac{m}{n}$ 依概率收敛于它的概率 p，也即当 n 充分大时可以以任何接近于 1 的概率断言，$\frac{m}{n}$ 将落在以 p 为中心的 ε 邻域（ε 可为预先指定的任意小的正数）. 通俗地说，当试验次数足够多时，频率在概率的附近取值的可能性就很大，大到什么程度？频率与概率的偏差较大的可能性趋向于零.

小学里无法用概率方法进行推测和预测，用频率“代替”概率，只能是一些猜想，属于没有证明的合情推理，一般求得的是概率的近似值，特别是当次数不够大时，这个概率的近似值存在着一定的误差.

三、概率的古典定义

对某一类特殊的试验，还可以从另一个角度求它的概率. 抛掷一枚硬币时，试验的结果有 2 种：出现正面、出现反面. 由于硬币是均匀的，通过直观分析可以看出，出现正面和反面的可能性相同，都是 0.5. 进一步研究，可得出概率的古典定义.

定义 4 某试验具有以下性质：

(1) 有限性，即试验的结果（基本事件）是有限个（n 个）；

(2) 等可能性，即每个结果（基本事件）出现的可能性是相同的（硬币、骰子可看成是均匀的，抛掷时出现每一面的可能性都相同）.

如果事件 A 是由上述 n 个结果中的 m 个组成，则称事件 A 发生的概率为

$\frac{m}{n}$. 这就是概率的古典定义.

例如，掷一颗均匀的骰子，求出现 2 点的概率. 由于这个试验满足概率的古典定义的两个条件，且 $n=6, m=1$，所以出现 2 点的概率是 $\frac{1}{6}$. 又如，求出现偶数点的概率. 出现偶数点这一事件包含 2 点、4 点、6 点这 3 个等可能的结果，即 $n=6, m=3$，所以出现偶数点的概率是 $\frac{3}{6}=\frac{1}{2}$.

概率的古典定义不用大量地去试验，只要试验的结果为等可能的有限个情况，通过分析找出 n, m（常常需要运用排列组合的知识），就可以求出其概率了. 与概率的统计定义相比，概率的古典定义的优点是便于计算，但适用范围受到限制. 判别一个概率模型是否为古典概型，关键是看"等可能性"条件满不满足. 这通常是根据实际问题的某种对称性进行理论分析，而不是通过实验来判断.

比如，一次掷两枚均匀的硬币，将试验的可能结果描述为四个基本事件：(正、正)，(正、反)，(反、正)，(反、反)，则每个基本事件出现的可能性都是 $\frac{1}{4}$，因而这属于古典概型. 但若将试验的可能结果描述为：① 两正，② 两反，③ 一正一反，则①、②出现的可能性各为 $\frac{1}{4}$，而③出现的可能性为 $\frac{2}{4}=\frac{1}{2}$，即它们出现的可能性不相同，故不是古典概型. 又如，抛掷一个酒瓶盖子时，出现正面向上与出现反面向上的可能性是不相同的，所以，出现正面的概率就不能用古典定义去求，而只能用统计定义去求.

四、几何概率

概率的古典定义只适用于试验结果有限的随机试验，但是，在实际问题中经常会遇到试验结果是无限的情况. 例如，在一个面积为 S_Ω 的区域 Ω 中等可能地任意投点，这里"等可能"的确切意义是这样的：在区域 Ω 中有任意一个小区域 A，若它的面积为 S_A，则点落在区域 A 中的可能性大小与 S_A 成正比，而与 A 的位置及形状无关. 如果点落在区域 A 这个随机事件仍记为 A，则可得随机事件 A 的概率 $P(A)=\frac{S_A}{S_\Omega}$，这种概率称为几何概率.

类似地，如果在一条线段上投点，在计算随机事件的概率时只需要将上式中的面积改为长度；如果在一个立方体内投点，在计算随机事件的概率时只需要将上式中的面积改为体积.

定义 5　一般地，若一个试验具有下列两个特征：

(1) 每次试验的结果是无限多个，且全体结果可用一个有度量的几何区域表示；

(2) 每次试验的各种结果是等可能的.

则这样的试验称为几何概型.

设几何概型的样本空间可表示成有度量的区域，记为 Ω，事件 A 所对应的区域仍以 A 表示($A\subseteq\Omega$)，则定义事件 A 的概率为

$$P(A)=\frac{A\text{ 的度量}}{\Omega\text{ 的度量}}.$$

如图 7-6 所示，靶子由三个半径分别为 R,$2R$,$3R$ 的同心圆组成，如果向靶子随机地投掷一个飞镖(不脱靶)，则命中 1、2、3 号区域的概率分别为 $\frac{R^2}{9R^2}$，$\frac{4R^2-R^2}{9R^2}$，$\frac{9R^2-4R^2}{9R^2}$.

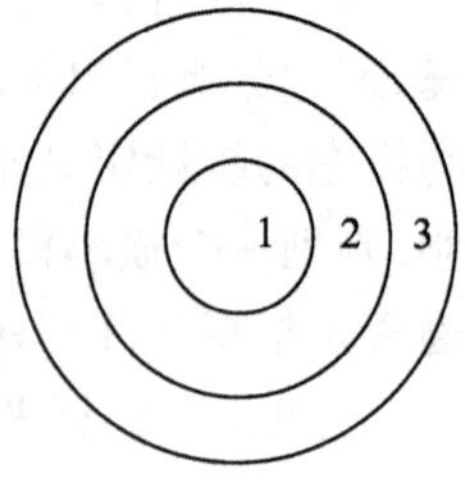

图 7-6

五、概率的公理化定义

19 世纪末以来，数学的各个分支广泛流传着一股公理化潮流，这个流派主张将假定公理化，其他结论则由它演绎导出. 在这种背景下，1933 年俄国数学家柯尔莫哥洛夫在集合与测度论的基础上提出了概率的公理化定义，这个结构综合了前人的结果，明确定义了基本概念，使概率论成为严谨的数学分支，对近几十年来概率论的迅速发展起到了积极的作用. 柯尔莫哥洛夫的公理化定义已经广泛地被接受.

在公理化结构中，概率是针对事件定义的，即对于事件域 F 中的每一个元素 A 有一个实数 $P(A)$ 与之对应. 一般地，把这种从集合到实数的映射称为集合函数. 因此，概率是定义在事件域 F 上的一个集合函数. 此外，在公理化结构中也规定概率应满足的性质，而不是具体给出它的计算公式或方法. 概率应具有什么样的性质呢？通过对概率与频率之间的关系、古典概型、几何概型的分析可知，概率应具有非负性、规范性、可列可加性. 从而有如下定义：

定义 6 定义在事件域 F 上的一个集合函数 $P(A)$ 称为概率，如果它满足如下三个条件：

(1) 非负性：对任何事件 A，$P(A)\geqslant 0$；

(2) 规范性：$P(\Omega)=1$；

(3) 可列可加性：若 A_1，A_2，…两两互不相容，则 $P(\bigcup\limits_{i=1}^{n} A_i)=\sum\limits_{i=1}^{n}P(A_i)$.

显然，概率是值域为[0,1]的一种特殊的函数关系.

第 3 节　小学数学中统计与概率的课程解析

7.3.1　统计与概率内容的教育价值

一、掌握认识世界的工具，提高处理信息的能力

日常生活中，我们经常会听到“某台风使沿海地区受灾面积达到 50%”“本月房产价格环比上涨 4%”“这场足球赛，巴西队赢的可能性比较大”“今天的降水概率为 60%”“买医疗保险对我有利”等语言，这实际上就是人们对客观世界中某些现象的一种描述，其中都涉及大量的数据和概率统计术语.

概率统计是认识和理解随机现象的一把钥匙，是通过收集、整理和分析数据而使选择与判断尽可能正确的一门技术. 掌握了概率统计方法，就可以使人们在工作和生活中少犯错误，赢得主动. 因此，从现代生活的观点来看，“概率统计是一门可以使人变聪明的技术”，是使人能够更好地了解和把握社会现象的一门科学.

生活已经先于数学课程将统计推到了学生面前，让小学生也能了解基本的、简单的概率统计知识势在必行. 所以从 2001 年起概率统计开始进入小学课堂. 中小学概率统计所学习的内容与日常生活紧密相连，是人们日常生活中理解、分析和解决概率统计问题的最直接的手段和方法，是公民应具备的基本素养.

二、加深对数学科学的整体理解，体会数学思想方法

数学是研究空间形式和数量关系的科学. 除概率论与数理统计学科外，数学的其余分支都是研究确定性现象的数学分支，唯独概率论与数理统计学科，研究的领域是随机现象，代表了数学研究领域的另一个方面. 概率统计方法所处理的问题是结果不明确的复杂问题，是用确定性数学形式无法解决的问题. 正因为如此，概率统计方法才有其独特的应用价值，是人们认识自然、改造自然的重要手段. 正因为概率论与数理统计不同于代数、几何、三角、数学分析、高等代数等其他研究确定性现象的数学分支，并且在理论和方法上有许多独特的风格，它的教育价值也越来越被人们所认可. 概率统计思维也是一种重要的思维方式，它和确定性思维一样成为人们不可缺少的思维形式.

随着社会的不断发展，统计与概率的思想方法将越来越重要. 统计与概率所提供的“局部推断整体、已知推测未知”的思想方法已经成为现代社会普遍适用并且强有力的一种方式手段. 因此，义务教育阶段使学生熟悉统计与概率的基本思想方法，从而使他们逐步了解随机现象，形成统计观念，将有助于他们对数学以及社会生活中的随机现象的理解和认识.

三、拓展思维方式，提升思维水平

概率统计的思维方式与确定性数学的思维方式有很大差异. 它的不确定性、随机性的思维模式，能够使学生打破原有思维方式的束缚，形成一种新的思维方式，对客观世界产生新的认识. 其实只有形式化的问题才可能有纯粹的、确定的解法，而现实中的问题绝大多数都不可能是纯粹的、确定的.

统计方法是归纳与演绎的结合，目的是从偶然性中发现必然性，对真理进行探究. 探究过程中采用的统计归纳、演绎逻辑伴随一定的概率保证，具有或然性特征，但这种或然性在概率论和数理统计等工具的帮助下可以进行公理化、形式化，并在一定概率程度上对命题进行“确证”. 例如，假设检验中往往选定一个显著性水平，比如0. 01或0.05，然后由检验功效看是接受H_0，还是拒绝H_0，从而对假设作出检验. 若显著性水平为5%，则说明给定假设是在5%的水平上建立的，意为希望冒接受假设为真的风险是至少有5%的机会假设为假.

小学里无法用概率方法进行推测和预测，只能是一些猜想，属于没有证明的合情推理. 作为一种合情推理，概率推理是与代数推理、几何推理同样重要的一种推理形式. 波利亚说过，合情推理是与逻辑推理一样重要的推理，是更具创造性的推理. 虽然特定事件不能预测，但结果的规律却可以预测. 经过长期的接触，学生的合情推理能力可以得到相应的提高，思维结构也能达到质的飞跃.

四、培养良好的科学品质和辩证唯物主义观念

概率统计是在解决各种实际问题的实践中发展起来的，具有丰富的实际背景，其解决问题的方法、过程和结果的呈现方式较为特别，有利于学生科学品质的培养和辩证唯物主义思想的形成.

从概率统计的角度去观察、探索和解释现实生活或科学领域中的随机事件，对现实世界中的很多事情形成自己的看法，在真实的问题情境中通过实践获得真知，有助于培养探索精神. 概率统计的学习不能沿用传统的记忆和解题训练的机械的学习方法，同时概率统计的随机性使得解决问题的模式具有多样性和不重复性，需要不断创建新模式来解决新问题，有益于创新精神的培养和创造能力的提高. 科学应用信息作出正确决策是概率统计的主要任务，概率统计教会我们对一定范围内的事物概括其特征或从一定阶段事物的变化中寻找规律，进而作出正确的决策，培养我们的决策能力和决策意识. 概率统计告诉我们，事物的偶然中蕴涵必然，必然中又带有偶然，这一辩证关系是事物的固有属性，也是我们思考和研究问题所必须持有的思想观念.

对于小学生来说，统计与概率这一领域的内容是充满趣味和吸引力的. 动手收集与呈现数据是一个活动性很强并且充满挑战和乐趣的过程，做概率游戏本身就是对思维的一种挑战，也是一个非常有趣的过程. 在学习统计与概率的过程中，将会涉及解决问题、计算、推理，以及整数、分数、比值等知识，这实际上是在学习新知识的同时复习和运用旧知识，发展学生解决问题的能力. 学好概率统计，有助于培养学生以随机的观点来理解世界，形成正确的世界观和方法论，有助于发展学生解决问题的能力，有助于培养学生对数学的积极情感体验. 概率统计在生活和数学中扮演着重要的角色，充分认识概率统计课的教育价值，发挥它的育人功能，必能促进学生综合素质的提高.

7.3.2　课程目标解读

《标准(2011)》中“统计与概率”的主要内容有：收集、整理和描述数据，包括简单抽样、整理调查数据、绘制统计图表等；处理数据，包括计算平均数、中位数、众数、极差、方差等；从数据中提取信息并进行简单的推断；简单随机事件及其发生的概率. 需要特别指出的是，在数学课程中，应当注重发展学生的数感、符号意识、空间观念、几何直观、数据分析观念、运算能力、推理能力和模型思想. 其中的数据分析观念包括：了解在现实生活中有许多问题应当先调查研究，收集数据，通过分析作出判断，体会数据中蕴涵着信息；了解对于同样的数据可以有多种分析方法，需要根据问题的背景选择合适的方法；通过数据分析体验随机性，一方面对于同样的事情每次收集到的数据可能不同，另一方面只要有足够的数据就可能从中发现规律.

《标准(2011)》在总体目标中从知识技能、数学思考、问题解决、情感态度等四个方面对各学习领域作了具体的目标阐述. 总体来看，“问题解决”“情感态度”两个方面的目标属于综合性目标，而“知识技能”和“数学思考”两方面对“概率与统计”提出了具体的教学要求. 在“知识技能”方面，提出要使学生“经历在实际问题中收集和处理数据、利用数据分析问题、获取信息的过程，掌握统计与概率的基础知识和基本技能”. 在“数学思考”方面，提出要使学生“体会统计方法的意义，发展数据分析观念，感受随机现象”.

《标准(2011)》将“统计与概率”在义务教育三个学段的教学目标做了一个循序渐进的安排，体现了《标准(2011)》对不同学段学生心理、生理及认知水平的科学把握.

表 7-5

	第一学段 （1—3 年级）	第二学段 （4—6 年级）	第三学段 （7—9 年级）
知识技能	经历简单的数据收集、整理、分析的过程，了解简单的数据处理方法	经历数据的收集、整理和分析的过程，掌握一些简单的数据处理技能；体验随机事件和事件发生的等可能性	体验数据收集、处理、分析和推断过程，理解抽样方法，体验用样本估计总体的过程；进一步认识随机现象，能计算一些简单事件的概率
数学思考	能对调查过程中获得的简单数据进行归类，体验数据中蕴涵着信息	进一步认识到数据中蕴涵着的信息，发展数据分析观念；感受随机现象	了解利用数据可以进行统计推断，发展建立数据分析观念；感受随机现象的特点

《标准(2011)》结合中小学生的认知水平以及中小学概率统计的教学内容，将“统计观念”更名为“数据分析观念”，指明了统计的核心是数据分析．“数据分析观念”更加突出了统计与概率独特的思维方法：体会数据中蕴涵着的信息；根据问题的背景选择合适的方法；通过数据分析体验随机性．

总的来说，《标准(2011)》对数学课程提出了更高的要求．统计与概率部分的教学应体现目的性、过程性、思想性等特点．

1．目的性

统计与概率部分教学的目的在于：拥有数据意识，掌握统计方法，经历统计过程，体会随机现象；使学生意识到数据是蕴涵信息的；参与统计的过程，学习一些简单的收集、整理、描述和分析数据的方法，学会处理各种信息尤其是数字信息；感受概率统计运用的思想方法；积累对随机现象的经验，逐步体会客观事物的不确定性和事物发生发展的可能性；逐步形成统计的意识和统计观念，形成尊重事实、用数据说话的科学态度．

2．过程性

《标准(2011)》中大量使用了描述过程性的词句：调查研究、搜集、体会、经历、发展、感受等．而且，将“数学学习”和“数学教学”两条合并成一条“教学活动”，整体上阐述数学教学活动的特征，表述为“教学活动是师生积极参与、交往互动、共同发展的过程．有效的数学教学活动是学生学与教师教的统一，学生是数学学习的主体，教师是数学学习的组织者、引导者与合作者”；将“实践与综合应用”改为“综合与实践”，更突出了“综合”“过程”，重过程是《标准(2011)》的一大特色．

3. 思想性

《标准(2011)》首次提出了“四基”的概念，即基础知识、基本技能、基本思想、基本活动经验，首次将数学思想与知识、技能并列，将其提升到基础性的高度. 把“四基”与数学素养的培养进行整合：掌握数学基础知识，训练数学基本技能，领悟数学基本思想，积累数学基本活动经验. “四基”是一个有机的整体，而不是简单的叠加与混合，是相互联系、相互交融、相互促进的整体. 基础知识和基本技能是数学教学的主要载体；数学思想则是数学教学的精髓，是课堂教学的主线；数学思想的教学要以数学知识为载体，因势利导，画龙点睛，避免生硬牵强和长篇大论，数学活动是不可或缺的教学形式与过程.

7.3.3　内容标准分析

一、各学段教学目标

第一学段具体目标(1—3 年级)：

(1) 能根据给定的标准或者自己选定的标准，对事物或数据进行分类，感受分类与分类标准的关系.

(2) 经历简单的数据收集和整理过程，了解调查、测量等收集数据的简单方法，并能用自己的方式(文字、图画、表格等)呈现整理数据的结果.

(3) 通过对数据的简单分析，体会运用数据进行表达与交流的作用，感受数据蕴涵信息.

第二学段具体目标(4—6 年级)：

(一) 简单数据统计过程：

(1) 经历简单的收集、整理、描述和分析数据的过程(可使用计算器).

(2) 会根据实际问题设计简单的调查表，能选择适当的方法(如调查、试验、测量)收集数据.

(3) 认识条形统计图、扇形统计图和折线统计图；能用条形统计图和折线统计图直观、有效地表示数据.

(4) 体会平均数的作用，能计算平均数，能用自己的语言解释其实际意义.

(5) 能从报纸、杂志、电视等媒体中，有意识地获得一些数据信息，并能读懂简单的统计图表.

(6) 能解释统计结果，根据结果作出简单的判断和预测，并能进行交流.

(二) 随机现象发生的可能性：

(1) 结合具体情境，了解简单的随机现象；能列出简单的随机现象中所有可能发生的结果.

(2) 通过试验、游戏等活动，感受随机现象结果发生的可能性是有大小的，能对一些简单的随机现象发生的可能性大小作出定性描述，并能进行交流.

"统计与概率"的学段教学目标比较丰满、具体，不仅要"知道、认识、了解"，更要在"感受、体会、体验、理解"中学会"判断、预测、解决、处理、交流".

二、内容分析

由于小学生的认知能力有限，小学数学从统计内容入手，主要有整理数据、列表、条形图、柱形图、折线图、扇形图、平均数等，这些属于描述统计学范畴. 从第二学段开始逐步学习了概率内容，包括必然事件、不可能事件、随机事件等，以实验概率为主.《标准(2011)》删除了"中位数""众数"的内容，降低了"可能性"部分的要求，只要求学生体会随机现象，并能对随机现象发生的可能性大小作定性描述，定量描述放入第三学段. 这是因为平均数是一个非常重要的刻画数据平均水平的统计量，需要学生重点体会，同时考虑到学生的年龄特征，其他统计量和概率的定量描述不宜集中学习. 但是加强了体会数据随机性的要求，原来学生主要是依靠概率来体会随机思想，现在希望学生通过数据来体会随机思想，这种变化从"数据分析观念"核心词的表述也能体现.

第一学段侧重于学生对数据统计过程有所体验；第二学段则重点要求经历简单的数据统计过程，体会事件发生可能性的含义，并能描述一些简单事件发生的可能性. 从"有所体验，初步感受"到"经历过程，体会含义"，相互渗透，循序渐进，逐步深化.

概率统计的内容有以下一些特点：

1. 整体性、统一性

"统计与概率"的课程内容，在数学意义上是一个整体，它们都是通过对数据的收集、整理、分析与描述，获得一些整体性规律的认识，从而帮助人们对某些事件作出合理的推断与科学的预测. 因此，两者在知识上相互关联. 例如，要认识某些随机现象，就必须运用某些统计知识；而选用适当的方法收集一些数据，并对其进行统计学的处理后，人们就有可能从一些随机现象中寻找到某些规律性的认识. 可见，它们都是将重心放在对数据意义的认识以及对数据收集处理的能力上的. 将统计与概率作为一个整体来设计，在学习统计的过程中渗透概率的思想，在学习概率的过程中应用统计的方法.

2. 过程性、体验性

《标准(2011)》中不仅使用了"知道""认识""了解"等词来阐述，更多地使用了不同的行为动词来阐述过程性的目标，如"经历""探索""解决""判断""预测"等. 而且，我们发现，探究、经历、操作等都是一些外部行为动词，而体验、感悟是一种内部行为动词. 学生的体验、感悟必须以探究、经历、操作等为基础，靠探究、经历、操作等来获得. 这样的目标定位更多的是引导学生在活动中体验，在体验中感受，在体验中发现.

3. 现实性、实践性

《标准(2011)》特别强调了结合学生的现实生活和具体情境来学习概率统计的知识和方法，体会数据分析的思想和观念. 具体地说，要求从生活中来，到生活中去，即从生活中的一些现象抽象出数据，并学会统计分析数据，得出结论，进而解释生活中的现象，解决生活中的概率统计问题. 另外，对数据的描述分析，对信息的判断预测，对问题的调查实践等都是力求引导学生在实践中探索，在探索中应用，在应用中升华.

第 4 节　小学数学中统计与概率的教学注意点

义务教育阶段应当使学生掌握统计与概率的基本思考方法，从而使他们逐步形成统计概念，养成通过数据来分析问题的习惯，其实质是通过事实来分析问题，当遇到问题时，应当去调查研究，收集收据，在此基础上进行的推断才可能客观地反映实际背景，进而形成尊重事实、用数据说话的态度. 除此之外，还要让学生了解随机现象，建立随机的概念.

统计与概率的教学目标注重学习过程、学习方式，强调数据意识和数据分析观念，重视解决问题的过程，体现概率统计的价值. 鼓励学生从生活中找到与概率统计相关的素材，从了解身边的现象开始，进行数据的收集、整理、分析，进一步作出判断和预测. 充分进行学生活动，如抛硬币、摸球、玩转盘等，让学生有充分的体验，在操作中感受不确定现象的特点，进而推测、判断事物发生的可能性. 还可以进行班级同学的身高、各地气温等数据的收集、整理、分析，认识到统计在社会生活及科学领域中的应用.

小学数学中统计与概率的教学有如下注意点：

7.4.1　情境设置应力求自然

课堂教学情境的创编应基于现实生活，符合现实逻辑，尽量贴近生活，同时应渗透统计观念，体现统计目的.

例如，设计“统计学生生日的月份”情境，为什么要统计呢？若简单布置作业，则变成纯粹的为了完成老师布置的统计任务，而失去了培养学生数据意识的机会，即现实生活需要去进行统计. 我们可以重新设计：

明天老师要送给我们班的同学每人一朵花，共四种颜色，方法是：

生日在春天，红色（桃花）；生日在夏天，白色（莲花）；

生日在秋天，黄色（菊花）；生日在冬天，蓝色（蝴蝶兰）.

目的很清楚：请大家统计一下，明天老师要带各种颜色的纸花各多少朵？

同样，类似"最喜欢的课外书""最喜欢的体育运动""学校教师使用的交通工具"等情境也可以设法设计，不能让统计变成老师布置的作业，应让学生在生活情境中发现问题、解决问题、积极思考、主动探究.

另外，课堂上应尽量避免过多的情境堆积，否则会使学生的注意力分散于各种各样有趣的情境故事中，忽视了学习的重点，使得统计过程不落实、不清晰、不完整，不能达到预期目标.

7.4.2 数据来源应真实有效

数据是统计的基础和灵魂，只有原始真实的数据才能准确地反映事物的特征，任何对数据的改动均是不合理的、不被允许的，即使收集的数据是不理想的、"错误"的.

例如，布置学生统计去年收到的贺卡数目，学生可能由于已经记不清数目而胡乱编造一个数字交差了事. 也就是说，这样的统计问题既无多少目的性，也无多少操作性，纯粹是"统计题".

再如，为了让学生认识统计的必要性，教师提供了三个学生感兴趣的旅游景点（动物园、植物园、新西湖），让学生自主选择. 学生通过讨论采用举手表决的办法.

师：请选择植物园的同学举手.（有 3 人）

师：请选择动物园的同学举手.（绝大多数学生举了手，有同学开始一个一个数了）

师：这样数太麻烦，我们先来统计去新西湖的同学人数吧. 请选择新西湖的同学举手.（有 5 人）

师：现在你们知道选动物园的同学有多少人吗？

生：$42-3-5=34$（人）.

师：同学们真聪明，想到了好办法巧妙地解决了问题.

作为一年级的学生能想到这样的方法进行解答，的确是很不错的. 但是，作为教师有没有思考这样的做法是否符合统计的基本要求. 解决实际问题时能使用一些数学技巧，这是数学教育的一项任务，但在统计中这样做并不合适，若有同学三个景点都不喜欢或者干脆没听讲从而没举手怎么办？统计学的最基本准则是通过正确的途径获得最原始的真实数据，我们应该确切地数出三种情况的具体人数，并进行验证以确保数据的准确性.

7.4.3 教学应突出重点和难点

某些课堂教学将统计教学的重点偏移为：培养学生从统计图表中获取信息的能力；学会阅读、制作统计图表；能进行关于统计的计算等. 如：平均数的教学把计算平均数的方法作为教学的重点，把平均数教学变成计算问题，结果学生遇到类似“一名不会游泳、身高 1.4 米的学生在一个平均水深 1.2 米的游泳池中会不会有危险？”的问题时不知如何作答. 实质上，概率统计不仅仅是画几个图、算几个数那么简单. 华东师范大学有一个调查：20 世纪的中国小学课程里没有概率，但是和其他有概率内容的国家相比，学生对可能性的认识大体相同. 所以，概率统计教学不应只是知识的学习，更多的应是知识的生成、应用和思想观念等.

统计教学的核心目标是：培养学生通过数据来分析问题的统计观念，即数据分析观念. 数据是中小学统计教学的灵魂，只有经历收集数据、整理数据、描述数据、分析数据、体会数据的随机性和数据所蕴涵的信息，才能体会统计的意义和价值. 活动是统计教学的主要方法，没有了活动的统计教学等于空谈. 统计课离不开学生亲身参与数据收集、整理、描述、分析的实践过程，这是统计教学非常重要的环节.

7.4.4 注意预测的可能性和正确性

统计方法的主要应用在于统计预测，但这是建立在事物具有统计规律性或认为事物按照已有的趋势发展下去，若不具有这样的规律，则统计预测不能进行，所得的结果会有很大误差或者是错误的.

例如，某地区 30 年来的 10 月 6 日的天气记录里有 25 次是秋高气爽、晴空万里，问下一年的 10 月 6 日是晴天的概率为多少？影响天气的原因很多，而且此例中统计的年份太少，所以说“下一年 10 月 6 日是晴天的概率为$\frac{25}{60}$”是有很大误差的.

再如，统计我国奥运会金牌数：

表 7-8

年　份	1992	1996	2000	2004	2008
金牌数	16	16	28	32	51

从 1992 年至 2008 年金牌数都是一届比一届多，但是我们不能得出这样的结论，2012 伦敦奥运会金牌一定会多于 51 块. 事实上，伦敦奥运会中国金牌数为 38，并未呈上升趋势.

思 考 题

1. 统计与概率最核心的思想方法是什么？

2. 什么是加权平均数？影响加权平均数的因素有哪些？

3. 概率与频率有什么区别和联系？有人说“概率是频率的极限值”，你认为该论断是否正确？为什么？

4. 调查本班每位同学的家庭在同一周的用电量，作出这组数据的频率分布表、频率分布直方图以及频率折线图，对你所在地区的用电量情况进行估计，然后在全班进行讨论.

第8章
极限思想

极限思想的实质是用一个变量去逼近一个常量，通过无限的过程，使变量最终转化为常量．而建立极限理论的主要困难在于对无穷的认识和把握．因此，本章首先谈谈人类对无穷的认识历程；接着对极限思想的发展过程作简明扼要的介绍：从萌芽到发展形成严格完善的极限理论，以及极限概念在现今数学中的深层拓展；在第3节中通过瞬时速度、切线的斜率、曲边梯形的面积以及不规则物体的体积等典型实例的讲解，说明极限在解决具体问题中的应用；第4节则对小学数学中与极限思想有关的几个经典案例作了较为深入的剖析，试图澄清一些模糊认识．

第1节　无穷的奥秘

8.1.1　两种无穷观

从数学产生之日起，无穷就如影随形地伴随着数学的发展．自然数是数学发展的基础和开端，其中已渗透了无穷的思想．以自然数的点数(shǔ)为例：让一个人从1开始点数自然数，无论他的寿命多长、工作多勤奋，都不可能把自然数数完．原因很简单：不管这个人点数的最后一个自然数有多大，在它的后面依然还有自然数！这就是朴素的无穷观．

既然人们不能把自然数数完，那么我们可不可以说“全体自然数”如何如何呢？关于这个问题，早在两千多年前就出现了两种水火不容的观点．

柏拉图认为：“全体自然数”是存在的．因为每个自然数都是可以数到的，所以每个自然数都存在．既然每个都存在，为什么“全体”就不存在了呢？这种观点叫作“实在无穷”(有时也说成“实在无限”，并简称“实无限”)．

亚里士多德反对“实在无穷”的观点．他17岁开始跟随柏拉图学习了20年，很尊敬和爱戴老师，但是在学术上亚里士多德却不盲目崇拜老师，他有一句名言

"吾爱吾师,但吾更爱真理".亚里士多德认为,自然数是数不完的,它的产生是个无穷无尽的过程;这个过程永无止境,因而无法得到自然数的全体;自然数可以越来越多,多得超过任何具体的数目,因而是无穷的.这个无穷表现为变化发展的过程,所以叫"潜在无穷"(也称为"潜无限").

考察无穷在数学中的发展历程,不难发现,数学中无穷的历史实际上是"实无穷"与"潜无穷"在数学中合理性发展的历史.

古希腊人很忌讳无穷的概念(被叫作"恐怖的无穷"),禁止讨论无穷这个词,拒绝将其纳入他们的数学体系中.因为亚里士多德只承认潜无穷,因此潜无穷的观点一度在古希腊数学中占据统治地位.

文艺复兴以后,实无穷观点在数学中统治了三个世纪.17 世纪下半叶,牛顿、莱布尼兹创立的微积分学就是以实无穷小为基础的,无穷小量被看作一个实体、一个对象,正因为如此,早期微积分又被称为"无穷小分析".微积分被形容为一支关于"无穷的交响乐".但由于当时人们对无穷小量概念认识模糊,导致产生了贝克莱悖论及一系列荒谬结果.

在 18 世纪末至 19 世纪约百年的时间中,随着重建微积分基础工作的完成,无穷小量被拒之于数学大厦之外,无穷小被看作实体的观念在数学分析中亦被驱除了,而代之以"无穷是一个逼近的目标,可逐步逼近却永远达不到"的潜无穷观念.这种思想突出表现在现在标准分析中关于极限的定义中,并由此建立起了具有相当牢固基础的微积分理论,使得潜无穷思想在这段时期深入人心.然而,到 20 世纪 60 年代,A·鲁滨孙创立的非标准分析,使无穷小量重登数学的殿堂,与柯西的极限分庭抗衡.在康托尔的无穷集合论中,无穷集合是一个现实的、完成的、存在着的整体,这样就形成了实无穷思想与潜无穷思想"双峰对峙""炮马争雄"的局面.

在经历了此消彼长与往复更迭的漫长过程后,两种无穷思想在现代数学特别是标准分析与非标准分析中日趋合流,可谓是"殊途同归".上升到哲学高度来思考,可能我们对两者关系的认识会更清楚.

无穷本身是一个矛盾体,它既是一个无限趋近的过程,又是一个实体、一个可研究的对象,即在这一矛盾体中,矛盾的一方是实无穷,另一方是潜无穷.看到无穷实在性一面的说无穷是实无穷,见到无穷潜在性一面的说无穷是潜无穷.事物并非只是"非此即彼"而是可以"亦此亦彼"的,正如徐利治教授提出的无穷双相性理论:实无穷、潜无穷只是一枚硬币的两面罢了.

8.1.2　伽利略的难题

伽利略是举世闻名的物理学家，也许很多人并不知道，他曾提出过一个非常有意义的与"无穷"有关的数学问题：是自然数多呢，还是完全平方数多？

这的确是一个大胆的问题，要知道，自然数 1，2，3，…是无穷无尽的，它们的平方数 1，4，9，…也是无穷无尽的，这两串无穷无尽的数，怎么比较它们的多少呢？

伽利略开始想：从 1 到 10 的自然数中，只有 1，4，9 三个平方数，占十分之三；从 1 到 100 的自然数中，只有 10 个数是平方数，占百分之十；从 1 到 10 000 的自然数中，只有 100 个数是平方数，仅占百分之一……到后来还会更少. 由此可见，完全平方数只占自然数很小的一部分，似乎应当说完全平方数少. 但是，每个自然数平方一下，能得到一个完全平方数；对每个完全平方数求算术平方根，能得到一个自然数. 一个对一个，因此应当说两者一样多！ 于是，这就产生了伽利略难题.

伽利略的问题在于，在思考这个问题之前没有确定"一样多"的标准，当然也就不可能得出正确的答案.

200 年后，集合论的创始人——德国数学家康托尔给了这个难题一个出人意料但同时又很简单的回答：定出一样多的标准，看自然数和完全平方数能不能一一对应，如果两者能一一对应，就说一样多，否则就说两者不一样多.

我们看到自然数和完全平方数之间有着明显的一一对应关系：

$$\begin{array}{cccccc} 1 & 2 & 3 & 4 & 5 & \cdots \\ \updownarrow & \updownarrow & \updownarrow & \updownarrow & \updownarrow & \\ 1^2 & 2^2 & 3^2 & 4^2 & 5^2 & \cdots \end{array}$$

既然如此，我们只好承认：自然数和完全平方数一样多.

同样的道理，偶数和自然数一样多，奇数和自然数一样多，整数和自然数一样多，等等.

如果一个集合里的元素和自然数一样多，就称这个集合为可数无穷集，简称可数集.

8.1.3　希尔伯特的"无穷旅馆"

或许有人对"自然数和完全平方数一样多"的结论不以为然，完全平方数仅仅是自然数的一部分，部分和整体怎么可能一样多呢？

的确，对有限集来说，整体和部分不会一样多. 然而，这是无穷集合，它的质

态与有限集合不同.为了说明有限集合与无穷集合的性质差异,德国著名数学家希尔伯特虚构了一个“无穷旅馆”:

设想有一家旅馆,内设有限个房间,而所有的房间都已客满.这时来了一位新客,想订个房间,“对不起”,旅馆主人说,“所有的房间都住满了.”

现在再设想另一家旅馆,内设无限个房间,所有的房间也都客满了.这时也有一位新客想订个房间.“不成问题!”旅馆主人说.接着他就把1号房间的旅客移到2号房间,2号房间的旅客移到3号房间,3号房间的旅客移到4号房间……k号房间的旅客移到$k+1$号房间……这样继续移下去.如此一来,新客就被安排住进了已经腾空的1号房间.

我们再设想一个有无限个房间的旅馆,各个房间也都住满了客人.这时又来了无穷多位要求订房间的客人.“好的,各位旅客,请等一会儿.”旅馆主人说.于是他把1号房间的旅客移到2号房间,2号房间的旅客移到4号房间,3号房间的旅客移到6号房间……k号房间的旅客移到$2k$号房间……这样继续移下去.现在,所有的单号房间都腾出来了,新来的无穷多位客人可以住进去,问题解决了.

此时,又来了无穷多个旅游团,每个旅游团有无穷多个成员,只见这个老板不慌不忙,让原来的1号房间的旅客移到2号,2号房间的旅客移到4号……k号房间的旅客移到$2k$号……这样,1号,3号,5号……所有奇数号房间就都空出来了.然后这样安排:

第1旅游团成员住的房间号码是:$3,9,27,81,\cdots,3^n,\cdots$;

第2旅游团成员住的房间号码是:$5,25,125,625,\cdots,5^n,\cdots$;

第3旅游团成员住的房间号码是:$7,49,343,2\,401,\cdots,7^n,\cdots$.

依次下去……

一般规律是,从小到大把所有奇素数排成一列:$3,5,7,11,13,17,19,23,\cdots$.

设第m个奇素数是P_m,那么第m旅游团的第n号成员的房间号码就是P_m^n,这样不仅安排下了所有旅客,而且还空出了$1,15,21,33,35,\cdots$这些不能表示为奇素数的n次幂号码的无穷多个房间.

这个虚构的故事表明:无限与有限具有不同质的变化过程,有些在有限过程中成立的规则在无限中不存在,有些在有限内做不到的事在无限范围内却可以做到.

8.1.4 无穷集合的比较

自然数有无穷多个.如果所有的无穷集合元素都一样多,那么无穷就成为一个贫乏的领域了.康托尔就是这样想的,他希望找出比自然数集合元素更多的集合.

一、有理数和整数一样多

在数轴上,整数稀稀落落,有理数却是密密麻麻的.众所周知,任意两个相邻整数之间,不存在其他整数,但是,任意两个有理数 a 和 b 之间,总还有有理数存在,如 $\frac{a+b}{2}$.

直观上看,有理数似乎应当比整数多.可事实却是:有理数也和整数一样多.要证明有理数和整数一样多,只要能够把所有有理数排成一队:第一个,第二个,第三个……排成队以后,就能和自然数一一对应,也就说明有理数和整数一样多了.

下面我们给出所有有理数的一种排队方案:

第一步,排头写 0.

第二步,排所有正有理数.方法是:先写出领头的一个正整数,再将子母和(分子与分母的和简称"子母和")都等于该领头的正整数的分数(排队前都化成既约形式)从小到大写在该正整数的后面,连同领头的正整数并成一个数组.接下来,再将"子母和"小的数组排在前面,"子母和"大的数组排在后面(前面出现的数后面不重复出现),这样所有的正有理数就排成了如下一队:

$$0,1,2,3,\frac{1}{2},4,\frac{1}{3},5,\frac{1}{4},\frac{2}{3},\frac{3}{2},\cdots.$$

第三步,在每个正有理数后面添上它的相反数,这样所有的有理数就排成了如下一队:

$$0,1,-1,2,-2,3,-3,\frac{1}{2},-\frac{1}{2},4,-4,\frac{1}{3},-\frac{1}{3},5,-5,\frac{1}{4},-\frac{1}{4},\frac{2}{3},-\frac{2}{3},\frac{3}{2},-\frac{3}{2},\cdots.$$

二、实数比有理数多

自然数和完全平方数一样多,有理数和自然数也一样多.但并非所有的无穷集合的元素都一样多.实数就比自然数多,因而它也比有理数多.

现在我们来证明:实数比自然数多.

用反证法.假设实数和自然数一样多,也就是说所有实数可以排成一队:a_1,a_2,a_3,…,a_n,….

下面导出矛盾.因为每个实数都可以写成一个整数加上一个无穷小数:

$$a_1 = N_1 . x_{11} x_{12} x_{13} \cdots,$$
$$a_2 = N_2 . x_{21} x_{22} x_{23} \cdots,$$
$$a_3 = N_3 . x_{31} x_{32} x_{33} \cdots,$$
$$\cdots,$$
$$a_n = N_n . x_{n1} x_{n2} x_{n3} \cdots,$$
$$\cdots.$$

我们构造一个实数 $A = 0. y_1 y_2 y_3 \cdots y_n \cdots$.

令 y_1 和 x_{11} 不同，y_2 和 x_{22} 不同……y_k 和 x_{kk} 不同. 比如说，当 $x_{kk} = 9$ 时，让 $y_k = 8$，而当 $x_{kk} < 9$ 时，让 $y_k = x_{kk} + 1$. 现在来看，实数 A 在队伍中排第几个？由于假定所有的实数都排成了队，A 理所当然应该是 $a_1, a_2, a_3, \cdots, a_n, \cdots$ 中的一员，假如说 A 就是 a_8，则 A 的小数点后第 8 位 y_8 和 a_8 小数点后第 8 位 x_{88} 应当一样. 但按照 A 的构造法，$y_8 \neq x_{88}$，导致矛盾. 这个矛盾表明：实数是不能像自然数那样排成一队的！也就是说实数比自然数多.

既然实数比自然数多，那么无理数一定比有理数多. 用反证法证明如下：假设无理数不比有理数多，即“无理数比有理数少”或“无理数跟有理数一样多”，由于有理数和自然数一样多，因此对这两种情形我们都可以通过排队的方法推得实数和自然数一样多，这与“实数比自然数多”矛盾，从而假设不成立.

康托尔把集合元素的数量叫作集合的基数或集合的势. 有穷集的基数是自然数，无穷集的基数叫作超限数.

自然数的全体构成了最小的无穷集（记作 **N**），这个无穷叫作“可数”的无穷. 与自然数集 **N** 对等的所有集合都称为可数集. 可数集的基数都相同，这个基数康托尔给它一个记号——$\aleph_0$（读作“阿列夫零”）.

全体实数构成的集合也是无穷集，这个无穷叫作“连续统”的无穷. 实数集的基数记作 $\aleph$. 前面已经证明了 $\aleph > \aleph_0$.

三、一条线段上的点和整个空间的点一样多

线段上有无穷多个点. 10 厘米长的线段上的点会不会比 1 厘米长的线段上的点多呢？依赖直观、想当然是要出错的.

如图 8-1 所示，不同长度的两条线段上的点之间可以建立起一一对应的关系，因此它们含有一样多的点. 同理，图 8-2 说明半圆周上的点和直径上的点一样多，图 8-3 说明半圆周上的点和直线上的点一样多. 于是不难推得：任意长度线段上的点都和一条直线上的点一样多.

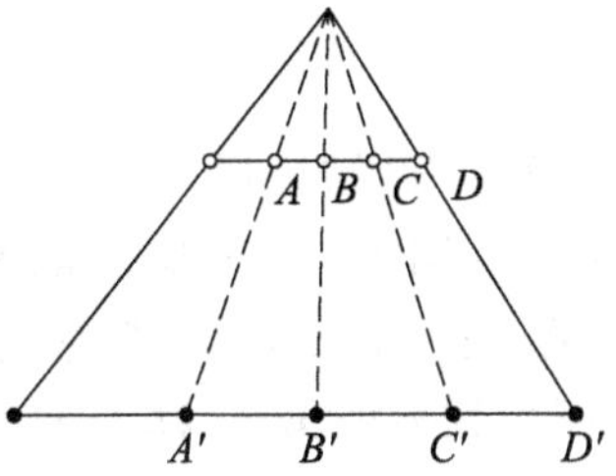

图 8-1

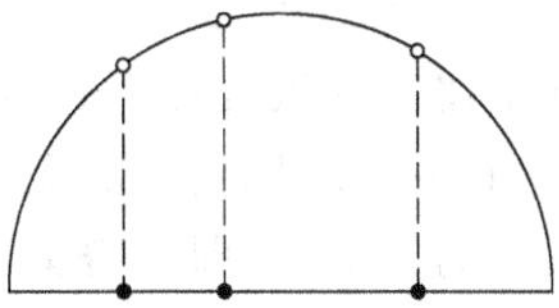

图 8-2

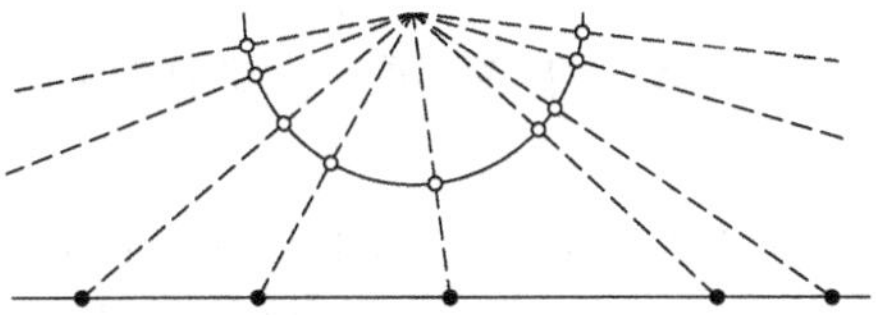

图 8-3

正方形内部的点，总该比它一条边上的点多吧？康托尔一开始也这么想. 不过，想了 3 年后，他得出了不同的答案：一样多！道理异常简单：不妨设正方形在第一象限，4 个顶点为(0,0)，(1,0)，(0,1)，(1,1). 正方形内的一个点可以用坐标 (x, y) 表示，比如 $\begin{cases} x=0.313\ 507\ 24\cdots, \\ y=0.948\ 613\ 5\cdots. \end{cases}$ 来个"体操队形变换"，两列化作一列，得到一个数 $a_{(xy)}=0.391\ 438\ 560\ 173\ 254\cdots$ 这样就把正方形内的点和 0 到 1 之间的数一一对应起来了. 同样的道理，三列也可以化成一列. 这样就能把正方体里的点 (x, y, z) 和线段（它的一条棱）上的点一一对应起来了.

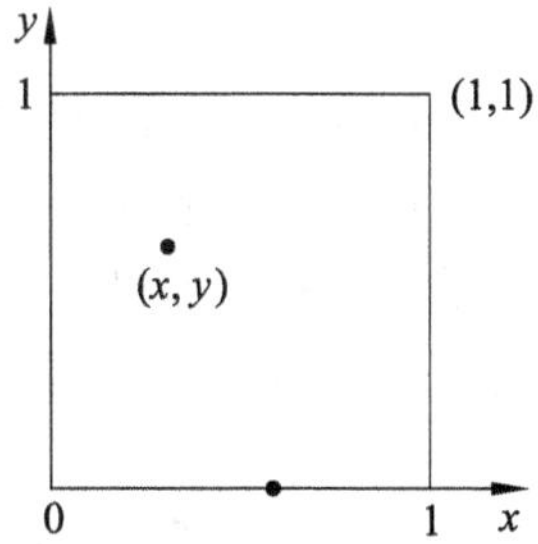

图 8-4

整个空间可以划分成像自然数那么多个立方体. 一条线段也可以划分成像自然数那么多段：

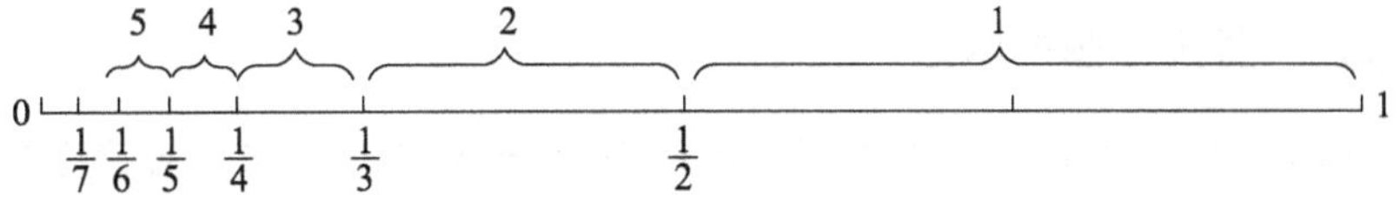

图 8-5

将每个立方体里的点和一条线段上的点对应起来，于是，小小的线段上的点便和广袤无垠的空间里的点一一对应起来了，它们是一样多的. 这可不是幻想，而是逻辑的结论.

四、 比实数集合更大的集合

在证明了“线段上的点和整个空间的点一样多”的结论后,又过了几年,康托尔终于找到了比实数集合更大的集合.实际上他证明了:无穷是有等级的——有一个无穷,就有一个级别更大的无穷.具体地说,任一个无穷集 M,它的所有子集的数目总比它的元素多.即无穷集 M 的所有子集构成的集合(称为 M 的幂集)是比 M 本身级别更大的一个无穷.

一般地说,n 元集合总共有 2^n 个子集.对一个有限集而言,子集的个数的确比元素个数多,因为 $2^n>n$.对无穷集 M,可用反证法证明其幂集的基数比 M 本身的基数大.

证明 显然 M 的幂集的基数不会比 M 的基数小,下证 M 的幂集的基数也不可能与 M 的基数相等.假设在 M 的子集与 M 的元素之间建立了一个一一对应,M 的每个子集都有一个“号码”α,α 是 M 的元素,于是 M 的子集可以写成 M_α 的样子.

也许 α 正好是 M_α 的元素,这时说 α 是好的.也许不是,这时说 α 是坏的.

现在所有的坏元素也组成了 M 的一个子集,比方说是 M_β.那么,β 是好的,还是坏的呢?如果 β 是好的,按“好”的定义,β 是 M_β 的元素;又按 M_β 的定义,β 应当是坏的.如果 β 是坏的,按 M_β 的定义,β 是 M_β 的元素;又按“好”的定义,β 是好的.

这陷入了矛盾的境地.这表明 M 的子集与 M 的元素之间不可能建立一一对应.

这样的证明实质上已不涉及数量关系,它本质上是哲学和逻辑.怪不得康托尔晚年要求普鲁士教育部把他的数学教授职位改为哲学教授.

第 2 节　极限思想

8.2.1　极限思想的萌芽

远在两千多年以前,人们在对无穷的认识中,极限的思想和方法就已孕育其中了.我国战国末期著名的《庄子·天下篇》一书中就有“一尺之棰,日取其半,万世不竭”的说法.这一论述表明当时人们对物质的无限可分性与连续性已有相当深刻的认识,虽然这些认识更多地属于哲学层面,但已蕴涵了极限思想的萌芽.

一、刘徽的“割圆术”

魏晋时代的数学家刘徽的“割圆术”是我国数学史上最早运用极限思想的例子. 在《九章算术》中，刘徽为了求圆周率，从圆内接正六边形开始算起，并指出：“割之弥细，所失弥少，割之又割，以至不可割，则与圆周合体，而无所失矣.”这个方法是他的创造，今天大家都称之为刘徽“割圆术”.

图 8-6　“割圆术”的发明者刘徽

把刘徽“割圆术”用今天的话写出来，就是：如图 8-7 所示，首先作圆的内接正六边形，其次平分每条边所对的弧，再作圆的内接正十二边形，依次继续作圆的内接正二十四边形、内接正四十八边形等等. 用这些多边形的面积来近似表示圆面积，随着边数的增多，多边形面积越来越接近圆面积.

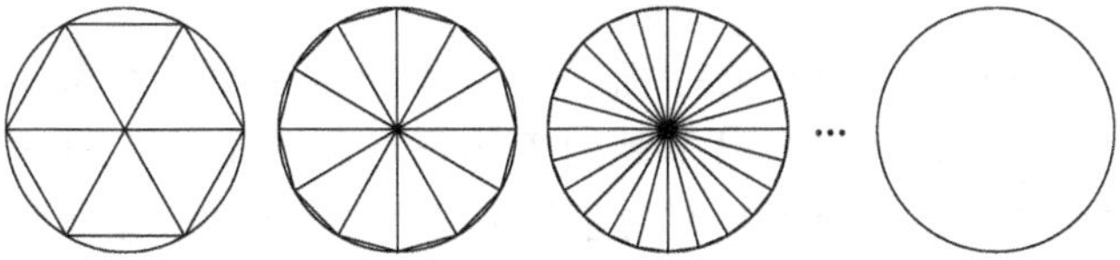

图 8-7

刘徽把圆看作边数无穷的正多边形，用已知、可求的一列有限正多边形的面积来无限逼近未知、要求的圆面积，其想法中孕育着极限思想，非常了不起.

正是以“割圆术”为理论基础，刘徽得出了徽率. 当他一直算到 192 边形时，得到 $\pi\approx\frac{157}{50}=3.14$，之后又算到 3 072 边形时得到 $\pi\approx\frac{3\ 927}{1\ 250}\approx3.141\ 6$. 到公元 5 世纪，南北朝时期的大数学家、科学家祖冲之(429—500)在其失传的《缀术》中(据数学史家考证)，同样运用“割圆术”算到 245 76 边形，得到：$3.141\ 592\ 6<\pi<3.141\ 592\ 7$，这是领先国外上千年的惊人成果. 由此可见，我国古代对无穷的认识已相当深刻，对极限的观念和方法已经有了直观基础上的应用.

二、古希腊的“穷竭法”

极限思想最初来源于古希腊的“穷竭法”. 古希腊的巧辩派中有相当一批人对几何三大问题感兴趣. 安蒂丰(Antiphon，约公元前 480—约前 410)在讨论化圆为方的问题时，想到用边数不断增加的内接正多边形来逼近圆面积，当多边形的边数不断加倍时，内接正多边形与圆周之间存在的空隙被逐渐“穷竭”．而布赖森(Bryson，约公元前450年)则从相反的方向，提出通过圆的外切正多边形的面积来逼近圆面积的思想，不过数学史上没有他们具体计算的记载．

公元前4世纪，古希腊数学家欧多克索斯创立了较严格的确定面积和体积的一般方法——穷竭法．这种方法假定量的无限可分性，并且以下面的命题为基础：“如果从任何量中减去一个不小于它的一半的部分，从余下的部分再减去不小于它的一半的另一部分，如此继续下去，最后将留下一个小于任何给定的同类量的量．”应用穷竭法，欧多克索斯正确地证明了“圆面积与直径的平方成正比例”以及“球的体积与直径的立方成正比例” 等结论．欧多克索斯的穷竭法，已体现出了极限思想．

古希腊数学家、哲学家德谟克利特(DemoCritus，约公元前460—前357)把哲学上的原子论引入了数学，创立了数学原子论．数学原子论认为，线段、面积、立体都是由一些不可分的原子构成的，而计算长度、面积、体积就是将这些“原子”累加起来．虽然思想比较粗糙，但却是不可分量的雏形，带有了古朴的积分思想．

穷竭法虽然创自欧多克索斯，但古希腊传奇科学家阿基米德(Archimede，约公元前287—前212)却通过自己卓越的工作把它发扬光大了．他巧妙地把欧多克索斯等人的穷竭法与德谟克利特的原子论观点结合起来，通过严密的计算，解决了求几何图形的面积、体积、曲线长、π 值等大量的计算问题．他突破了传统的有限运算，采用了无限逼近的思想，将需要求积的量分成许多微小单元，再利用另一组容易计算总和的微小单元来进行比较(借助于力学上的杠杆平衡原理来实现)，这一方法体现了近代积分法的基本思想，是定积分概念的雏形．阿基米德的无穷小量概念到17世纪被牛顿作为微积分的基础．

由此，我们可以看到在数学无穷思想发展之初，古人就已在极限领域开创了一个光辉的起点．

8.2.2 极限思想的发展

极限思想的发展与微积分的建立紧密相关．在微积分的创立过程中，牛顿、莱布尼兹以无穷思想为依据，成功地运用无穷小、无限过程进行运算，他们的努力和成就为极限思想的进一步发展和完善奠定了坚实的基础．而多方面的怀疑和批评，促使数学家们掀起了微积分乃至整个分析的严格化运动，进而使极限理论得到了完善．

一、微积分的孕育

微积分的创立，首先是为了处理 17 世纪的一系列主要的科学问题，如曲线切线问题、最值问题、力学中的速度问题、变力做功问题，等等. 初等数学方法对此无能为力，需要新的数学思想和新的数学工具. 在 17 世纪上半叶，几乎所有的科学大师都致力于寻求解决这些问题的数学工具. 这里我们只简单介绍在微积分酝酿阶段最具代表性的几位科学大师的工作.

开普勒(J. Kepler，1571—1630)与无限小元法. 德国天文学家、数学家开普勒在 1615 年发表的《测量酒桶的新立体几何》中，论述了其利用无限小元求旋转体体积的积分法. 他的无限小元法的要旨是，用无数个同维无限小元素之和来确定曲边形的面积和旋转体的体积，如他认为球的体积是无数个顶点在球心、底面在球上的小圆锥的体积的和.

卡瓦列里(B. Cavalieri，1598—1647)与不可分量法. 意大利数学家卡瓦列里在其著作《用新方法推进的连续的不可分量的几何学》(1635)中系统地发展了不可分量法. 他认为点运动形成线，线运动形成面，体则是由无穷多个平行平面组成，并分别把这些元素叫作线、面和体的不可分量. 他建立了一条关于这些不可分量的一般原理(后称卡瓦列里原理，即我国的祖暅原理)：在空间，如果两个立体图形夹在两个平行平面之间，并且被任何平行于这两个平行平面的平面所截得的截面面积都相等，那么这两个立体图形的体积相等. 利用这个原理他解决了开普勒的旋转体体积的问题.

巴罗(I. Barrow，1630—1677)与微分三角形. 巴罗是英国的数学家，在 1669 年出版的著作《几何讲义》中，他利用微分三角形(也称特征三角形)求出了曲线的斜率. 他的方法的实质是把切线看作割线的极限位置，并利用忽略高阶无穷小来取极限.

笛卡尔(R. Descartes，1596—1650)、费马(P. de Fermat，1601—1665)和坐标方法. 笛卡尔和费马是将坐标方法引进微分学问题研究的先驱. 笛卡尔在《几何学》中提出的求切线的“圆法”以及费马手稿中给出的求极大值与求极小值的方法，实质上都是代数的方法. 代数方法对推动微积分的早期发展起了很大的作用，牛顿就是以笛卡尔的圆法为起点而踏上微积分的研究道路的.

沃利斯(J. Wallis，1616—1703)的无穷算术. 沃利斯是在牛顿和莱布尼兹之前，将分析方法引入微积分贡献最突出的数学家. 在其著作《无穷算术》中，他利用算术不可分量方法获得了一系列重要结果. 其中就有将卡瓦列里的幂函数积分公式推广到分数幂的情形，以及计算四分之一圆的面积等.

17 世纪上半叶一系列先驱性的工作，沿着不同的方向向微积分的大门逼近，但所有这些努力还不足以标志微积分作为一门独立科学的诞生.前驱者对于求解各类微积分问题确实做出了宝贵的贡献,但他们的方法仍缺乏足够的一般性.虽然有人注意到这些问题之间的某些联系,但没有人将这些联系作为一般规律明确提出来,作为微积分基本特征的积分和微分的互逆关系也没有引起足够的重视.因此,在更高的高度将以往个别的贡献和分散的努力综合为统一的理论,成为17世纪中叶数学家面临的艰巨任务.

二、牛顿的工作

牛顿(Newton,1642—1727),微积分的创立者,万有引力以及颜色理论的发现者.

关于微积分,牛顿总结和发展了前人的思想,建立起了成熟的方法.1669年,牛顿在他的朋友中散发了题为《运用无穷多项方程的分析学》(简称《分析学》)的小册子,在这本书中,他几何地和分析地运用了无限小的方法,并且运用了二项式定理,从而扩大了微积分的应用范围.他采用了面积的无限小矩形或瞬的思想,找到了曲边梯形求积的一般方法.在这里,牛顿不仅给出了求一个变量对另一个变量的瞬时变化率的普遍方法,而且证明了面积用无穷小面积的和来表示,进而证明了这样的和能通过求变化率的逆过程得到.牛顿将和的极限用反微分得到,就是我们今天所说的微积分基本定理.在这本书中,牛顿对微积分的探讨,用了可以说是无穷小的方法:瞬是无限小的量,不可分的量,或者是微元.他的研究中包含了微积分的主要运算,但在逻辑上是不清楚的,尤其是没有解释为什么要从计算中去掉涉及瞬的幂的项,在书中他说他的方法"与其说是精确的证明,不如说是简短的说明".他的贡献在于简化了运算,而不是阐明了概念.在《流数法和无穷级数》(简称《流数法》)一书中,牛顿给他的思想作出了第二种更广泛而且更明确的说明.他认为,变量是由点、线和面的连续运动产生的,而不是他在早期论文中所说的无穷小元素的静止的集合.在《流数法》和《分析学》中使用的方法并无本质的区别,都是以无穷小量作为微积分算法的论证基础,所不同的是《流数法》以动力学连续变化的观点代替了《分析学》的静力学不可分量法,而在严密性上没有进展.但他强调了无穷级数的用处,并开始考虑需要极限了,他指出应在比中考虑流数.

在发表于1704年的第三篇微积分论文《求曲边形的面积》中,牛顿对于微积分的基础在观念上发生了新的变革,他说他已放弃了微元或无穷小量,并提出了最初比和最后比的方法.在此基础上牛顿定义了流数概念,并借助于几何解释把流数理解为增量消逝时获得的最后比.从他的论证过程中可以看出,牛顿的所谓"最初和最后比方法"相当于求函数自变量与因变量变化之比的极限,可谓极限方法的先导.

牛顿对于发表自己的科学著作持非常谨慎的态度.1687 年,牛顿出版了他的第一本包括他的微积分的巨著《自然哲学的数学原理》,这也是牛顿微积分学说的最早的公开表述,因此该巨著成为数学史上划时代的著作.在牛顿微积分学说的发展过程中,我们看到牛顿始终不渝地努力改进、完善自己的微积分学说,经过 20 年左右的时间,他的微积分从以无穷小为基础,转变为以极限为基础.然而由于时代或认识的问题,牛顿始终没能给出无穷小和极限的严格定义,但瑕不掩瑜,他将自古以来求解无穷小问题的各种方法和特殊技巧有机地统一起来.正是在这种意义下,我们说牛顿创立了微积分.

三、莱布尼兹的工作

在建立微积分中和牛顿并列在一起的还有德国的博学巨人莱布尼兹(Leibniz,1646—1716).莱布尼兹是哲学家、法学家、历史学家、语言学家和先驱的地质学家,他在逻辑学、力学、光学、数学、流体静力学、气体学、航海学和计算机方面都作出了重要的贡献,他还是数理逻辑的创始人.

莱布尼兹创立微积分首先是出于对几何问题的思考,尤其是特征三角形的研究.1684 年,莱布尼兹整理、概括自己 1673 年以来微积分研究的成果,发表了第一篇微分学论文《一种求极大值与极小值以及求切线的新方法》(简称《新方法》),它包含了微分记号以及函数和、差、积、商、乘幂与方根的微分法则,还包含了微分法在求极值、拐点以及光学等方面的广泛应用.1686 年,莱布尼兹又发表了他的第一篇积分学论文《潜在的几何与分析不可分和无限》,这篇论文初步论述了积分或求积问题与微分或切线问题的互逆关系,包含积分符号,并给出了摆线方程.莱布尼兹当时把微积分称为"无穷小算法",他建立的微积分也是以无穷小为基础的.在他的工作中,对产生微积分的主要问题之一——切线的求法,是以两个微分比,即$\frac{\mathrm{d}x}{\mathrm{d}y}$为基础的,而 $\mathrm{d}x$,$\mathrm{d}y$ 分别是曲线上两个距离为"无穷小"的点的横坐标之差和纵坐标之差,可见 $\mathrm{d}x$,$\mathrm{d}y$ 是无穷小量.但他对微积分学基础的解释和牛顿一样也是含混不清的,有时他把无穷小微分作为有限的确定的量,有时又作为无穷小舍去.由于缺少严密的定义,莱布尼兹经常借助于类比来说明无穷小微分的性质,他说可以把一个量的微分与这个量本身的关系,想象为类似于一个质点与地球的关系,地球的半径与宇宙的半径的关系.在另一个地方他又说,就像对于握在手中的球一样,地球是无穷大,恒星之间的距离相对于这个小球来说就是双重无穷大.由于其微分运算法获得极大的成功,尽管他似乎对其逻辑合理性也抱有很大的怀疑,但他对无穷小概念的运用坚信不疑.

就微积分的创立而言，尽管二者在背景、方法和形式上存在差异，且各有特色，牛顿是经验的、具体的和谨慎的，而莱布尼兹是富于想象的、喜欢推广的而且是大胆的，但二者的功绩是相当的，牛顿和莱布尼兹被公认为微积分的奠基者.他们的功绩主要在于：(1) 总结出了统一的方法，即微分法和积分法；(2) 确立了微分法和积分法互为逆运算的关系.但也存在着许多不足，主要表现在数学思想上的不严密：过于直观，强调形式的计算；没有清楚的无穷小、无穷大、导数、微分、积分等概念；级数求和的任意性；符号使用的不严格；没有考虑连续性就进行微分；没有考虑导数及积分的存在性以及可否展成幂级数等等.

18 世纪的数学家成功地用微积分解决了许多实际问题，而忽视了基础的建立，甚至有些人就对基础问题的讨论不感兴趣.尽管这一学说从一开始就受到多方面的怀疑和批评，但如达朗贝尔所说，现在是“把房子盖得更高些，而不是把基础打得更加牢固”，更有许多人认为所谓的严密化就是烦琐.牛顿的支持者们继续谈论最初比和最后比，莱布尼兹的追随者仍然使用无穷小的非零量，许多数学家基本上为古希腊的几何所束缚，因而微积分基础的严密化工作在 18 世纪未能完成，进而完整的极限理论也未能问世.

四、严格极限理论的建立

在 17 世纪，其他数学家与牛顿和莱布尼兹一样，对极限概念的理解也是处于含糊、难圆其说的状态.极限概念的模糊不清，引起 18 世纪许多人对微积分的攻击，其中英国哲学家贝克莱(Berkeley，1685—1753) 在《分析学家》中对微积分的反对和攻击是最著名的，他嘲笑无穷小瞬是“消失的量的幽灵”，说牛顿的无穷小一会儿是零，一会儿又不是零，简直是“瞪着眼睛说瞎话”，等等.

多方面的批评和攻击激起了数学家们为建立微积分的严格基础而努力，从而掀起了微积分乃至整个分析的严格化运动.

微积分的严格化工作到 19 世纪初开始见成效.捷克数学家波尔查诺成为为微积分提供更加严密的基本概念的先驱.他给连续函数所下的定义第一次清楚表明，连续性观念的基础将在极限中找到，可惜他的工作被长期埋没.

严格的极限理论是由法国数学家柯西(Cauchy，1789—1857) 初建，由德国数学家魏尔斯特拉斯(Weierstrass，1815—1897) 最终完成的.

柯西是一位十分多产的数学家，他在数学的许多领域中均作出了伟大的贡献.在分析基础严格化的过程中，他的贡献可以和俄国数学家罗巴切夫斯基在几何学中的贡献以及挪威数学家阿贝尔与法国数学家伽罗瓦在代数学中的贡献相媲美.柯西和波尔查诺一样，他对极限概念也是基于纯算术的考虑.1821 年，柯西在《分析教程》中写道：“当一个变量逐次所取的值无限趋于一个定值，最终使变量的值和该定值之差要多小有多小，这个定值叫作所有其他值的极限.”可见，柯西使极限概念明确地成为算术的定义，摆脱了长期以来的几何说明.他提出了极限理论的 ε 方法，把整个极限用不等式来刻画.他引入“lim”来表示极限，并且用希腊字母 ε 表示任意小的差，但更多的时候他用 δ 表示任意小的差.这样以极限的算术定义为基础，柯西给出了无穷小、无穷大的定义：“当一个变量的数值这样地无限减小，使之收敛到极限零，那么这个变量就叫作无穷小；当变量的数值这样地无限增大，使该变量收敛到极限∞，那么该变量就成为无穷大.”这样柯西就澄清了牛顿、莱布尼兹的无穷小概念而且把无穷小量从难圆其说的尴尬境地中解脱出来.

德国数学家魏尔斯特拉斯为微积分的严密性作出了卓越贡献，他认识到微积分严格的基础必须建立在静态的极限的定义上.他提出了极限的静态定义，这个定义就是我们至今仍在使用的极限的 ε-$N(\delta)$ 定义.这个定义借助不等式，通过 ε 和 $N(\delta)$之间的关系，定量地、具体地刻画了两个“无限过程”之间的联系.叙述中只是用到了“存在”“任取”等词语，已经摆脱了“趋近”一词，排除了极限概念中运动的直观痕迹，给微积分提供了严格的理论基础，也为极限思想在数学科学中赢得了合法的席位.

我们仅以数列极限为例对 ε-N 定义作一简要介绍.

先看一个容易理解的特例.假定一个变量的取值依次为$\frac{1}{1}$，$\frac{1}{2}$，$\frac{1}{3}$，$\frac{1}{4}$，…，这就形成了一个数列，我们用$\left\{\frac{1}{n}\right\}$表示这个数列，其中 n 由小到大依次取正整数.虽然这个数列中的每一项都大于 0，但随着 n 的无限增大，这个数列中项的取值可以无限地接近 0，于是就定义这个数列的极限为 0.

上面直观的描述性定义中使用了“无限增大”“无限接近”等词语，运动痕迹明显.以下则是采用 ε-N 符号语言所下的定义：

对于任意 $\varepsilon>0$，不管 ε 是多么的小，只要不是 0，就存在 N（比如令 N 为大于$\frac{1}{\varepsilon}$的正整数），这样当 $n>N$ 时就有 $\left|\frac{1}{n}-0\right|<\varepsilon$，表示为$\lim\limits_{n\to\infty}\frac{1}{n}=0$.这表明$\frac{1}{n}$与 0 之间的差可以任意地小，于是称 0 为数列$\left\{\frac{1}{n}\right\}$的极限.

推广到一般情形，可得到一个数列收敛到某个极限的定义：

对于数列$\{a_n\}$和数值 a，如果对于任意 $\varepsilon>0$，均存在 N，使得当 $n>N$ 时，有$|a_n-a|<\varepsilon$，则称数列$\{a_n\}$是收敛的，并称 a 为数列$\{a_n\}$的极限，表示为$\lim\limits_{n\to\infty}a_n=a$.

经过半个多世纪的探索，19 世纪的数学家终于消除了长久以来因极限概念的不明确性给人们带来的种种困惑，建立了严格的极限理论，极限的 ε-$N(\delta)$定义一直延续到今天. 极限理论的严格化对微积分基础的建立有着十分重大的意义，它使微积分的发展达到了一个全新的、广阔的境界.

五、无穷小量的再生

为了建立严格的极限理论，魏尔斯特拉斯在柯西的基础上用包含 ε-$N(\delta)$的不等式静态地刻画了极限动态的变化过程，建立了我们今天所使用的极限的定义. 在 ε-$N(\delta)$形式中，魏尔斯特拉斯丢弃了被柯西和他的前辈们使用了近 200 年的无穷小量. 不过，幸运的是，“无穷小”这一思想并未被人们所放弃.

到了 20 世纪，数理逻辑专家 A · 鲁滨孙建立了“非标准分析”. 在非标准分析中，无穷小、无穷大都作为实数的扩充而出现，这可以看成牛顿的无穷小在新的严格基础上的再生，两个无穷小之比，已经是合理的了.

通常的微积分当中，仍在用“无穷小”这个词汇，然而所描述的已不是像牛顿所想的变量在变成 0 之前的状态，而是一个变化过程. 如数列 $\frac{1}{1},\frac{1}{2},\frac{1}{3},\frac{1}{4},\cdots$ 就叫作无穷小数列. 它是由无穷多个数组成的一列数，而不是一个数.

8.2.3　极限概念的拓展

随着科学技术的深入发展以及数学自身的发展需要，极限概念也在进行着深层次的拓展，主要经历了如下几个阶段.

1. n 维欧氏空间中函数极限的概念

设 f 为定义在 $D\subset\mathbf{R}^n$ 上的 n 元函数，P_0 为 D 的一个聚点，A 是一个确定的实数. 若对任意的正数 ε，总存在某正数 δ，使得当 $P\in U^\circ(P_0,\delta)\cap D$（其中 $U^\circ(P_0,\delta)$为点 P_0 的某个空心邻域）时，都有 $|f(P)-A|<\varepsilon$，则称 f 在 D 上当 $P\to P_0$ 时，以 A 为极限.

2. 距离空间中点列极限的概念

设$\{x_n\}$为距离空间 X 中的一个点列(或序列)，这里 $n=1,2,3,\cdots$，ρ 为空间的距离函数. 如果存在 X 中的点 x_0，使得当 $n\to\infty$ 时，$\rho(x_n,x_0)\to 0$，则称点列$\{x_n\}$收敛于 x_0，记为$\lim\limits_{n\to\infty}x_n=x_0$，称 x_0 为$\{x_n\}$在距离 ρ 意义下的极限.

3. 拓扑空间中半序点列极限的概念

设 X 是一拓扑空间，$\{x_a: a\in\zeta\}$是 X 中的一个半序点列，$x_0\in X$，如果对于 x_0 的任一邻域 U，存在半序点列 ζ 中的元素 a_0，使得当 $a_0>3a$ 时，有 $x_a\in U$，则称半序点列$\{x_a: a\in\zeta\}$ 收敛于 x_0，称 x_0为$\{x_a: a\in\zeta\}$的极限.

此外，在许多数学分支发展的过程中，由于解决实际与理论问题的需要，还引进了各种不同意义下的收敛(极限)概念，如在无穷级数论中引进级数绝对收敛与条件收敛的概念，在集论中引进了集列的上极限与下极限的概念，在实函数论中引进了函数列的度量收敛与弱收敛的概念，以及在函数逼近论中引进了一致逼近、平均逼近与最佳逼近等极限概念.

尽管以上几个拓展后的极限概念从表面上看有很大的差别，但它们却有着本质的联系，都涉及了无穷的问题，并且都是从有限过程中求出无限过程以后的结果的数学方法.

第 3 节　极限思想应用举例

8.3.1　瞬时速度

什么是瞬时速度？通俗地说，就是物体在某一瞬间的速度. 比如，自由落体下落 1 s 时，它的速度是 9.8 m/s. 这个速度是物体在 1 s 末那个瞬间的速度，不是某段时间内的平均速度. 瞬时速度虽然不是平均速度，但要说清楚什么是瞬时速度，还是要用到平均速度.

大家都熟悉平均速度的概念，即物体在一段时间内的位移量与这段时间的比叫作物体在这段时间内的平均速度. 若用 $s(t)$ 表示自由落体在时刻 t 的高度，则从时刻 t_1 到 t_2，它的位移是 $s(t_2)-s(t_1)$，它在 t_1 到 t_2 这段时间内的平均速度是 $\dfrac{s(t_2)-s(t_1)}{t_2-t_1}$.

为了定义瞬时速度，牛顿请无穷小来帮忙. 牛顿认为，当 t_2-t_1 变成“无穷小”，而不是 0 的时候，$\dfrac{s(t_2)-s(t_1)}{t_2-t_1}$ 就是瞬时速度. 但至于什么是无穷小，牛顿却没能说清，这是微积分刚刚诞生时的情形. 由于概念不清、逻辑混乱，因此牛顿招来了许多攻击与嘲讽. 后来，极限理论使这个困难得以解决. 用极限理论可以这样定义瞬时速度：

设运动物体的位移是 $s(t)$，t 是时间. 在 t_0 到 t_0+h 这段时间内的平均速度，当 h 趋于 0 时的极限，便叫作 t_0 时刻的瞬时速度，即 $v(t_0)=\lim\limits_{h\to 0}\dfrac{s(t_0+h)-s(t_0)}{h}$.

例如，自由落体下落的距离与时间的关系式为 $s(t)=\dfrac{1}{2}gt^2$，在 t_0 时刻的瞬时速度

$$v(t_0)=\lim_{h\to 0}\frac{s(t_0+h)-s(t_0)}{h}=\lim_{h\to 0}\frac{1}{2}g\,\frac{(t_0+h)^2-t_0^2}{h}$$
$$=\lim_{h\to 0}\frac{1}{2}g\,\frac{2t_0h+h^2}{h}=\lim_{h\to 0}\frac{1}{2}g(2t_0+h)$$
$$=gt_0.$$

在上式中取 $g=9.8\ \mathrm{m/s^2}$，$t_0=1$，则得自由落体下落 1 s 时的瞬时速度是9.8 m/s.

8.3.2 切线的斜率

圆的切线垂直于过切点的半径，所以容易求. 然而求一般曲线的切线，就不这么简单了.

如图 8-8 所示，求已知曲线上 P 点处的切线，可在 P 点附近取另一点 Q. 设 PR 平行于 y 轴，QR 平行于 x 轴，直角三角形的斜边 PQ 确定了过 P，Q 两点的割线. 现在让点 Q 沿着已知曲线向点 P 靠拢，直角三角形越变越小. 微积分刚诞生时，数学家认为，当这个三角形变成不能再小的"微分三角形"时，那条短得不能再短的斜边，就确定了 P 点处的切线.

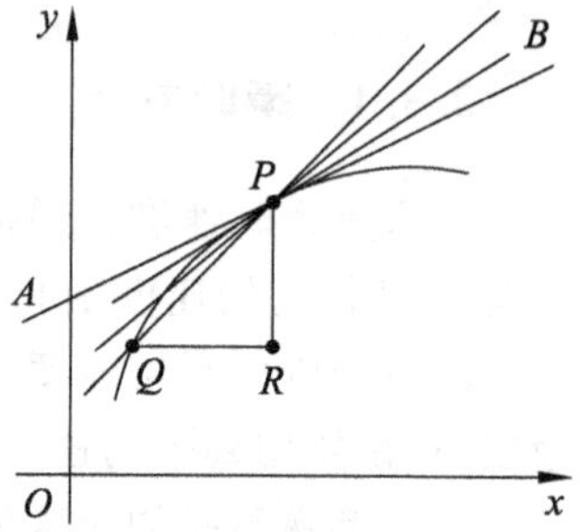

图 8-8

这里有个矛盾：什么叫不能再小？不能再小就只有让 Q，P 两点重合. 重合了，两点变成一点，又怎能确定直线？仍然用极限理论来解决这个矛盾. 一个点和一个斜率可确定一条直线. 现在已知切线过 P 点，再求出其斜率就可以确定 P 点处的切线了.

先来求割线 QP 的斜率. 设曲线方程为 $y=f(x)$，P，Q 两点的坐标分别为 $(x_0,f(x_0))$、$(x_0+h,f(x_0+h))$，则割线 QP 的斜率为 $\frac{f(x_0+h)-f(x_0)}{h}$，让 h 趋于 0，求这个比值的极限，这个极限就是切线的斜率. 如果这个极限存在，通常记作 $f'(x_0)$，叫作函数 $y=f(x)$ 在 x_0 处的导数，即 $f'(x_0)=\lim\limits_{h\to 0}\frac{f(x_0+h)-f(x_0)}{h}$.

这个导数的几何意义，便是直角坐标系中曲线 $y=f(x)$ 在点 $P(x_0,f(x_0))$ 处切线的斜率.

在 8.3.1 小节中，若 $f(x)$ 表示物体的位移，x 表示时间，$f'(x_0)$ 就表示物体在时刻 x_0 的瞬时速度. 这是导数运动学意义的一种. 而如果 $f(x)$ 表示速度，则 $f'(x_0)$ 就表示物体在时刻 x_0 的瞬时加速度.

8.3.3 曲边梯形的面积

对于直边图形，像三角形、梯形以至平面上的任意多边形，我们都可根据以下的面积公理结合割补法求得.

面积公理：

(1) 面积是由某些图形确定的非负数；

(2) 全等图形的面积相等；

(3) 一个图形划分成两块，两块面积之和等于整块图形的面积；

(4) 长方形的面积等于它的长与宽之积.

但像圆之类的由曲线围起来的图形，其面积又怎么求？

求由曲线包围的面积，必须用化整为零再聚零为整的方法. 如图 8-9 所示，曲边图形可以分成很多块. 四边都是直线段的那些块好办. 我们所关心的是那些一边曲、其他各边直的块. 图 8-9 中用 * 将这些块标出来了，这种形状叫作曲边梯形.

一般地，如图 8-10 所示，在直角坐标系中，某曲线方程为 $y=f(x)$，我们来考虑由曲线 $y=f(x)$、x 轴、直线 $x=a$、直线 $x=b$ 所围成的曲边梯形的面积.

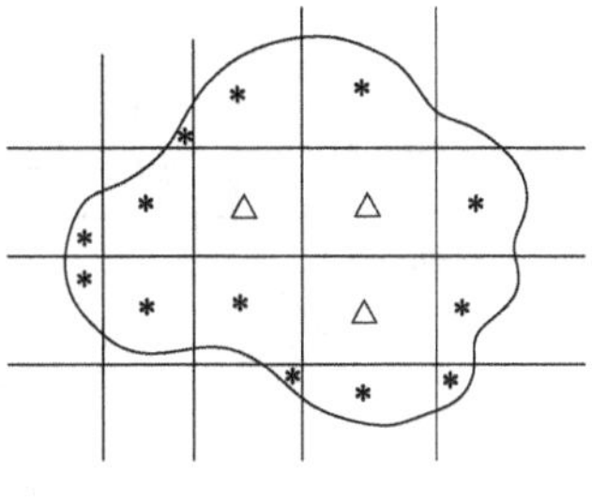

图 8-9

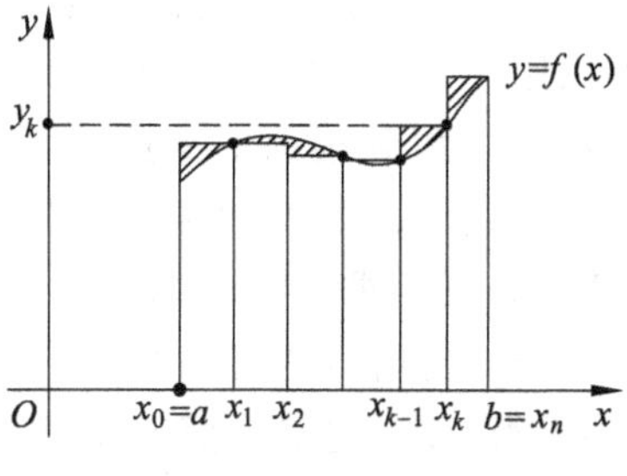

图 8-10

令 $x_0=a$，$x_n=b$，在 x_0 和 x_n 之间取 $n-1$ 个分点，使得 $a=x_0<x_1<x_2<\cdots<x_n=b$，过这些分点作平行于 y 轴的直线，将整个区域分割成 n 个直条，每个直条都近似地用一个小矩形代替. 第 k 个矩形的宽为 $\Delta x_k=x_k-x_{k-1}$，长为 $y_k=f(x_k)$. 这些矩形面积之和为 $\sum\limits_{k=1}^{n}f(x_k)\Delta x_k$. 不过，这个和并不是真正的曲边梯形面积，图中的阴影部分显示出了误差. 毫无疑问，分得越细（让 n 越来越大），误差越小. 当 n 达到无穷时，每个矩形小条都成了直线段，面积都是 0，没法相加了. 我们仍借助于极限来解决问题.

设 $T=\{x_0,x_1,x_2,\cdots,x_n\}$，它代表对区间$[a,b]$的一种分割方法. 将 Δx_k 中的最大者记为 $\Delta(T)$. 我们知道，一旦 $T=\{x_0,x_1,x_2,\cdots,x_n\}$ 取定了，和式 $\sum_{k=1}^{n} f(x_k)\Delta x_k$ 也就被确定下来了. 现在令 $\Delta(T)$ 趋向于 0，也就是让分割越来越细，取和式 $\sum_{k=1}^{n} f(x_k)\Delta x_k$ 的极限. 这个极限在微积分中通常用记号 $\int_a^b f(x)\mathrm{d}x$ 表示，即 $\int_a^b f(x)\mathrm{d}x = \lim_{\Delta(T)\to 0}\sum_{k=1}^{n} f(x_k)\Delta x_k$，它就是这个曲边梯形的面积.

$\int_a^b$ 由 $\sum_{k=1}^{n}$ 拉长变形而来，$f(x)\mathrm{d}x$ 则由 $\sum_{k=1}^{n} f(x_k)\Delta x_k$ 变形而来，这个记号由莱布尼兹首创，$\int_a^b f(x)\mathrm{d}x$ 叫作函数 $f(x)$ 在区间$[a,b]$上的定积分.

8.3.4 不规则物体的体积

长方体的体积等于长、宽、高的乘积，正方体的体积则等于棱长的三次方，但对于不规则物体的体积计算就没这么容易了. 与 8.3.3 小节中所采用的方法类似，我们将不规则物体化整为零，切成薄片.

如图 8-11 所示，有一个放在水平桌面上的梨子. 设想用一个个平行于桌面的水平平面去切它，设水平平面到桌面的高度为 h，切出的剖面面积与 h 有关，是 h 的函数，该剖面面积记为 $S(h)$. 如果要求 $h=a$ 和 $h=b$ 的两平面间的那块梨子的体积，就用许多水平平面把这块梨子切成薄片. 设这些平面的高度是 $a=h_0<h_1<h_2<\cdots<h_n=b$，于是这块梨子被分成了 n 片. 自下而上的第 k 片的厚度为 h_k-h_{k-1}，记 $h_k-h_{k-1}=\Delta_k$. 这一片上下两剖面面积分别为 $S(h_k)$和 $S(h_{k-1})$. 由于片非常之薄，上下两剖面面积相差甚微，因此这一片的体积就近似地等于其剖面面积与厚度的乘积，即 $S(h_k)\Delta_k$. 把各片的近似体积加起来，得 $\sum_{k=1}^{n} S(h_k)\Delta_k$. 再让 Δ_k 中的最大者趋于 0，取极限. 根据定积分的定义，这个极限也就是剖面面积函数 $S(h)$ 在区间$[a,b]$上的定积分，即 $\int_a^b S(h)\mathrm{d}h$.

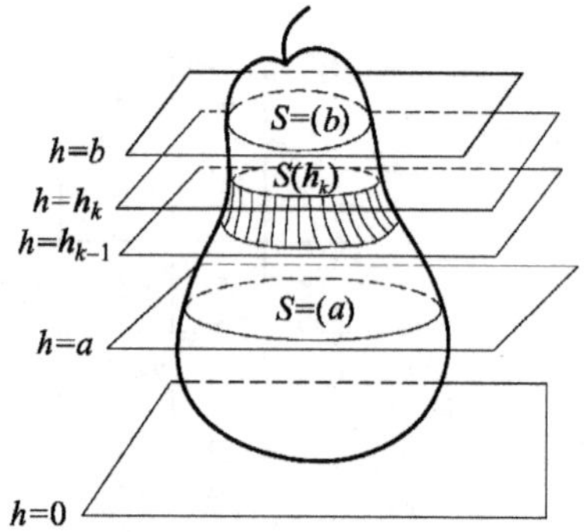

图 8-11

以上计算过程中，只涉及梨子剖面的面积，而跟剖面的形状无关. 可见，如果又有一个梨子或别的什么物体，不管它们的形状是否一样，当用同一个水平平面来切它们时只要所得剖面面积相同，它们的体积就相等.

例如，求底面半径为 R，高为 H 的圆锥体积. 用平行于圆锥底面的平面把圆锥切成 n 个薄片，每片的厚度均为 $\frac{H}{n}$. 考虑从上往下数的第 k 片，其上剖面是半径为 $\frac{k-1}{n}R$ 的圆面，下剖面也是一个圆面，半径为 $\frac{k}{n}R$. 由于薄片非常薄，因此可近似地看成底面半径为 $\frac{k}{n}R$ 的圆柱，其体积就近似地等于 $\pi\left(\frac{k}{n}R\right)^2\frac{H}{n}$. 进而整个圆锥的体积近似地等于

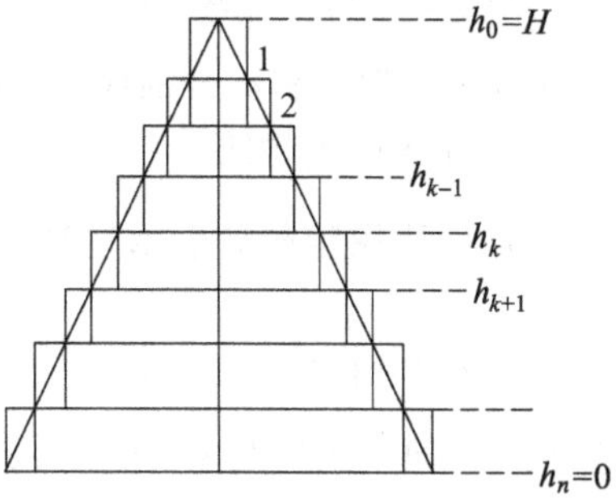

图 8-12

$$\sum_{k=1}^{n}\pi\left(\frac{k}{n}R\right)^2\frac{H}{n}=\frac{\pi R^2H}{n^3}\sum_{k=1}^{n}k^2=\frac{\pi R^2H}{n^3}\cdot\frac{n(n+1)(2n+1)}{6}$$
$$=\left(\frac{1}{3}+\frac{1}{2n}+\frac{1}{6n^2}\right)\pi R^2H.$$

在上式中让 n 趋于无穷，取极限，即得圆锥的体积 $V=\frac{\pi R^2H}{3}$.

球的体积也可用类似的方法求出.

8.3.5　牛顿-莱布尼兹公式

前面两小节我们介绍了如何借助极限计算平面曲边图形的面积以及不规则物体的体积，其实，无论是计算面积还是体积，其实质都是在计算定积分. 但一直用“无限分割→近似求和→取极限”的办法计算定积分是很麻烦的，有没有巧妙一点的方法呢？有，这要用到微积分学中的一个重要公式：牛顿-莱布尼兹公式.

下面介绍这种方法. 首先引入原函数概念：如果 $F(x)$在区间$[a,b]$上的导数是 $f(x)$，便说 $F(x)$是 $f(x)$（在区间$[a,b]$上）的一个原函数. 比如，由$(\sin x)'=\cos x$ 可知 $\sin x$ 是 $\cos x$ 的一个原函数，而由$(-\cos x)'=\sin x$ 又知$-\cos x$ 是 $\sin x$ 的一个原函数. 由 $\left(\frac{x^{n+1}}{n+1}\right)'=x^n$ 知 x^n 有一个原函数是$\frac{x^{n+1}}{n+1}$.

牛顿和莱布尼兹发现：如果连续函数 $f(x)$ 有一个原函数 $F(x)$，那么 $\int_a^b f(x)\mathrm{d}x = F(b) - F(a)$，这个公式便是著名的牛顿-莱布尼兹公式.

有了上述公式，要计算定积分 $\int_a^b f(x)\mathrm{d}x$，只要能找到 $f(x)$ 的一个原函数 $F(x)$，然后把 b 和 a 分别代入 $F(x)$，再减一下就行了.

以计算由抛物线 $y=x^2$、x 轴以及直线 $x=1$ 所围区域的面积 S 为例.

该面积用定积分表示就是 $\int_0^1 x^2\mathrm{d}x$，而 x^2 的一个原函数是 $\frac{1}{3}x^3$. 根据牛顿-莱布尼兹公式，$\int_0^1 x^2\mathrm{d}x = \frac{1}{3}\times 1^3 - \frac{1}{3}\times 0^3 = \frac{1}{3}$，这与用"无限分割 → 近似求和 → 取极限"的办法比起来，过程要轻松许多.

如此一来，"给出一个函数 $f(x)$，求它的原函数"这件事就变得很重要. 一个函数如果有原函数 $F(x)$，则 $F(x)$ 加上任一个常数 c，即 $F(x)+c$ 仍是 $f(x)$ 的原函数. 可以证明，除此之外，$f(x)$ 再也没有别的原函数了. $f(x)$ 的原函数的全体可表示为 $F(x)+c$，通常用记号 $\int f(x)\mathrm{d}x$ 表示，即 $\int f(x)\mathrm{d}x = F(x) + c$. 记号 $\int f(x)\mathrm{d}x$ 叫作 $f(x)$ 的不定积分.

第 4 节　小学数学中极限思想的有关案例

案例 1　$0.\dot{9}$ 是小于 1 还是等于 1？

在比较数的大小时，不少学生会误以为"$0.\dot{9}<1$"，怎么解释？

剖析　我们知道 $0.\dot{9}$ 是无限循环小数，乍一看 $0.\dot{9}$ 似乎无限接近于 1，永远小于 1. 但事实并非如此，而是 $0.\dot{9}=1$. 其实 $0.\dot{9}=0.999\cdots$ 中的"…"并非指有限的部分被省略，在表示循环小数的时候，"…"意味着无限的部分被省略掉了，因此我们不能再沿用有限的思维方式，而要借助于极限思想进行辩证思考.

事实上，"$0.\dot{9}=1$" 等价于"$\lim\limits_{n\to\infty}\left(1-\frac{1}{10^n}\right)=1$"，即当 n 趋于无穷大时，$1-\frac{1}{10^n}$ 与 1 无限接近. 我们当然不可能对小学生讲极限概念，但完全可以把极限思想渗透进去. 作为小学数学教师，可这样去引导学生思考：如果说 $0.\dot{9}$ 比 1 小，那小多少呢？我们能把 1 与 $0.\dot{9}$ 的差写出来吗？学生可能会尝试着写出：0.000…0001. 接着追问：那"0.000…0001"中小数点后、"1"前面有几个连续的 0 呢？最后的那个"1"什么时候才会出现？引导学生说出小数点后有无穷多个 0，最后的那个"1"永远也不会出现. 换句话说，也就是 1 与 $0.\dot{9}$ 这两个数要多接近就有多接近，当然只有两数相等(合二为一)才做得到，即有 $0.\dot{9}=1$.

案例 2　"$1-1+1-1+1-1+\cdots$"到底等于多少？

剖析　这个求和问题不仅如今不少人感到疑惑，历史上也有许多数学家曾经被它所困扰. 意大利数学家格兰迪(Grandi，1671—1742)在他 1703 年写的一本名为《圆与双曲线方程》的数学小册子中给出了类似于下面的结果.

考虑无穷级数：$1-1+1-1+1-1+\cdots$. 它有两个值：

$$1-1+1-1+1-1+\cdots=(1-1)+(1-1)+(1-1)+\cdots=0+0+0+\cdots=0,$$

$$1-1+1-1+1-1+\cdots=1-(1-1)-(1-1)-(1-1)-\cdots=1-0-0-0-\cdots=1.$$

而在等比级数公式 $1+x+x^2+x^3+\cdots=\dfrac{1}{1-x}$ 中令 $x=-1$，得到

$$1-1+1-1+1-1+\cdots=1+(-1)+(-1)^2+(-1)^3+\cdots=\frac{1}{1-(-1)}=\frac{1}{2},$$

于是得到 $0=1=\dfrac{1}{2}$.

格兰迪认为自己证明了世界可以从无到有. "$0=1=\dfrac{1}{2}$"实在让人难以置信，那问题到底出在什么地方呢？

跟案例 1 一样，表达式"$1-1+1-1+1-1+\cdots$"最后的省略号"…"是指无限的部分被省了. 对这个无限求和问题，也只有借助于极限理论才能说清楚.

先看一般情况，设 $a_1+a_2+a_3+\cdots$ 是一个级数，用 $s_n=a_1+a_2+\cdots+a_n$ 表示这个级数的前 n 项和，这样就可以得到一个由部分和构成的数列 $s_1, s_2, s_3, \cdots$，并且把无穷级数的问题转化为数列极限的问题.

如果存在一个常数 s，使得当 $n\to\infty$ 时 $s_n\to s$，即 s 为数列 $\{s_n\}$ 的极限，则称无穷级数 $a_1+a_2+a_3+\cdots$ 是收敛的(且可以说 $a_1+a_2+a_3+\cdots$ 这个无穷和式的值就等于 s)，否则称它为发散的.

对于无穷级数 $1-1+1-1+1-1+\cdots$ 而言，由部分和构成的数列 $\{s_n\}$ 为：1，0，1，0，…，这个数列显然不收敛，从而无穷级数 $1-1+1-1+1-1+\cdots$ 是发散的，自然也就没有和.

案例 3 怎样理解现行小学数学教科书中推导圆面积公式的过程?

剖析

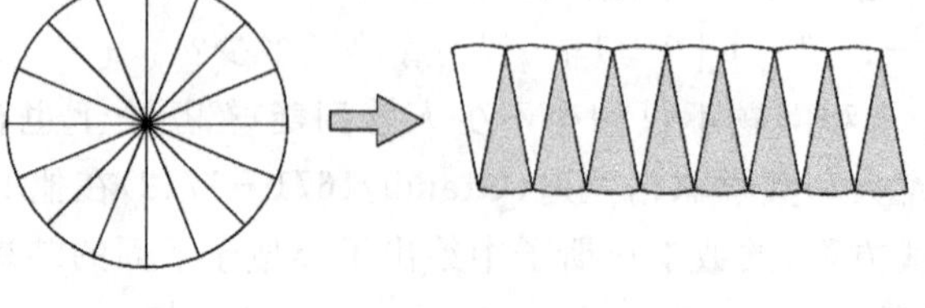

图 8-13

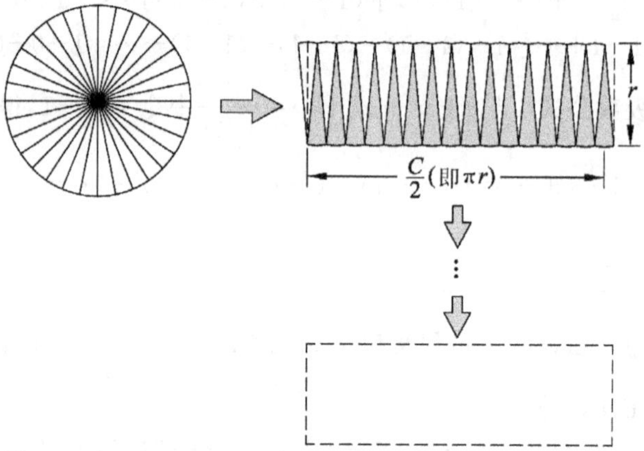

图 8-14

微积分中用极限思想解决问题的一般步骤可概括为：对于被考察的未知量(如已知圆的半径求圆面积)，先设法寻找一个与它有关的变量，确认该变量通过无限过程的结果就是所求的未知量，最后用极限计算来得到这个结果.

小学数学里无需也不可能让小学生达到这样的认识，不过为了解释小学生的困惑，教科书(图 8-14 选自苏教版小学数学五年级下册教材)在用 16 个同样的扇形拼成近似平行四边形之后，又出现将圆 32 等分、64 等分而拼成图形，并且用省略号表示等分的份数不断加倍的无限过程. 在这个过程中，拼得的图形不断变化，并且越来越逼近长为 πr、宽为 r 的长方形. 这个长方形正是这个无限图形序列的终极状态，即这一无限图形序列的极限，从而让学生经历一个“直觉的极限过程”：在“有限分割”的基础上想象“无限细分”，根据拼成的几个图形的变化趋势想象它们的终极状态，领会到将圆无限细分后拼成的是真正的长方形.

案例 4 概率是频率在试验次数趋于无穷大时的极限吗?

在“统计与可能性”的教学中，不少教师常常表现出这样一些困惑：是否随着试验次数的增加，频率就越来越稳定(或者换个说法：试验的次数越多，事件的频率就越接近事件的概率，即概率是频率在试验次数趋于无穷大时的极限)？用频率估计可能性的大小，是否一定要进行大量试验？试验次数多少合适？

剖析　首先，我们来看概率的统计定义.

概率的统计定义　在同样的条件下进行大量试验时，根据频率的稳定性，事件 A 的频率必然稳定在某一个确定的常数 p 附近，则定义事件 A 的概率为 $P(A)=p$. 这称为事件概率的统计定义，相应得到的概率称为统计概率.

概率的统计定义给出了计算事件概率的近似方法，即当试验次数充分大时，可用事件的频率作为该事件概率的近似值. 对此，有人错误地理解为，试验的次数越多，事件的频率就越接近事件的概率. 比如对于抛硬币这样的试验，一个人总共只抛了两次，结果正好出现一次正面(向上)和一次反面(向上)，出现正面的频率为 0.5，刚好就等于出现正面的概率；而另一个人做同样的试验，抛了 10 000 次，出现正面的次数为 4 985，出现正面的频率为 0.498 5，与出现正面的概率 0.5 相差 0.001 5. 这个例子充分说明：并非试验次数越多，频率就越接近概率.

上面的例子让人很费解：抛 10 000 次还不如抛两次的结果精度高，那这多出的 9 998 次是不是就白抛了呢？怎样解释这个现象？实际上，频率是一个随机变量，有多种以至无数种可能的取值，可以是 0～1 之间的任何一个数. 而概率是一固定的常数，是 0～1 之间的一个确定数. 我们以概率为中心设定一个区域，频率可能落在这个区域内，也可能落在这个区域之外；对于确定的试验次数 n，频率落在该区域内这个事件也有一个概率，当试验次数 n 增大时，这个概率也增大；当试验次数无限增加时，这个区域将变得无限小，频率落在该区域内的概率将等于 1.

上述结论在历史上被数学家伯努利以下面大数定律的形式给出.

伯努利大数定律　设 m 是 n 重伯努利试验中事件 A 出现的次数，又 A 在每次试验中出现的概率为 $p(0<p<1)$，则对任意的 $\varepsilon>0$，有 $\lim\limits_{n\to\infty}P\left(\left|\dfrac{m}{n}-p\right|<\varepsilon\right)=1$.

伯努利大数定律告诉我们，当 n 趋于无穷时，频率 $\dfrac{m}{n}$ 依概率收敛于概率 p. 伯努利的想法是：只要 n 充分大，那么频率估计概率的误差就可以如所希望的小. 值得赞赏的是，他利用了“依概率收敛”而不是更直观的 $\dfrac{m}{n}\to p$，因为频率 $\dfrac{m}{n}$ 是随着试验结果而变化的，在 n 次试验中，事件 A 出现 n 次也是有可能的，此时 $\frac{m}{n}\to p$ 显然是不成立的.

伯努利不仅证明了上述大数定律，而且还想知道：若想要把一个概率通过频率而确定到一定的精确度，要做多少次观察才行？这时，伯努利大数定律无能为力，需要用到下面的棣莫佛—拉普拉斯极限定理.

棣莫佛-拉普拉斯极限定理 设 m 是 n 重伯努利试验中事件 A 出现的次数，又 A 在每次试验中出现的概率为 $p(0<p<1)$，则

$$\lim_{n\to\infty}P\left(\left|\frac{m-np}{\sqrt{npq}}\right|<x\right)=\frac{1}{\sqrt{2\pi}}\int_{-\infty}^{x}\mathrm{e}^{-\frac{t^2}{2}}\mathrm{d}t\text{，其中 } q=1-p.$$

概率的统计定义中“频率稳定于概率”的意思是很不明确的.伯努利大数定律从数学上讲清楚了这个问题，“频率稳定于概率”的含义是：事件 A 的频率 $\frac{m}{n}$ 依概率收敛于它的概率 p，也即当 n 充分大时可以以任何接近于 1 的概率断言，$\frac{m}{n}$ 将落在以 p 为中心的 ε 邻域内.

现在就可以来解释前面提到的现象.抛两次硬币，还有可能出现两次都是正面或两次都是反面的情况，把这时的频率当作概率显然是错误的，就是说把抛两次硬币的频率当作是概率，发生严重偏差的概率高达 50%，而把抛 10 000 次硬币的频率当作概率在绝大多数情况下结果都是相当可信的.结论是，试验 10 000 次比试验两次得到的结果更可信，并不违反直觉所告诉我们的结论.

因此，用统计方法来确定事件的概率时，频率随试验次数的增加而接近概率也是以概率的方式.统计的次数越多，频率接近概率的可能性就越大，其结果就越可信.可以认为，统计次数反映了结果的可信程度，而此时的频率结果与概率有多接近则有一定的随机性.换言之，通过试验来确定概率是有风险的，在任何情况下，都有频率偏离概率的情形存在，增加试验的次数，可以降低这种风险，却不能消除风险本身，只有在试验次数为无穷大的情况下，才不存在这种风险.不过，当试验的次数足够多时，尽管把频率当成是概率还是有出错的可能，但这种可能性已经非常小了，以至可以完全放心而无需担心出错.

思　考　题

1. 极限思想的实质是什么？

2. 康托尔是怎样比较无穷集合的大小的？

3. 试用 ε-δ 语言叙述函数极限“当 $x \to x_0$ 时，$f(x) \to A$”的定义.

4. 为什么多位数大小的比较法则推广到小数大小的比较后，只适用于有限小数，不适用于无限小数？

5. 事件发生的频率与其概率有什么关系？

第 9 章 数学建模

随着基础教育课程改革的推进，在小学数学教学中，开展建模教学研究、发展学生模型思想的重要性，已逐渐成为大家的共识.《标准(2011)》在“课程目标”“知识技能”“数学思考”“综合与实践”等部分均提到模型思想和数学建模. 许多小学教师对模型思想和数学建模方面的知识知之甚少，从而影响了他们对课程标准精神的准确把握和课程改革目标的有效落实. 基于以上认识，本章从数学模型实例、数学建模过程和小学数学建模教学等三个方面介绍数学模型与数学建模及其教学的相关理论知识.

第 1 节 数学模型实例

9.1.1 数学模型简介

我们经常使用模型的思想来认识世界和改造世界. 这里的模型是针对原型而言的. 所谓原型是指人们在社会活动和生产实践中所关心和研究的实际对象，在科技领域常常用系统或过程等术语. 如电力系统、生态系统、导弹飞行过程、污染扩散过程等. 模型是人们为一定的目的对原型进行的一个抽象. 由此可见，模型来源于原型，但它不是对原型简单的模仿，它是人们为了认识和理解原型而对它所作的一个抽象、升华. 有了模型可以使我们通过对原型的分析、研究加深对原型的理解和认识. 而数学模型是指通过抽象和简化，使用数学语言对实际现象的一个近似的刻画，以便于人们更深刻地认识所研究的对象. 数学模型不是对现实系统的简单的模拟，它是人们用以认识现实系统和解决实际问题的工具. 数学模型是对现实信息提炼、分析、归纳、翻译的结果，它使用数学语言精确地表达了对象的内在特征. 通过数学上的演绎推理和分析求解，使得我们能够深化对所研究的实际问题的认识. 数学模型不是新的事物，很久以来它就一直伴随在我们身边，可以说有了数学并要用数学去解决实际问题时就一定要使用数学的语言、方法去近似地刻画这个实际问题. 这就是数学模型.

"数学模型"是一个含义很广的概念. 粗略地讲，数学模型是指参照某种事物系统的特征或数量相依关系，采用形式化数学语言，概括地或近似地表达出来的一个数学结构. 广义地说，一切数学概念、数学理论体系、数学公式、数学方程以及由之构成的算法系统都可以称为数学模型. 狭义地解释，只有那些反映特定问题或特定的具体事物系统的数学关系结构才叫数学模型. 如整数、有理数、实数、几何图形、导数、积分、数学物理方程等都是非常成功的数学模型. 可以说在数学的发展过程中无时无刻不留下数学模型的印记，在数学应用的各个领域都可以找到数学模型的身影. 随着科学技术的发展，在各门学科的定量化分析的加强以及使用数学工具来解决各种问题的要求日益普遍的情况下，数学模型作为数学实现其技术化职能的主要手段之一，它的作用显得愈发突出，从而受到了更加普遍的重视.

数学模型一般应遵循以下三个基本原则：(1) 简化原则——现实世界的原型都是具有多因素、多变量、多层次的比较复杂的系统，对原型进行一定的简化即抓住主要矛盾，数学模型应比原型简化，数学模型自身也应是"最简单"的. (2) 可推导原则——由数学模型的研究可以推导出一些确定的结果，如果建立的数学模型在数学上是不可推导的，得不到确定的可以应用于原型的结果，那么这个数学模型就是无意义的. (3) 反映性原则——数学模型实际上是人对现实世界的一种反映形式，因此数学模型和现实世界的原型就应有一定的"相似性"，抓住与原型相似的数学表达式或数学理论就是建立数学模型的关键性技巧.

9.1.2　数学模型实例

下面所举的几个例子将帮助大家初步形成数学模型的印象，这些模型是一些极普通的问题，不需要具备高深的数学知识就能看懂.

例 1　(6 人集会相识问题)在任意 6 个人的集会上，或者有 3 个人以前彼此相识，或者有 3 个人以前彼此不相识.

这个表面上看起来似乎无法下手的问题，其实可以通过几何模型来解决.

在平面上用 6 个点 A,B,C,D,E,F 分别代表参加集会的任意 6 个人. 如果有 2 人以前彼此认识，那么就在代表他们的两点间连成一条红线，否则连一条蓝线. 于是问题转化为证明：在这个 6 点图中，必然存在红色三角形或蓝色三角形.

如图 9-1 所示，考虑 A 点与其余各点间的 5 条连线 $AB,AC,\cdots,AF$，它们的颜色不超过 2 种. 根据抽屉原理可知其中至少有 3 条连线同色，不妨设 AB,AC,AD 同为红色. 如果 BC,BD,CD 3 条连线中有一条(不妨设为 BC)也为红色，那

么三角形 ABC 即为一个红色三角形，A，B，C 代表的 3 个人以前彼此相识；如果 BC，BD，CD 3 条连线全为蓝色，那么三角形 BCD 即为一个蓝色三角形，B，C，D 代表的 3 个人以前彼此不相识. 不论哪种情形发生，都符合问题的结论.

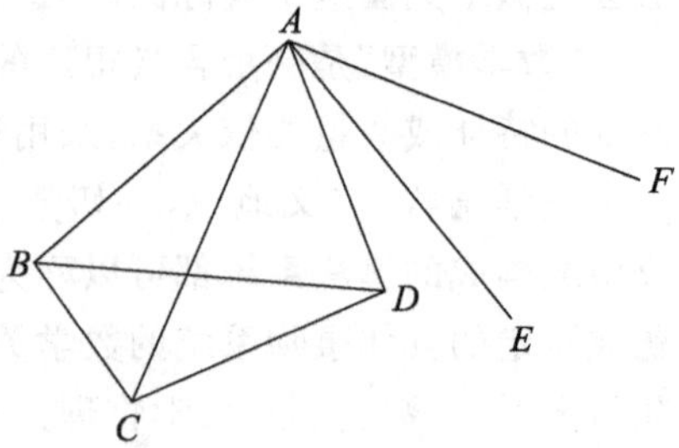

图 9-1

例 2 （哥尼斯堡七桥问题）东普鲁士的哥尼斯堡城中有一条横贯城区的河流，河上有两个岛，两岸和两岛之间共架七座桥（图 9-2），那里的居民喜欢在这里散步，人们常常议论起这样一个问题：选择怎样的路线，才能不重复地一次走遍这七座桥，而回到出发点？这就是哥尼斯堡“七桥问题”，一个著名的图论问题.

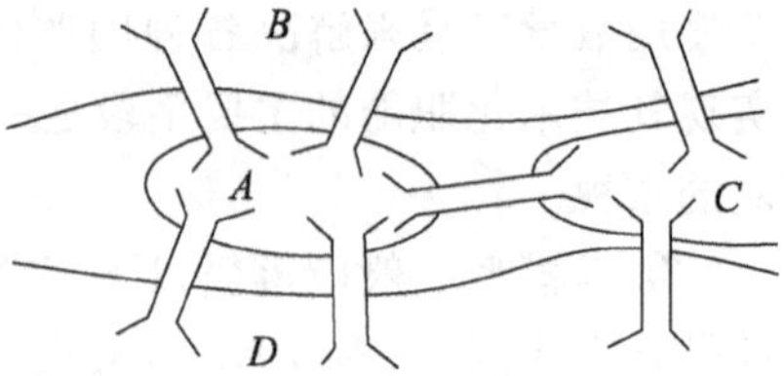

图 9-2

这个问题看起来似乎不难，但人们始终没能找到答案，最后问题提到了大数学家欧拉那里. 欧拉以深邃的洞察力很快证明了这样的走法不存在. 欧拉是这样解决问题的：既然陆地是桥梁的连接地点，不妨把图中被河隔开的陆地看成 A，B，C，D 4 个点，将 7 座桥表示成 7 条连接这 4 个点的线，如图 9-3 所示.

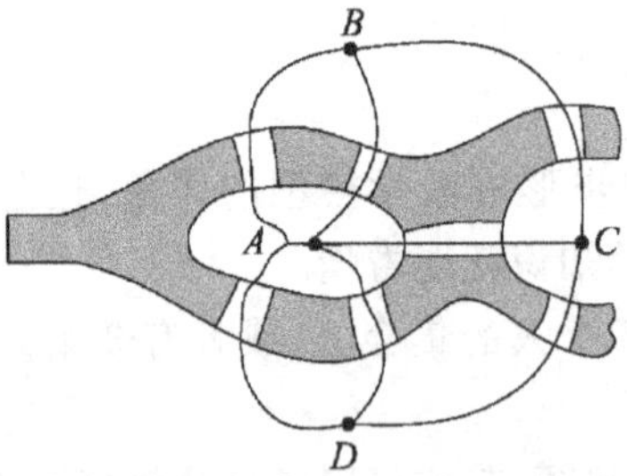

图 9-3

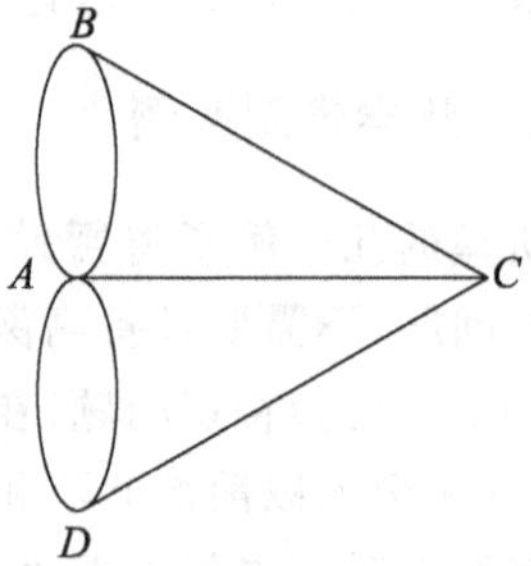

图 9-4

欧拉在解决这个问题的时候，把现实情况转化成图 9-3，再简化成图 9-4，于是“七桥问题”就转化成图 9-4 是否能够一笔画的问题了. 欧拉注意到，每个点如果有进去的边就必须有出来的边，从而每个点连接的边数必须有偶数条才能完成一笔画. 图 9-4 的每个点都连接着奇数条边，因此不可能一笔画出，这就说明不存在一次走遍 7 座桥且每座桥只许通过一次的走法. “七桥问题”之所以会成为世界名题，并一直流传至今，不仅仅是由于它的典故有趣和欧拉的解题思路巧妙，还在于它的这种模型思想对数学的发展和应用产生了深刻影响.

例 3　（红绿灯问题）在一个由红绿灯管理下的十字路口，如果绿灯亮 15 s，问最多可以有多少辆汽车通过这个交叉路口？

这个问题的条件含糊，因为交通灯对十字路口的控制方式很复杂，特别是车辆左、右转弯的规则，不同的国家都不一样. 通过路口的车辆的多少还与路面上汽车的数量以及它们的行驶速度和方向有关，我们不妨作一些假设，把问题简化. 假设：(1) 十字路口的车辆穿行秩序良好，不会发生阻塞；

(2) 所有车辆都是直行穿过路口，不拐弯行驶，并且仅考虑一个方向上的车辆；

(3) 所有的车辆长度相同，为 L m，并且都是从静止状态开始先匀加速行驶，加速到一定速度后匀速行驶；

(4) 红灯下等待的每相邻两辆车之间的距离相等，为 D m；

(5) 红灯变绿灯后，相邻两辆车启动的时间间隔相等，为 T s；

(6) 每辆汽车启动时的加速度相等，为 a m/s^2.

用 x 轴表示车辆行驶的道路，原点 O 表示交通灯的位置，x 轴正向是汽车行驶的方向，以绿灯开始亮为计时开始(0 时). 于是在红灯时等待的每一辆汽车刚启动时应该按照匀加速的规律运动，设 a 是汽车启动时的加速度，以 $S_n(t)$ 表示 t 时刻第 n 辆车在 x 轴上的位置(坐标)，则 t 时刻第一辆汽车的位置为 $S_1(t)=\frac{1}{2}at^2$；t 时刻第二辆汽车的位置为 $S_2(t)=S_2(0)+\frac{1}{2}a(t-t_2)^2$（$t_2$ 是该车启动的时刻）……t 时刻第 n 辆汽车的位置为 $S_n(t)=S_n(0)+\frac{1}{2}a(t-t_n)^2$（$t_n$ 是该车启动的时刻）. 由假设(3)—(5)可知，$S_n(0)=-(n-1)(L+D)$，$t_n=(n-1)T$.

在城市道路上行驶的汽车都有一个最高时速的限制，设为 v_*，并假设绿灯亮后汽车将启动一直加速到可能的最高速度 v_*，并以这个速度向前匀速行驶，则第 n 辆车达到最高速度的时刻为 $t_n'=\frac{v_*}{a}+t_n$. 由上面的分析可得到绿灯亮后汽车行驶的规律为

$$S_n(t)=\begin{cases} S_n(0), & 0\leqslant t\leqslant t_n, \\ S_n(0)+\dfrac{1}{2}a(t-t_n)^2, & t_n<t<t_n', \\ S_n(0)+\dfrac{v_*^2}{2a}+v_*(t-t_n'), & t\geqslant t_n'. \end{cases}$$

对于模型的参数值，取 $L=5$ m，$D=2$ m，$T=1$ s. 在城市的十字路口汽车的最高速度一般是 40 km/h，换算为 $v_*=11.1$ m/s. 进一步估计加速度，经调查大部分司机知，10 s 内车子可以由静止加速到大约 26 m/s 的速度，这时可以算出加速度为 2.6 m/s^2，我们一般取汽车的加速度为 2 m/s^2，$\frac{v_*}{a}=5.5$ s.

根据这些参数，我们可以计算出绿灯亮至 15 s 红灯再次亮时每辆汽车的位置(坐标)如表 9-1 所示.

表 9-1

车号	1	2	3	4	5	6	7	8	9
位置(m)	135.7	117.6	99.5	81.4	63.3	45.2	27.1	9	−9.1

从表 9-1 中我们可以看出，当绿灯亮至 15 s 时，第 8 辆汽车已经驶过红绿灯 9 m，而第 9 辆车还距交通灯 9.1 m 不能通过. 由此可见：如果绿灯亮 15 s，最多可以有 8 辆汽车通过这个交叉路口.

在实际生活中，能够直接使用数学方法解决的问题是不多见的，应用数学知识解决实际问题的第一步是，将实际问题从杂乱无章的表象中抽象出恰当的数学关系，也就是构建这个实际问题的数学模型，其过程就是数学建模的过程.

第 2 节　数学建模过程

9.2.1　数学建模的一般步骤

数学建模是一种创造性的过程，它需要相当丰富的观察力、想象力和灵感. 数学建模的过程有一定的阶段性，要解决的问题都来源于现实世界. 数学建模的过程就是对问题进行分析、提炼，用数学的语言作出描述，用数学的方法分析、研究、解决，最后回到实际中去，应用于解决和解释实际问题，甚至作为一般模型来解决更一般的问题.

数学建模的流程为：实际问题→抽象、简化问题，明确变量和参数→根据某种定律建立数学模型→解析地或近似地求解该数学模型→解释、验证求解结果→应用于实际. 这一过程也可表述为：问题分析→模型假设→模型建立→模型求解→解的分析与检验→应用于实际.

1. 问题分析

数学建模的第一步是对问题所给的条件和数据进行分析，明确要解决的问题.通过对问题的分析,明确问题中所给出的信息、要完成的任务和所要做的工作、可能用到的知识和方法、问题的特点和限制条件、重点和难点、开展工作的程序和步骤等.同时,还要明确题目所给条件和在解决问题中的意义和作用、本质和非本质等.从而,可以在建模的过程中,适当地对已有的条件和数据进行必要的简化和修改,也可以适当地补充一些必要的条件和数据.

2. 模型假设

根据问题的实际意义,在明确建模目的的基础上,对所研究的问题进行必要的、合理的简化,用准确简练的语言给出表述,即模型假设,这是数学建模中重要的一步.合理假设在数学建模中除了起着简化问题的作用外,还对模型的求解和使用范围起着限定作用.模型假设的合理性问题是评价一个模型优劣的重要条件之一,也是模型建立成败的关键所在.为此,实际中要作出合适的假设,需要一定的经验和探索,有时也需要在建模的过程中对已作出的假设进行不断的弥补和修改.

3. 模型建立

在所作假设的基础上,利用适当的数学工具去刻画各变量之间的关系,建立相应的数学结构,即建立数学模型.采用什么数学结构、数学工具要看实际问题的特征,并无固定的模式.可以说,几乎所有的数学分支在建模中都有可能被用到,而对同一个实际问题也可用不同的数学方法建立起不同的数学模型.一般地讲,在能够达到预期目的的前提下,所用的数学模型越简单越好.

4. 模型求解

根据模型类型的不同特点,求解可能包括解方程、图解、逻辑推理、定理证明等不同的方面,在难以得出模型的解时,还应当借助计算机来求出数值解.一般情况下,对较简单的问题,应力求普遍性;对较复杂的问题,可以按从特殊到一般的求解思路来完成.

5. 解的分析与检验

对于所求出的解,必须要对解的实际意义进行分析,即模型的解在实际问题中说明了什么、效果怎样、模型的适用范围如何等等.同时,还要进行必要的误差分析和灵敏度分析等工作.由于数学模型是在一定的假设下建立的,而且利用计算机近似求解,其结果产生一定的误差是必然的.通常意义下的误差主要来自于由模型的假设引起的误差、近似求解方法产生的误差、计算机产生的舍入误差和问题的数据本身的误差.实际中,对这些误差很难准确地给出定量估计,往往是针对某些主要的参数作相应的灵敏度分析:即当一个参数有很小的扰动时,对结果的影响是否也很小,由此可以确定相应变量和参数的误差允许范围.

6. 应用于实际

对于所建立的数学模型以及求解结果，只有拿到实际中检验后，才能被证明是正确的. 否则，就要修改模型的假设或条件，重新建立模型，直到通过实际的检验，方可应用于实际.

应当指出，在许多情况下数学建模流程并不是一成不变的，而是可以根据具体问题灵活掌握和确定的.

9.2.2 典型例题分析

为了更好地体会数学建模的过程，这里举几个典型的例子.

例 1 （雨中行走问题）天将下雨，从寝室到教室有一段约 1 km 的路程. 由于事情紧急，不拿雨具就跑了，可刚出寝室门，已下大雨，如果冒雨行走，问你将会被淋得多湿？

1. 问题假设

给定一个特定的降雨条件，能否设计一个方案使你被雨淋得最少？这个模型是确定的. 因为它完全依赖于降雨速度、风向、路程与奔跑速度，我们需要给出一个依赖这些因素的确定的淋雨量的公式. 设雨速 = 4 m/s，走速 = 2 m/s，跑速 = 6 m/s，路程 = 1 000 m，降雨量 = 2 cm/h.

与此问题相关的因素如下表所示：

表 9-2

因　素	记　号	单　位
淋雨时间	t	秒(s)
雨速	r	米/秒(m/s)
淋雨的角度	θ	度(°)
走速	v	米/秒(m/s)
人的高度	h	米(m)
人的宽度	w	米(m)
人的厚度	d	米(m)
淋雨量	C	升(L)
淋雨距离	D	米(m)
雨的强度	I	

2. 模型建立

首先我们建立一个尽可能简单的模型. 假设人所走的路是直线，将人体视为长方体，设雨速为常数，不考虑雨向. 若在整个 1 km 路程中你的跑速均为 6 m/s，则

$$\text{淋雨时间}=\frac{1\,000}{6}\approx 167\ \text{s}=2\ \text{min}\ 47\ \text{s}.$$

若降雨量为 2 cm/h，则在 2min 47s 内的总降雨量为 $2\times167\times0.01\div3\,600$ (m). 此时，若取人高为 1.5 m、宽为 0.5 m、厚为 0.2 m，则前后面积和为 1.5 m^2，左右面积和为 0.6 m^2，顶部面积为 0.1 m^2，这样表面积为 2.2 m^2. 设这些表面都淋雨，则根据柱体的体积公式得

$$\text{淋雨量}=\frac{2\times167\times0.01\times2.2}{3\,600}\approx 2.041\ \text{L}.$$

所以约有相当于两瓶啤酒的雨量淋在你的身上.

通常，我们去掉了雨是垂直而下的假设. 前面所列的因素并不都是变量，事实上，r,θ,v,t 和 C 是变量，而其他量在这个特殊情形下不是变量. 另外，雨速和降雨量是有区别的. 如果雨是像河流一样连续的水流，则雨速就是我们在地域上的降雨量. 显然，这是不现实的，因为雨是离散的雨点流. 因此为描述雨量大小需要引入雨的强度概念.

从上面所给的数据知道雨速为 $4\ \text{m/s}=1.44\times10^6\ \text{cm/h}$，而降雨量为 2 cm/h，雨速与降雨量的比为 7.2×10^5，定义雨的强度为 $I=\frac{1}{7.2\times10^5}$，这样雨的强度反映了雨的大小. 如果强度 $I=0$，就说明没有雨；当强度 $I=1$ 时是暴雨，雨水就像屋檐水一样连续流.

由于速度已取为常数，则淋雨时间 $t=\frac{D}{v}$. 为考虑被淋湿的程度，必须考虑关于行走方向与雨的方向的关系(图 9-5)，设雨速反向与人速度方向的夹角为 $\theta(0<\theta<\pi)$.

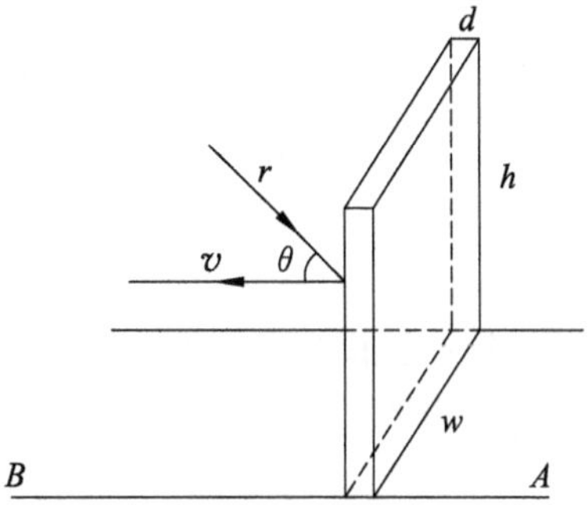

图 9-5

由于雨是呈一个角度降下来的，能看到在任何情形下受雨面仅为人顶部和前部. 故而在人身上的雨量可以分以下两种情况来计算.

(1) 考虑人的顶部：

顶部的面积$=wd(\mathrm{m}^2)$，雨速的分量$=r\sin\theta(\mathrm{m/s})$，所以顶部单位时间内的淋雨量（即淋雨率）$=Iwdr\sin\theta(\mathrm{m}^3/\mathrm{s})$，这样顶部在时间$\dfrac{D}{v}$内的淋雨量为

$$\frac{DIwdr\sin\theta}{v}(\mathrm{m}^3). \quad ①$$

(2) 考虑人的前部：

前部的面积$=wh(\mathrm{m}^2)$，雨速的分量$=r\cos\theta+v$ (m/s). 因此，前部单位时间内的淋雨量（即淋雨率）为 $Iwh(r\cos\theta+v)(\mathrm{m}^3/\mathrm{s})$，这样前部在时间$\dfrac{D}{v}$内的淋雨量为

$$\frac{DIwh(r\cos\theta+v)}{v}(\mathrm{m}^3). \quad ②$$

从①式和②式知人的总淋雨量为

$$C=\frac{IwD}{v}[rd\sin\theta+h(r\cos\theta+v)](\mathrm{m}^3). \quad ③$$

从前面给出的数据知 $h=1.5, w=0.5, d=0.2, r=4, D=1\ 000, I=\dfrac{1}{7.2\times10^5}$，于是

$$C=\frac{0.8\sin\theta+6\cos\theta+1.5v}{1.44\times10^3 v}(\mathrm{m}^3). \quad ④$$

可以看出：淋雨量与降雨的方向和跑步的速度有关. 这样我们就可以把问题转化成给定角度求淋雨量最小的问题，即给定 θ，选取怎样的 v 使得总淋雨量 C 最小？

3. 模型求解

分几种情况讨论这个模型. 首先，如果 $I=0$，则有 $C=0$；其次，将根据是朝着雨走还是背着雨走，考虑几个特殊情形：

(1) $\theta=\dfrac{\pi}{2}$，雨直下，这时只有头顶淋雨，由④式知

$$C=\frac{1}{1.44\times10^3}\left(1.5+\frac{0.8}{v}\right)(\mathrm{m}^3).$$

结论：淋雨量是速度的减函数，当速度尽可能大时淋雨量越小，取最大速度 $v=6$ m/s 时，C 最小.

$$C_{\min}=\frac{9.8}{1.44\times10^3\times6}\approx1.13(\mathrm{m}^3).$$

(2) $\theta=\dfrac{\pi}{3}$，朝着雨走，雨滴从头顶及身前落下，由④式知

$$C=\frac{1}{1.44\times10^{3}}\left(1.5+\frac{0.4\times\sqrt{3}+3}{v}\right)(\mathrm{m}^{3}).$$

结论：淋雨量是速度的减函数，当速度尽可能大时淋雨量越小，取最大速度 $v=6\mathrm{m/s}$ 时，C 最小.

$$C_{\min}=\frac{0.4\sqrt{3}+3+9}{1.44\times6}=1.47(\mathrm{m}^{3}).$$

(3) $\frac{\pi}{2}<\theta<\pi$，背着雨走，雨滴从头顶及身后落下，令 $\theta=\alpha+\frac{\pi}{2}\left(0<\alpha<\frac{\pi}{2}\right)$，$\alpha$ 是雨滴方向与竖直方向的夹角，代入④式得

$$C=\frac{0.8\cos\alpha-6\sin\alpha+1.5v}{1.44\times10^{3}v}(\mathrm{m}^{3}).$$

对于充分大的 α，这个表达式会出现负号，这是不可能的. 产生负号的原因是我们认为雨是从前面落到身上的，这种情况需另行讨论(此略).

下面分两种情况来决定你该走多快：

(1) 当跑的速度小于雨滴的水平运动速度，即 $v\leqslant r\sin\alpha$ 时，雨点将从头顶及身后淋在身上，在时间 $\frac{D}{v}$ 内的背后的淋雨量为 $\frac{IwDh(r\sin\alpha-v)}{v}$，总淋雨量为

$$C=\frac{IwD}{v}[rd\cos\alpha+h(r\sin\alpha-v)].$$

把数据代入得

$$C=\frac{0.8\cos\alpha+1.5(4\sin\alpha-v)}{1.44\times10^{3}v}(\mathrm{m}^{3}).$$

这时如果你以速度 $4\sin\alpha$ 行走，C 最小：

$$C_{\min}=\frac{0.8\cos\alpha}{1.44\times10^{3}\times4\sin\alpha}.$$

结论：当行走速度等于雨滴下落的水平速度时，淋雨量最小，仅仅被头顶上的雨水淋湿.

如果雨以 $\theta=\frac{2\pi}{3}$ 角度从后面落下，即 $\alpha=\frac{\pi}{6}$，你就应该以 $v=4\sin\frac{\pi}{6}=2$ (m/s) 的速度行走，淋雨量仅为 0.24 L，这意味着你刚好跟着雨滴前进，前后都没淋雨.

(2) 当行走速度快于雨滴的水平运动速度，即 $v>r\sin\alpha$ 时，你不断地追赶雨滴，雨水将淋湿你的前面.

这时②式为 $\frac{IwhD(v-r\sin\alpha)}{v}$，于是

$$C=\frac{IwD}{v}[rd\cos\alpha+h(v-r\sin\alpha)](\mathrm{m}^3).$$

把数据代入得

$$C=\frac{0.8\cos\alpha+1.5v-6\sin\alpha}{1.44\times10^3v}(\mathrm{m}^3).$$

于是，当 $0.8\cos\alpha-6\sin\alpha<0$，即 $\tan\alpha>\frac{2}{15}$ 时，v 越小（v 越接近 $r\sin\alpha$），则 C 越小；当 $0.8\cos\alpha-6\sin\alpha>0$，即 $0<\tan\alpha<\frac{2}{15}$ 时，v 越大，则 C 越小.

上述结果似乎与实际有些相符，它告诉我们：如果你是逆雨行走，则越快越好；如果是顺雨行走，则淋雨量的多少和雨的水平分量有关，随着人的速度的改变，淋雨量将发生不同的变化，当雨滴方向与竖直向下方向的夹角大于约 8° 时，你应保持与水平雨速一致的速度；当雨基本上是垂直而下时（雨滴方向与竖直向下的方向夹角小于约 8°），还是越快越好.

模型的优点：(1) 模型可以准确地根据已知数据求解出淋雨量的多少；(2) 模型简单明了，易于理解.

模型的缺点：由于假设雨速和人跑步的速度一直不变，可能会造成一些误差.

例 2 （椅子问题）在日常生活中，经常会碰到这样一个事实：把椅子往地上一放，通常只有三只脚落地，放不稳. 然而只需要稍微挪动几次，就可以四只脚同时落地放稳了. 试建立一个数学模型，给出椅子能在不平的地面上放稳的数学解释.

1. 分析问题

如果上述问题不附加任何条件，那么椅子就不一定能放稳了. 例如，将椅子放在台阶上，而台阶的宽度又比椅子的边小，自然无法将其放平. 可见，要想给出合理的答案，必须附加一定的条件，并在这些条件的前提下，证明通过旋转适当的角度，必可使椅子的四条腿同时着地.

2. 提出假设

假设椅子的四条腿一样长，椅子的四脚连线呈正方形，椅脚与地面的接触视为一点. 地面的高度是连续变化的，沿任何方向都不会出现间断. 对于椅角的间距和椅腿的长度而言，地面是相对平坦的，使椅子在任何位置至少有三只脚同时着地.

3. 模型建立

我们借助于几何方法，考虑椅子的俯视图（图 9-6），其中 A,B,C,D 代表 4 条腿.

现取 O 为坐标原点，OA，OB 分别为轴的直角坐标系的坐标轴，并设椅子绕原点 O（中心）逆时针转动时，OA 与 x 轴（初始位置）的夹角为 θ. 在这里我们是否可以用椅脚与地面的距离来描述椅子的着地情况？注意到该距离是由位置唯一确定的，而正方形是中心对称的，这样椅子的位置可用绕中心旋转角 θ 来唯一确定，所以距离是 θ 的函数. 因为椅子有 4 只脚，故而有 4 个距离，但又因正方形的中心对称性，所以只要设 2 个距离函数就行了.

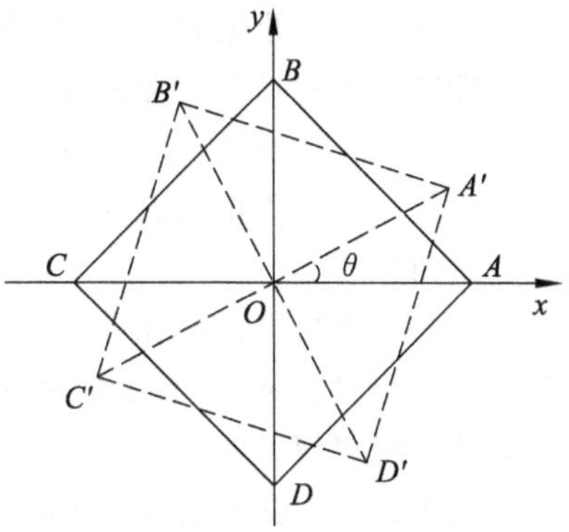

图 9-6

记 A,C 两脚与地面距离函数之和为 $f(\theta)$，记 B,D 两脚与地面距离函数之和为 $g(\theta)$，显然 $f(\theta)\geqslant 0$，$g(\theta)\geqslant 0$. 又假设 f 和 g 都是连续函数，由假设知，椅子在任何位置至少有三只脚着地，所以对于任意的 θ，$f(\theta)$ 和 $g(\theta)$ 中至少有一个为零，所以 $f(\theta)g(\theta)=0$. 当 $\theta=0$ 时，不妨设 $g(0)=0$，$f(0)>0$，这样，改变椅子的位置使四只脚同时着地，归结为证明如下数学问题：

已知 $f(\theta)$ 和 $g(\theta)$ 都是 θ 的连续函数，对任意的 θ，$f(\theta)g(\theta)=0$，且 $g(0)=0$，$f(0)>0$. 证明：存在 θ_0，使 $f(\theta_0)=g(\theta_0)=0$.

4. 模型求解

将椅子旋转 90°，对角线 AC 与 BD 互换. 由 $g(0)=0$，$f(0)>0$ 可知 $g\left(\frac{\pi}{2}\right)>0$，$f\left(\frac{\pi}{2}\right)=0$.

令 $h(\theta)=f(\theta)-g(\theta)$，则 $h(0)>0$，$h\left(\frac{\pi}{2}\right)<0$. 由 f 和 g 都是 θ 的连续函数知，h 也是 θ 的连续函数. 根据连续函数的基本性质，必存在 $\theta_0\left(0<\theta_0<\frac{\pi}{2}\right)$ 使 $h(\theta_0)=0$，即 $f(\theta_0)-g(\theta_0)=0$，即 $f(\theta_0)=g(\theta_0)$.

又因为 $f(\theta_0)g(\theta_0)=0$，所以 $f(\theta_0)=g(\theta_0)=0$.

就是说，当地面的高度连续变化时，只要把椅子绕中心逆时针转动 θ_0 角，椅子的四条腿就同时落地了.

由于这个实际问题非常直观和简单，模型解释和验证就略去了.

说明　这个模型的巧妙之处在于用一元变量 θ 表示椅子的位置，用 θ 的两个函数表示椅子四脚与地面的距离，进而把模型假设和椅脚同时着地的结论用简单、精确的数学语言表达出来，构成了这个实际问题的数学模型.

在解决这个问题时，充分利用了正方形的中心对称性，通过旋转 90° 创造了运用零点存在定理的机会，使问题获解. 那么如果椅子的四脚成长方形，这个椅子还能放平吗？这个问题留作思考（提示：旋转 180°）.

例 3 （过河问题）有 3 对夫妻过河，只有一艘小船可用，船最多能载 2 人，条件是任一女子不能在其丈夫不在的情况下与其他男子在一起，如何安排三对夫妻过河？

这是一个古老的趣味数学问题，在我国民间流传很广，每个人都可以通过反复实验而得到答案，且有多种解释. 下面我们介绍一种把问题转化为状态转移问题的计算机求解方法.

模型构成：设由北岸往南岸渡河，用向量(x,y)表示有 x 个男子、y 个女子在北岸，其中 $0\leqslant x,y\leqslant 3$，称向量$(x,y)$为状态向量. 由条件可知，有些状态是可取的，有些状态是不可取的，如状态(2,3)(2 个男子，3 个女子在北岸)是不可取的，而状态(3,1)是可取的.

(1) 可取状态：$(3,i)$，$(0,i)$，$i=0,1,2,3$ 及(1,1)，(2,2)，其中(i,i)表示第 i 对夫妻. 总共有 10 种可取状态，具体如下：(3,3)，(3,2)，(3,1)，(3,0)，(0,3)，(0,2)，(0,1)，(0,0)，(1,1)，(2,2). 用 S 表示可取状态的集合，称为允许状态集合.

(2) 可取运载：(0,1)，(0,2)，(1,0)，(2,0)，(1,1)，其中(1,1)表示一对夫妻. 用 D 表示可运载的集合，称为允许决策集合.

(3) 记第 k 次渡河前北岸男子数为 x_k，女子数为 y_k，$S_k=(x_k,y_k)$称为状态；记第 k 次渡河船上的男子数为 u_k，女子数为 v_k，$d_k=(u_k,v_k)$为决策. 因为 k 为奇数时船由北向南，k 为偶数时船由南向北，所以状态 S_k 随决策 d_k 的变化规律为

$$S_{k+1}=S_k+(-1)^k d_k,$$

称为状态转移律.

于是问题归结为：求一系列的决策 $d_k\in D(k=1,2,\cdots,n)$，使状态 $S_k\in S$ 按规律 $S_{k+1}=S_k+(-1)^k d_k$，由初始状态 $S_1=(3,3)$经过有限步 n 达到状态 $S_{n+1}=(0,0)$.

模型求解：用计算机编程求出结果.

用列举法可以验证结果(括号内为北岸的状态)：

$(3,3)\xrightarrow{\text{去两女}}(3,1)\xrightarrow{\text{回一女}}(3,2)\xrightarrow{\text{去两女}}(3,0)\xrightarrow{\text{回一女}}(3,1)\xrightarrow{\text{去两男}}(1,1)$

$\xrightarrow{\text{回一女一男}}(2,2)\xrightarrow{\text{去两男}}(0,2)\xrightarrow{\text{回一女}}(0,3)\xrightarrow{\text{去二女}}(0,1)\xrightarrow{\text{回一女}}(0,2)\xrightarrow{\text{去二女}}$

$(0,0)$

所以经过 11 次决策可完成.

思考:(1) 在上述约束条件下,4 对夫妻能否过河?

(2) 类似讨论,如果船最多可载 3 人,5 对夫妻及 6 对夫妻能否过河?

例 4　(动物体型问题)对于四足行走的动物,如何根据它的体长(不包括头尾)估计其体重?

这个问题有一定的现实意义.比如,在一个生猪收购站或屠宰场工作的人员,往往希望能从生猪的身长估计它的重量.

动物的生理结构因种类不同而异,如果陷入生物学对复杂的生理结构的研究,将很难得到任何有价值的模型.这里仅仅是在十分粗浅的假设的基础上,建立动物身长和体重的比例关系.

我们将动物的身躯(不包括头尾)视为质量为 m 的圆柱体,长度为 l,直径为 d,底面面积为 S,其几何尺寸如图 9-7 所示,其中 δ 是在自身体重 F 作用下的最大下垂距离.

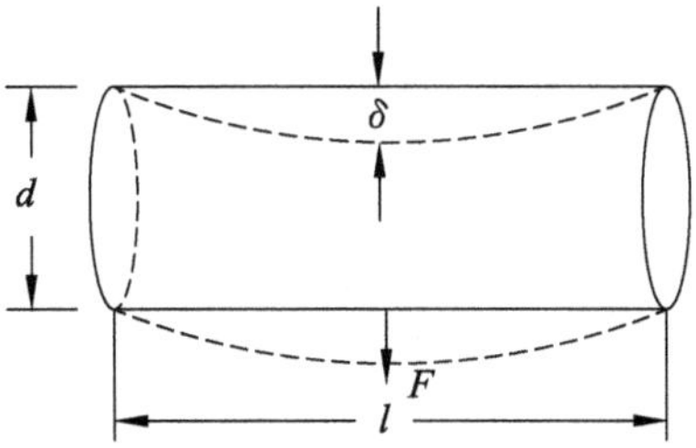

图 9-7

为简单起见,作如下假设:

(1) 动物身躯为一弹性梁,支撑在四肢上;

(2) 按照生物学的实验,同一动物的相对下垂度$\dfrac{\delta}{l}$为一常数.

由(1)根据弹性力学弯曲度理论,有

$$\delta\propto\frac{Fl^3}{Sd^2}\left(S=\frac{\pi d^2}{4}\right)(\text{符号“}\propto\text{”为正比例记号}).$$

因为 $F\propto m\propto Sl$,所以 $\delta\propto\dfrac{l^4}{d^2}$.即$\dfrac{\delta}{l}\propto\dfrac{l^3}{d^2}$.

又因为$\dfrac{\delta}{l}$为常数,所以 $l^3\propto d^2$,所以 $l^4\propto d^2 l$.注意到体重 F 正比于身躯体积,于是 $F\propto d^2 l\propto l^4$,即体重与身躯长度的四次方成正比,即 $F=kl^4$(k 是比例系数).在实际工作中,工作人员可由实际经验及统计数据找出常数 k,则可近似地由生猪的体长估计它的体重.

例 5 （贷款买房问题）有一对夫妇要向银行贷款 6 万元，月利率是 0.01 且为复利，贷款期为 25 年，他们要知道每个月需偿还多少钱（设为常数），才能决定自己有无能力买房. 这对夫妇每月能有 900 元的结余，请帮助决策.

已向银行的贷款数 $A_0=6$ 万元，月利率（即计息周期为月）$R=0.01$，25 年（等于 300 个月）还清本息，每月要还多少（设为 x）？

这个问题的变量、参数确定比较简单，用 N 表示第 N 个月（时间变量），A_N 表示第 N 个月后尚欠银行的钱数，R 表示月利率，x 表示每月要还的钱数，这里要求的是 x，因而把 x 看成因变量，可把 A_0，R 看成参数，N 看成自变量，本题的数学模型可建立如下：

因为 $A_0=60\,000$，

$A_1=A_0(1+R)-x$（一个月后欠银行的钱数），

$A_2=A_1(1+R)-x$，

$\cdots$，

所以，第 N 个月后尚欠银行的钱数为

$$A_N=A_{N-1}(1+R)-x.$$

上式就是本题的数学模型，于是求解模型为

$$A_N=A_0(1+R)^N-x[(1+R)^{N-1}+(1+R)^{N-2}+\cdots+(1+R)+1].$$

利用等比级数求和公式得

$$A_N=A_0(1+R)^N-\frac{x}{R}[(1+R)^N-1].$$

当 $N=300$ 时，$A_{300}=0$ 就表示还清，由此可得

$$0=60\,000(1.01)^{300}-\frac{x}{0.01}[(1.01)^{300}-1],$$

从而得 $x\approx 632$（元），所以，这对夫妇还是有能力买房的.

如果这对夫妇一直等到 25 年以后再还贷款，那么应还款数为

$$A_0(1+R)^{300}\approx 19.8A_0=118.8\text{（万元）}.$$

正在此时，某借贷公司针对这一情况出一广告：

本公司能帮助你提前 3 年还清贷款，只要：(1) 每半个月向公司还一次钱，金额为 316 元；(2) 由于文书工作多了，要求你预付三个月的钱，即预付 $632\times 3=1\,869$ 元.

这对夫妇想：提前 3 年还清当然是好事，每半个月还 316 元，一个月正好是 632 元，只不过多跑一趟去交款罢了；要付 1 896 元，当然不高兴，但提前 3 年还清省下来的钱却是 22 752 元，是 1 896 元的十几倍啊！这家公司是慈善机构呢

还是仍然要赚我们的钱呢?

下面分析一下借贷公司的用意到底何在?

分析(1):这时主要是还款周期变了,从一个月变为半个月,因而可设 $R=0.005$,$x=316$,$A_0=60\ 000$,要使 $A_N=0$(注意这时 N 表示还款期数,一期为半个月),则

$$N=\frac{\ln\left(\frac{x}{x-A_0R}\right)}{\ln(1+R)}.$$

从而,求得 $N\approx598$(半个月)$=299$(月)≈24.92(年),即最多只能提前一个月还清.如果该借贷公司只有第(1)个条件的话,真的成了慈善机构了.问题可能出现在第(2)个条件上.

分析(2):预付 1 896 元表示你只借了 $A_0=60\ 000-1\ 896=58\ 104$ 元,而 $R=0.005$,$x=316$,由此求得 $N\approx505$(半个月)$=252.5$(月)≈21.04(年),即提前近四年就还清了,而借贷公司只帮助你提前 3 年还清贷款,故借贷公司至少赚了这对夫妇第 22 年的款 7 000 多元,这正是借贷公司的用意所在.

当这对夫妇明白了公司的用意后,就会作出正确的决策,上述问题充分体现了数学在家庭经济决策中的重要性.当然在实际生活中的贷款买房问题要复杂得多,但上述问题的数学方法仍然具有指导性.

通过以上几个简单问题的解决过程可以看出,在实际生活中有些问题看起来好像与数学建模无关,但通过细致地观察、分析及假设,都是可以应用数学方法简捷和完美地解决.

第 3 节　小学数学中的建模教学指要

由前面的介绍可知,广义上讲,数学中各种基本概念和基本算法,都可以叫作数学模型.如加、减、乘、除都有各自的现实原型,它们都是以各自相应的现实原型作为背景抽象出来的.但是,按通常的比较狭义的解释,只有那些反映特定问题或特定的具体事物系统和数学关系的结构才叫作数学模型.例如,平均分派物品的数学模型是分数;元、角、分的计算模型是小数的运算;500 人的学校里一定有 2 个人一起过生日,其数学模型就是抽屉原理.很显然,小学生学数学似乎都不必要学得这样抽象、概括,甚至可以说,小学数学教学中难以有真正的“狭义意义”上的数学建模.然而,换一个角度来看,我们又应该清醒地知道“建模”“模型”对于数学学习的重要价值.

数学学习只有深入到“模型”“建模”的意义上，才是一种真正的数学学习. 这种“深入”，就小学数学教学而言，更多地是指用数学建模的思想和精神来指导数学教学. “从学生已有的生活经验出发，让学生亲身经历将实际问题抽象成数学模型并进行解释与运用的过程，进而使学生获得对数学的理解的同时，初步形成模型思想，提高学习数学的兴趣和应用意识. ”用数学建模的思想来指导小学数学教学，不同的年级、内容、学习对象应该体现出一定的差异，但也存在着很大的关联性.

9.3.1 小学数学建模教学的原则

在小学数学建模教学中既要重视阶段性，根据不同年龄段的学生特点，有计划地分阶段实施，又要在各个阶段的具体实施过程中，遵循五条教学原则：一是具体与抽象相结合；二是归纳与演绎相结合；三是数与形相结合；四是理论与实践相结合；五是探索与论证相结合.

在此基础上力求做到：目的与手段的辩证统一；间接经验与直接经验的有机统一；生活化与数学化的统一；日常数学与学校数学的统一；理论与应用的有机统一；学习与创新的有机统一；课内与课外的有机统一；问题解决与思维训练的有机统一；知识与能力的和谐统一；方法的学习与巩固训练的有机统一.

9.3.2 小学数学建模教学的基本程序

从建模教学的一般程序来看，可以归结为三个字：“磨”“模”“魔”.

一、“磨”

所谓“磨”，即“琢磨”. 也就是教师首先要反复琢磨每一具体的教学内容中隐藏着怎样的“模”？需要帮助学生建立怎样的“模”？如何来建“模”？在多大的程度上来建“模”？所建的“模”和建模的过程对于儿童的数学学习具有怎样的影响？在基于建模思想的数学教学中，这些问题都是一些本原性的问题. 一个老师如果从来不曾在这些方面进行思考的话，可以肯定，他的数学课堂上数学知识概念、命题、问题和方法等很难见到“数学模型”的影子，他的学生也可能从未感受过“数学模型”的力量.

众所周知，“鸡兔同笼”问题的数学模型是二元一次整数方程，然而，在小学里学生并不学习二元一次整数方程. 可是，“鸡兔同笼”却被广泛地运用到小学教材中：北师大版五年级上册“尝试与猜测”中用它来让学生学会用表格列举；苏教版六年级上册将之作为一道练习题来巩固“假设和替换”的策略；而人教版则浓墨重彩，在六年级上册“数学广角”中详细介绍了“鸡兔同笼”问题的出处、多种解法及实际应用.教学这些内容时,如果仅是就题讲题,就课本讲课本,难免显得过于简单和浅薄.那么,对小学生的数学学习而言,“鸡兔同笼”是否还隐藏着其他的“模型”因素呢?我想至少有三方面是值得关注的:一是内容层面的,即“鸡兔同笼”这类题本身的题型结构特征(告知两个未知量的和以及两个未知量之间一定的量值关系,求未知量);二是方法层面的,即“假设法”的一般解题思路(画图、列举、替换等在某种意义上都是“假设”);三是思想层面的,即从一个具体的“鸡兔同笼”数学问题出发,在经历了对其解答的过程之后,能将解决它的方法和思路进行扩展运用(学习“鸡兔同笼”,最终的目标并不仅仅是会解答一道“鸡兔同笼”问题).有了这样的理解,在教学中,我们就会引导学生在关注教材中所编排内容的同时,注意把握题目的类型、结构和类比运用,用系统的眼光来看待它的教学价值.这些,恰恰是学生到了中学后真正建立二元一次整数方程数学模型的基础.

再比如,“确定位置”的数学模型是坐标系.学生在一年级接触到的一列队伍中“老爷爷排在第 3 个”,其实就是一维空间上的确定位置;在二年级接触到的“小明坐在第 3 排第 4 个”,其实就是二维空间上的确定位置;五年级学习的“数对”则是初步抽象的二维坐标模型.如果在教学中能将这一层意义渗透进去,一定能为学生将来学习空间坐标系提供很好的支持.

眼界决定境界.一个老师是否具有“模型”眼光和“模型”意识,往往会决定着他的教学深刻性和数学课堂的品质.

二、“模”

所谓“模”,即“建模”.也就是在教学中要帮助学生不断经历将现实问题抽象成数学模型并进行解释和运用的过程.对小学数学而言,“建模”的过程,实际上就是“数学化”的过程,是学生在数学学习中获得某种带有“模型”意义的数学结构的过程.

比如,在小学阶段,学生认识小数时主要是将它和分数之间进行意义上的关联,即一位小数表示十分之几,两位小数表示百分之几,三位小数表示千分之几……按照螺旋上升的教材编排原则,上述内容大多分解在三、四年级,分两次学完,三年级先认识一位小数.如何在三年级初步认识一位小数时就体现出“建模”的思想呢?我们进行了如下教学:

课始,教师出示在超市购买的一些物品和相应的价钱:水彩笔 12 元、美工刀 3 元 5 角、铅笔 0.4 元.当“0.4 元”出现后,教师提问:

师:知道“0.4 元”到底是多少钱吗?

生:0.4 元就是 4 角钱.(板书:4 角=0.4 元)

师：4 角钱有没有 1 元多？

生：没有.

师：看来，和 1 元相比，0.4 元只能算是一个“零头”了. 如果我们用这样的一个长方形来表示 1 元(出示图 9-8)，你能把它分一分、涂一涂，将 0.4 元表示出来吗？

(学生拿出练习纸画画涂涂，把自己的想法表示出来. 交流时，寻找共性特点：平均分成 10 份，涂出其中的 4 份，如图 9-9 所示)

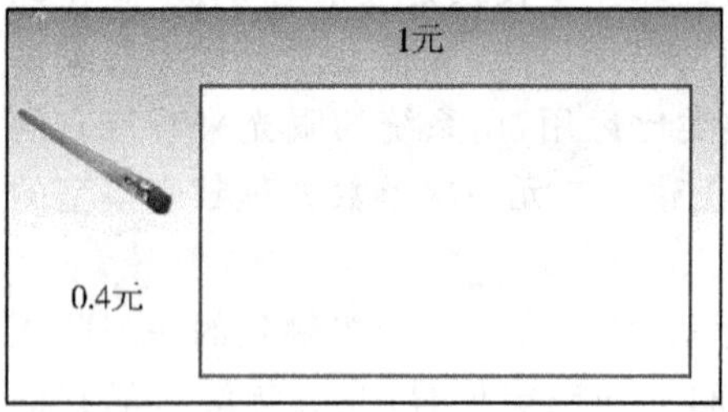

图 9-8

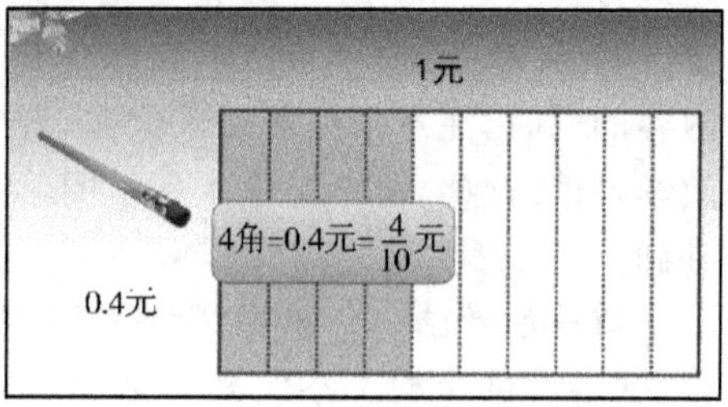

图 9-9

师：为什么这样就将“0.4 元”表示出来了呢？

生：因为 1 元等于 10 角，平均分成 10 份，1 份就是 1 角，4 份就是 4 角.

师：看着大家画出的图示，让我想起以前咱们学什么时，也是这样子平均分一分、涂一涂？

生：分数！

师：那 0.4 元如果用分数表示，如何表示呢？

生：十分之四元.

师：数学真是有趣，原来 0.4 元也就是我们熟悉的十分之四元.

师：(出示图 9-10).

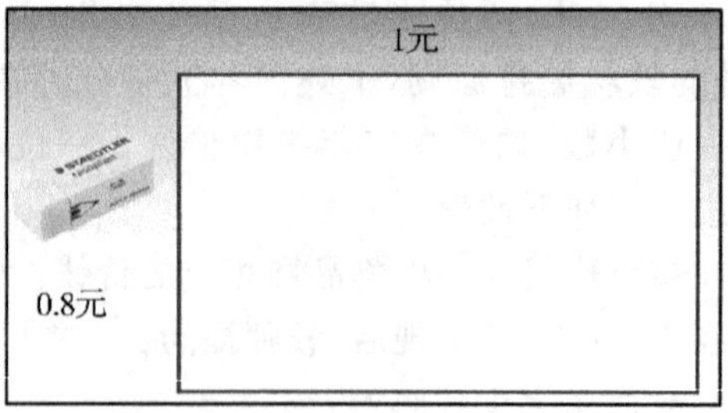

图 9-10

老师购买了一块橡皮，它的价钱是多少呢？（出示：0.8 元）0.8 元是多少钱？

生：0.8 元就是 8 角.

师：又是一个不足 1 元的零头，如果我们还是用这样的一个长方形来表示 1 元，那么 0.8 元又该怎么表示呢？

学生模仿刚才的方式表示出"0.8 元也就是十分之八元"（图 9-11）. 接着，老师给学生提供一个空白的平均分成 10 份的长方形，任意涂出其中一部分，表示出一个小数和相应的分数. 几个学生自由展示后，组织梳理，从 0.1 就是十分之一，0.2 就是十分之二……

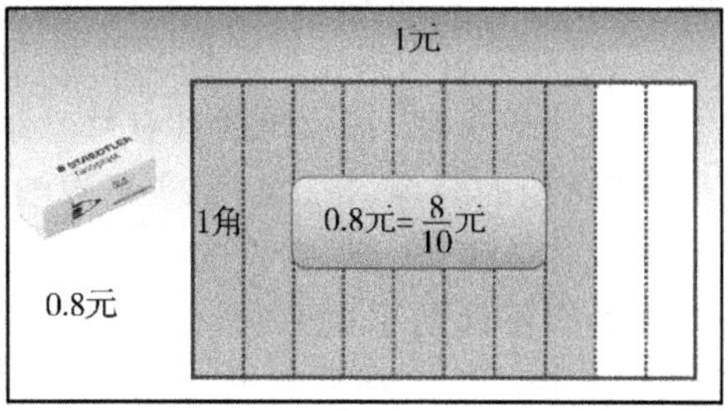

图 9-11

师：接下来我们再来看看笔记本的价格，我给出一个图示（图 9-12），你们知道它的价钱了吗？

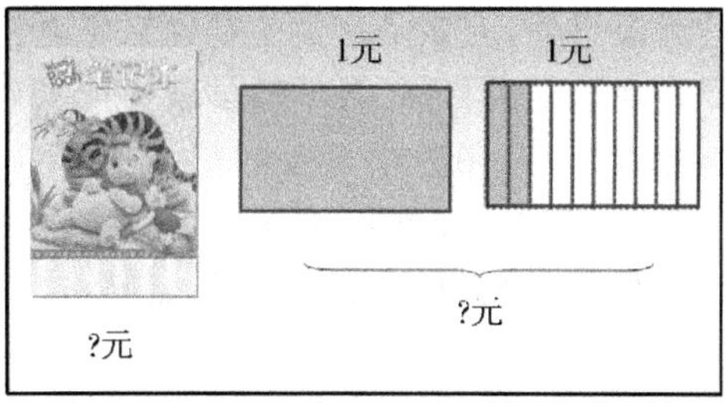

图 9-12

生：笔记本的价格是 1.2 元.

师：刚才的小数都是"零点几"，现在怎么变成"一点几"了？

生：现在有两个长方形了，第一个涂满了颜色，表示整 1 元. 第二个平均分成了 10 份，涂了其中的 2 份，也就是 2 角钱，0.2 元，合起来就是 1.2 元了.

师：我买的钢笔的价钱是 8.6 元，如果让你画一幅图来表示它的价钱，你准备怎样画呢？

生：我准备先画 9 个大小一样的长方形，然后把前面 8 个涂满颜色，第 9 个长方形平均分成 10 份，涂出其中的 6 份.

……

上述教学过程抓住了知识间的联系（小数和十进分数的关系）而展开，但又不是停留在由教师的直接讲解和“告诉”上，而是让学生充分展开探索过程，并借助于直观图示的形象支撑，建立起了一位小数的“直观模型”（长方形等分、涂色）. 这种形象的“直观模型”既搭起了小数和分数之间的桥梁，又具有强大的“扩展”功能，对后面学习两位小数、三位小数（同样的长方形，只是平均分成 100 份、1 000 份）以及抽象概括“小数的意义”具有统摄作用.

从上例可以看出，运用建模思想来指导小学数学教学，在很大程度上是要在学生的认知过程中建立起一种统摄性、符号化的具有数学结构特征的“模型”载体，通过这样的具有“模型”功能的载体，帮助学生实现数学抽象，为后续学习提供强有力的基础支持. 当然，对学生“模型”意识的培养和“建模”方法的指导，要根据具体内容和具体年级而有不同的层次要求，低年级要恰到好处地结合日常实例和常规教学对学生进行“模型”及“模型意识”的渗透、点化，高年级则可以更明确地引导学生关注数学学习中“模型”的存在，培养初步的建模能力.

三、“魔”

所谓“魔”，即“着魔”，也就是学生对“模型”在数学学习中的运用有着深切的体验和感悟，并对之产生好奇，从而在数学学习中能主动地构想模型、建立模型、运用模型. 数学教学的终极目标，应该是让学生都懂数学、爱数学，对数学怀有敬畏之心和热爱之情. 要实现这样的目标，数学教学就不能只停留在知识和方法层面，而是要深入到数学的“腹地”，用数学自身的魅力来吸引学生. 正如日本数学家米山国藏所说：作为知识的数学出校门不到两年就忘了，唯有深深铭记在头脑中的数学的精神、数学的思想、研究的方法和着眼点等，这些随时随地地发生作用，使人终身受益.

要让学生能充分感受到数学模型和建模教学所产生的“魔力”，在实际教学中，一方面要结合日常教学给学生以充分的体验和感受. 比如，在二年级教学“确定位置”时，设定观察的规则（观察顺序）非常重要——“从左向右数是第几排”“从前往后数是第几列”“从下往上数是第几层”……如果我们结合这样的观察顺序在直观图上分别添加“横向带箭头的直线→”（坐标系中的“横轴”原型）和“纵向带箭头的直线↑”（坐标系中的“纵轴”原型），既将观察顺序形象表达，又蕴涵了二维坐标（第一象限）的基本原理. 如果学生在独立练习中也能模仿着使用，那感受会更加深刻. 而在六年级学习“确定位置”（用方向、角度、距离来确定平面图中任意一个位置）

时，如果让学生试着以观测点为中心先画出一个“十字”坐标图然后再确定位置，那么学生的观察不仅变得有序，而且准确性很高. 在此基础上，老师再对学生进行“建模”“用模”的学习水平进行适当评价和鼓励，教学的境界就会大大提升.

另一方面，也可以在中高年级进行一些专题性的训练. 我们曾以“鸡兔同笼”为例进行过这方面的尝试. 在学生初步能用不同的假设思路解答鸡兔同笼的题目后，老师提问：“生活中你见过有人把鸡和兔放在一个笼子里养殖的吗？就算放在一起养殖，也没有谁去做数头数脚这种无聊的事吧. 我们的老祖宗干吗煞费苦心地研究来研究去，一千多年过去了，鸡兔同笼这道数学题还作为宝物似的流传至今？”(屏幕显示：“鸡兔同笼”有什么独特的魅力？)在学生对所提问题一时感到困惑时，老师提议带着这个问题来继续进行“龟鹤同游”和“人狗同行”的研究并再次提出疑问：“鸡兔同笼”有什么独特的魅力？经过研究和比对，学生发现：“鸡兔同笼”不只是代表着鸡、兔同笼的问题，有很多类似的问题都可以看成是“鸡兔同笼”问题，如人马问题、牛鸡问题、汽车和自行车的轮子问题，等等. 随后，师生共同研究“信封里放着 5 元和 2 元的钞票，共 8 张，面值为 34 元，信封里 5 元和 2 元的钞票各有多少张？”探讨其与鸡兔同笼问题的关联. 经过比较和猜想，学生的认识再次提升：“这里的 2 元钞票就相当于鸡有 2 只脚，而 5 元钞票就相当于兔是 5 只脚的怪兔.”最后，老师让学生联系生活，将一些实际问题编成“怪鸡”“怪兔”同笼的数学问题并解答. 到了课堂总结时，屏幕上第三次出示：“鸡兔同笼”有什么独特的魅力？学生总结感受之后，老师顺势给以强化：从一个具体的数学问题出发，研究解法，并上升到一种模型，最后进行广泛的运用，数学就是这样发展起来的. 同样，如果我们在学习各种数学问题时能有“模型”的意识，举一反三，触类旁通，那么你必将会走向数学学习的自由王国.

上述教学通过对“‘鸡兔同笼’有什么独特的魅力？”这一问题的三次追问把整节课串联起来，虽然每一次追问的层次和目标不一样(第一次是针对具体的、“原生态”的鸡兔同笼问题发问，主要是激发学生的探究欲望，向更高的学习层次迈进；第二次是进一步明确“鸡兔同笼”问题的结构、模型，同时，又让学生很好地经历更高层次“数学化”的过程；第三次是帮助学生实现完整的“模型”建构，实现“形式的”数学知识向现实生活的“复归”)，但是，其核心都是让学生从“模型”和“建模”的角度来亲近数学，了解数学. 站在“高点”再回望探究之旅，学生对数学的认识就更加深刻了，由此产生的“魔力”，将深刻而持久地影响着他们的学习和生活.

9.3.3　小学数学建模教学应注意的问题

要在小学数学教学中对学生有效地渗透数学建模思想，培养学生的创新意识和实践能力,必须对“数学建模教学”有客观的认识.应该指出的是,尽管小学数学教学中的“建模教学”,强调数学知识与生活实际的有机结合,但并不等于小学数学的全部知识都要进行“建模教学”.那些与实际联系不当,不顾数学知识的内在联系,不顾学生的年龄特点,超越学生的接受能力,不考虑教学效果,一味追求“模型化”的做法,有违“建模教学”的初衷,应该摒弃.只有有目的、有选择地进行建模教学,才能使“建模教学”充满活力,发挥其应有的效益,小学数学建模教学应处理好以下几个关系:

一、建模教学要处理好生活与数学的关系

生活毕竟是生活,比较宽松,而数学又实在是太严谨了,弄得不好,也会产生负面效应.学生的现实生活为学生学习数学提供了广阔的经验背景,但由于学生认识的局限,这些表象有的是正确的,也有的是模糊的、片面的甚至是错误的,不能等同于科学知识,必须通过课堂教学帮助学生去伪存真,将感性上升为理性形成科学的认识.任何事物都是一分为二的,有利有弊,只有扬长避短,恰如其分地将生活现象与数学问题相关联,才能更好地发挥其教学效益.

二、建模教学要处理好知识与能力的关系

建模思想是蕴涵于知识教学之中的,而不是独立于数学教学之外的.不能把基础知识的学习、智力的开发、建模思想的渗透与学生实践能力的培养分割开来、对立起来.在教学中,既要重视知识的传授、智力的开发,又要重视学生应用意识与实践能力的培养;既要重视数学知识的系统性,又要重视知识的来源与应用教育;既要突出知识结构,又要注意缩短数学知识与现实生活的距离;既要使学生成为一个解题高手,又要使学生成为一个具有丰富的观察生活的意识与解决身边简单问题的能力的生活强者.

三、建模教学要适应儿童的认知水平

儿童从出生到成人,他们的身心经历着一个发展的过程.在这个过程中,每一个年龄阶段都表现出与其他年龄阶段相区别的一些典型的特征,所以,密切数学知识与生活实际的联系进行数学建模教学,要符合小学生的认知特点与心理发展的规律,要根据学生不同的年龄特征,逐步向学生渗透建模思想,培养数学建模的能力.情境的创设要符合儿童的生活,才能激起儿童的共鸣,收到很好的效果.如果把成人的生活阅历强加在小学生身上,将成人的生活经验与小学生学习的数学知识来一个“拉郎配”,其结果将会适得其反,越“联系”越糊涂.

四、建模教学不等同于应用题教学

在探索小学数学建模教学与应用题教学的关系上,存在着一种误区,即把小学数学建模教学与应用题教学等同起来.其原因是对小学数学建模认识模糊.应用题是具有实际背景的数学问题，只要正确理解题意，解题方向是明确的. 而数学建模，从“实际素材”上升为“数学问题”，必须经过二次飞跃. 先是将搜集来的“实际素材”（如信息、数据等）经过筛选、整理、集中、概括为一个“实际问题”，而后将“实际问题”经合理假设、抽象、选择适当的数学构造，使之成为“数学问题”. 这二次飞跃是从“量”到“质”的飞跃，它要求学生创造“自己的”数学知识，在解决问题中探究数学真理，它是动态的. 应用题教学与数学建模二者之间既有联系又有区别. 如何把数学应用题教学向“数学建模”过渡，是新课程改革的内容之一.

思　考　题

1. 少先队一小队组织一次有趣的比赛，如图所示，规则是从 A 点出发，跑到墙边，用手接触墙壁，然后跑到 B 点，接着，从 B 点再次跑到墙边用手触摸墙壁后，跑到 C 点. 问选择怎样的线路最节省时间？

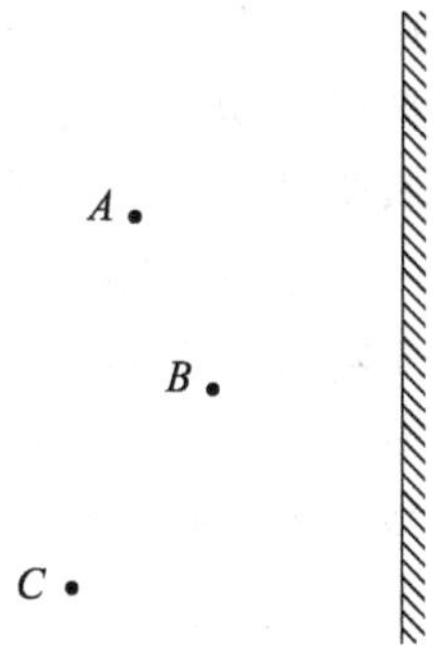

2. 某高速公路指挥部接到预报，24 小时后将有一场超历史纪录的大暴雨，为确保万无一失，指挥部决定在 24 小时内筑一道堤坝以防山洪淹没正在紧张施工的一隧道工程. 经测算，其工程量除现有施工人员连续奋战外，还需要 20 辆翻斗车同时作业 24 小时，但是，除了有一辆车可立即投入施工外，其余车辆需从各处紧急抽调，每隔 20 分钟能有一辆车到达并投入施工. 已知指挥部最多可组织到 25 辆车，问 24 小时内能否完成防洪堤坝工程？请说明理由.

3. 已知煮一个鸡蛋要 15 分钟，现在用两个计时器，一个是 7 分钟，另一个是 11 分钟，问最简单的定时方法是什么？

4. 证明：9 个人的集会中一定有 3 个人互相认识或 4 个人互相不认识.

第10章 解决问题的策略

“解决问题”是数学课程的重要目标之一.解决问题需要相应的策略支撑,通过对问题的分析、思考,让学生了解和形成解决问题的一些基本策略,体验解决问题策略的多样性.利用策略解决问题,可以夯实学生的数学基础,增强解决问题的意识,提升数学学习的能力,有利于学生的可持续发展.“解决问题的策略”教学的育人价值至少体现在以下两个方面:

第一,策略教学,符合国际数学教育的主流,是培养当今和未来的社会公民具有数学素养的途径之一.从20世纪80年代开始,“问题解决”受到国际社会的普遍重视,解决问题成为人们生存和发展的主要方式,社会生活要求人们善于解决问题.数学课程的教育功能也从向学生传承知识为主变成促进学生发展为主,从对学生的当前负责变成对学生的终身负责,这必然要考虑学生一生的需要——形成解决问题的意识和能力.对于学校数学教育中解决问题的教学,应认真考虑在有限的时间内,教会学生一些可以广泛应用、广泛迁移的解决问题的基本思想和一般方法.简单些说,就是把解决问题的策略(怎样理解题意、怎样思考解法、怎样设计步骤、怎样验证结果等)教会学生,从而使学生适应未来的社会生活,满足终身发展的需要.

第二,“策略”是数学思维的重要成分,教学“策略”有利于数学思维的发展.数学教学要让当今和未来的社会公民不仅具有数学知识,更要具有数学素养(必要的数学知识、敏感的数学意识等),其核心就是用数学的思想方法理解对象、分析对象、研究对象,从而使问题获得解决.应该说,所有数学知识的教学都能发展数学思维,而解决问题的策略则是发展数学思维的重要渠道.这是因为解题策略既包括解题方法,又包括解题智慧,是在数学思想引导下的解题思路、方式和方法.把思维的各种方法与形式比较具体地落实到解题思考和行为方面,能有效克服思维遭架空、被落空的状况,学生的数学思维能随着策略的形成而发展,从而真正落实新课程所希望的:数学教学通过“两感”(数感、符号感)和“两观念”(空间观念、统计观念)的形成,发展学生的数学思维;通过观察、实验、猜想、证明等数学活动，培养推理能力.

本章首先从高观点对解决问题的策略的含义作辨析，以利于形成对解决问题的策略更为透彻的理解，然后结合小学数学课程(苏教版)介绍常见的解决问题的策略，最后结合小学阶段关于解决问题策略的教学中存在的一些问题提出一些建议，供大家参考.

第 1 节　解决问题的策略的含义辨析

一、“策略”一词的渊源

在汉语中，“策”与“略”开始是独立存在的. 前者有马鞭、鞭打、授爵或应答、谋划等义，后者有巡行、疆界、侵夺、法度、谋划等义. 由于二者都有“谋划”之义，所以合二为一，组成“策略”一词. 我国文献中最早使用该词的大概是《人物志·接识》，其曰：术谋于人，以思谟为度，故能成策略之奇. 这里的策略，是指“计策谋略”的意思.《现代汉语词典》中对“策略”的词条解释是：(1) 根据形势发展而制定的行动方针和斗争方式.(2) 讲究斗争艺术；注意方式方法.

二、学习策略与认知策略

就学习心理理论的角度来说，“策略”是目标指向的旨在解决问题的心理操作，是一种特殊的智慧技能或认知技能. 它的学习应属于策略性知识的学习，即属于学习策略及认知策略的学习范畴，因此，有必要先对“学习策略”和“认知策略”进行简要的介绍. 心理学界对学习策略的论述是多种多样的，一般是指在学习情境中，学习者对学习任务的认识、对学习方法的调用和对学习过程的调控. 而认知策略是一种特殊的、非常重要的技能，是个体对认知过程进行调节和控制的能力，包括个体挖掘自己注意、学习、记忆和创造性思维的能力. 对于学习策略的认识，心理学界大体有三种说法：“等同说”，即把学习策略等同于认知策略；“方法说”，即学习策略是加工信息的具体方法、技能与程序等；“统一说”，即学习策略是信息加工与对信息加工进行调控的统一体.

三、解决问题与解决问题的策略

当有机体确定目标，但又不知道如何达到目标时，就产生了问题. 任何问题都含有“给定”“目标”“障碍”三个基本成分. 解决问题是从问题的起始状态(给定)出发，经过一系列有目的指向的认知操作，达到目标状态的过程. 解决问题的策略是学习策略的重要组成部分，它是指在问题解决的过程中，在元认知活动的作用下，调用(或发现)问题解决的方法，有效地组织问题解决的认知操作活动，使认知操作活动消除问题的“障碍”，实现问题“给定”到“目标”的转换，达到问题解决的目的的一种内部心理机制.

四、解决问题的策略和方法的关系

解决问题的策略和方法既有区别又有联系.就目前我国小学数学界对两者关系的认识来看,比较强调解决问题的策略和方法之间的区别,认为"策略"属于"战略"的范畴,是指向学生应付环境事件过程中控制自己"内部的"行为,是比方法上位的,是组织和开展行动的方针,能对方法的使用进行有效指导;"方法"属于"战术"的范畴,是指向学生的环境,使学生能处理"外部的"数字、文字和符号等,一般具有行为特征,有操作的成分,两者明显是不同的.然而,通过考察解决问题的整个过程,著名学习心理学家加涅指出,学生能否解决问题,既取决于是否掌握有关的规则(即方法),也取决于学生控制自己内部思维过程的策略.解决问题的方法和策略是解决同一问题过程中的两个方面,学生在学习解决问题方法的同时,也逐步形成了解决问题的策略,脱离了具体的学习内容和方法,就既不可能习得也不可能运用解决问题的策略.解决问题策略的形成是和解决问题的内容、方法结合在一起的,这就是说,解决问题"方法的掌握与应用"基本上与"解决问题的策略"是同义的,即解决问题的策略中主要包含的是解决问题的方法,解决问题的方法是解决问题的策略的重要组成成分,对解决问题策略的实施起着支持作用.形象地讲,这两者的关系就犹如一张纸币的两个面,从外观上看两个面存在着明显的区别,但是,在拿起这张纸币时就必定同时拿出两个面,两者紧密地联系在一起,如果要做到既保持完整的纸币又要把这两个面彻底分开或单独取出,那是十分困难甚至有时是不可能的.据此我们也就不难发现,许多解决问题的策略如一一列举、倒推、转化等,通常也可以称为枚举法、倒推法、转化法等解决问题的方法.我们主张在解决问题的教学中应该更加重视两者的联系,这样做并不等于说解决问题的"方法"和"策略"基本是同义的,这是因为学生在选择和使用策略方面存在着个别差异,学生即使掌握了同样程度的解决问题的方法,但由于有些学生采用的解决问题的策略较合适些,表现出来的解决问题的能力就强些.

应该看到,解决问题的策略与方法的关系和数学思想与方法的关系是十分类似的.陈立群老师在《数学教学中的知识、方法与思想》一文中认为:数学方法与数学思想互为表里,密切相关,前者呈"显性",后者为"隐性",两者都以一定的知识为基础,反之又促进知识的深化以及向能力的转化.方法是实施思想的技术手段,思想则是对应方法的精神实质和理论根据.他还认为:数学思想是在数学活动中解决问题的基本观点和根本想法,是对数学概念、命题、规律、方法与技巧的本质认识,是数学中的智慧和灵魂.因此,掌握数学思想是数学学习的最高境界. 这样我们也就可以类似地看出，解题“策略”就是数学思想在解决问题中的体现，与解题“思想”基本是同义的，于是，解题策略也应该是解决问题的基本观点和根本想法，掌握解题策略是解决问题学习的最高境界. 而且，在《标准(2011)》中，已经不再出现“解决问题的策略”的提法，已将其改为“数学思想方法”，解决问题的“策略”显然是包含于“数学思想”之中了，并对解决问题的方法给予了更多的关注，提出了使学生“能探索分析和解决简单问题的有效方法，了解解决问题方法的多样性”的教学要求. 由此，可以进一步帮助我们深刻认识和把握解题策略与方法的关系.

综上所述，解决问题的策略可以理解为寻找解题思路的指导思想，它是为了实现解题目标而采取的指导方针，解决问题的策略也应该是解决问题的基本观点和根本想法，有关解决问题的方案、计划或办法都可以称作解决问题的策略.

第 2 节　几种常见的解决问题的策略

前面我们已经明确指出，有关解决问题的方案、计划或办法都可以称作解决问题的策略. 因此，我们可以从解决问题策略的方法层面上，将解决问题的策略划分成两大类：算法和启发式.

一般地，算法是指在解决问题时按照某种机械程序一定可以得到结果的处理过程. 就小学数学解决问题学习的一般步骤而言，它主要包括以下几步：(1) 弄清题意，并找出已知条件和所求问题；(2) 分析问题里数量间的关系，确定先算什么，再算什么，最后算什么；(3) 确定每一步该怎样算，列出算式，算出得数；(4) 进行检验，写出答案. 通过算法的使用，可将策略性知识的学习转化为程序性知识的学习，可以使得思维难度较大的问题解决的学习变成思维难度相对较低的规则的学习，利于学生迅速、正确地解决问题. 启发式是一种凭借经验解决问题的方法，它也可以称为解决问题的经验规则. 如画图、分类、倒推、转化等都是小学数学中解决问题的启发式.

算法和启发式是两类不同性质的解决问题的策略，两者有明显不同的使用范围. 算法侧重于一般的解题步骤，启发式侧重于特殊的、某一类型的解题方法. 虽然算法能够保证问题一定得到解决，但它不能取代启发式. 因为不是所有的问题都有算法，有些问题是没有或尚未发现算法的；有些问题虽有算法，但应用启发式能够迅速解决问题；还有些问题过于繁杂，实际上是无法应用算法的. 目前有影响的看法是：人类解决问题，特别是解决复杂的问题，主要是应用启发式. 就小学数学解决问题的特点而言，应该是在重视算法学习的基础上，注重突出启发式的掌握.

分析小学数学解决问题中策略的类型，除了普遍的算法以外，启发式中通常有这样一些解决问题策略的类型：尝试、综合、分析、整理、画图、列表、枚举(列举)、简化、替换、假设、倒推(还原)、转化等.

另外，马云鹏教授在《小学数学教学论》一书中列举了猜测、作图、举例、情境、验证、延伸等解决问题的策略；由黄希庭教授编著的《心理学导论》一书指出思维的心智操作主要有分析、综合、比较、分类、抽象、概括和具体化. 这些内容都有助于我们对解决问题策略的启发式的理解，有兴趣的读者可以查阅.

解决问题是数学课程的重要目标之一，解决问题需要相应的策略做支撑. 解决问题的策略就是寻找解题思路的指导思想，它是为了实现解题目标而采取的指导方针. 小学生在解决问题中常出现以下情形：有时，面对数学问题，无从下手；有时，明明思路很清楚，就是解不出来；有时解题到途中，却是"山穷水尽"等等. 这些疑惑可归结为没有掌握好解决问题的策略.

现行苏教版小学数学教材介绍了以下几种常见的解决问题的策略：枚举(列举)、画(示意)图、列表、替换、假设、倒推以及转化等.

10.2.1 枚举(列举)策略

枚举(列举)策略是指通过将符合某种条件的研究对象一一罗列出来，使问题得以顺利解决的思维策略.

例 1 图 10-1 中一共有多少个长方形？

分析与解 以长方形所含小长方形的个数分类列举解决.

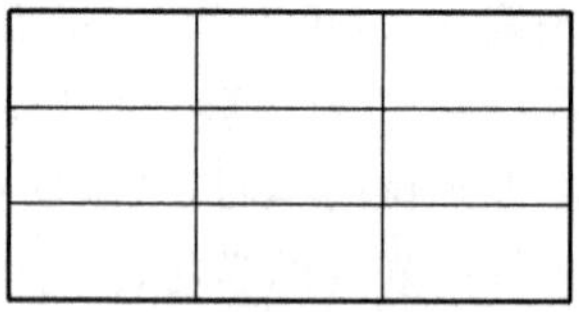

图 10-1

由一个小长方形组成的：9 个；由两个小长方形组成的：12 个；由三个小长方形组成的：6 个；

由四个小长方形组成的：4 个；由五个小长方形组成的：0 个；由六个小长方形组成的：4 个；

由七个小长方形组成的：0 个；由八个小长方形组成的：0 个；由九个小长方形组成的：1 个.

所以图 10-1 中一共有长方形 $9+12+6+4+4+1=36$ 个.

当学生把所有的情况都按一定顺序列出来的时候，思路非常清晰，此题就比较容易得到完整的解答.

例 2 妈妈买来 7 个鸡蛋，每天至少吃 2 个，吃完为止，有多少种不同的吃法？

分析与解 要求有多少种不同的吃法，需要考虑吃的天数和每天吃的鸡蛋个数. 由于总共有 7 个鸡蛋，每天至少吃 2 个，所以最多 3 天吃完，故以天数分类列举是较简单的方法.

一天吃完：7；两天吃完：5+2，2+5，4+3，3+4；三天吃完：3+2+2，2+3+2，2+2+3. 所以，一共有 8 种不同的吃法.

例 3 16 名运动员进行羽毛球单打比赛，采用淘汰制，最后产生 1 名冠军，共要进行几场比赛？

分析与解 按照赛程顺序列举解答.

第一轮，将 16 名运动员分 8 组，每组 2 名，共比赛 8 场，淘汰 8 名；

第二轮，将 8 名运动员分 4 组，每组 2 名，共比赛 4 场，淘汰 4 名；

第三轮，将 4 名运动员分 2 组，每组 2 名，共比赛 2 场，淘汰 2 名；

第四轮，剩下 2 名冠亚军比赛，共比赛 1 场，淘汰 1 名.

所以共比赛 8+4+2+1=15 场.

列举策略所蕴涵的基本数学思想方法是分类思想以及相应的分类方法，列举只有讲究科学合理与有序，才能做到不重不漏，提高工作效率.

有些问题的条件比较复杂，采用枚举（列举）策略求解时，可以考虑题中哪个部分条件出现的可能情况为有限个，我们先把这些可能的情况一一列举出来，再根据另一部分条件进行验证，使问题得以顺利解决.

例 4 哥德巴赫猜想：每一个大于或等于 6 的偶数，都可以表示成两个素（质）数之和. 问：168 可以表示为哪两个两位数的质数之和，并且其中一个的个位数字是 1？

分析与解 要将 168 表示成两个两位数的质数之和，很显然这两个质数必须都大于 68，再从本题的“其中一个的个位数字是 1”入手，对符合条件的两位数进行枚举，找到本题答案.

由题意，这两个质数必须都大于 68，满足“大于 68”和“个位数字是 1”这两个条件的两位数只能是：71，81，91，其中只有 71 是质数，所以另一个质数是 97，故本题所求的两个两位数的质数分别是 71，97.

从以上例子不难看出，列举策略适用于“用列式解答比较困难”的问题，它是“把事情发生的各种可能进行有序思考、逐个罗列，并用某种形式进行整理，从而找到问题答案”的一种策略. 其实质是通过列举具体事实，使数学问题的情境具体化，从而使问题得以顺利解决. 运用列举策略解题时应注意三点：第一，数目不太大，否则非常费时；第二，列举时必须保证不重复、不遗漏；第三，还要注意对可能的情况进行恰当分类. 运用列举策略解题的一般步骤是：(1) 列出问题的可能解答；(2) 逐一检验；(3) 找出正确答案.

10.2.2 画图策略

画图策略是指根据数学问题画出直观图形表达题意，以帮助学生加工信息，正确地审题、分析和检验，从而使数学问题得以顺利解决的策略. 一般画图的方法有：实物简图、情景图、示意图、连线图、几何图(包括线段图形、平面图形、立体图形)、集合图等.

例 5 用一个杯子向空瓶里倒水，倒进 4 杯水，连瓶共重 380 克；倒进 6 杯水，连瓶共重 500 克. 问一杯水的重量是多少克？这只空瓶的重量又是多少克？

分析与解 借助实物简图分析数量关系并求解.

先画 1 个瓶子，在瓶子后面画 4 个杯子；在它们的下面又画 1 个瓶子，在瓶子后面画 6 个杯子(图 10-2)，一对比，下面的比上面的多出了 2 个杯子，这两杯水的重量就是 500－380＝120 克. 从而一杯水就是 60 克，再用 380－60×4＝140 克，就得到了空瓶的重量.

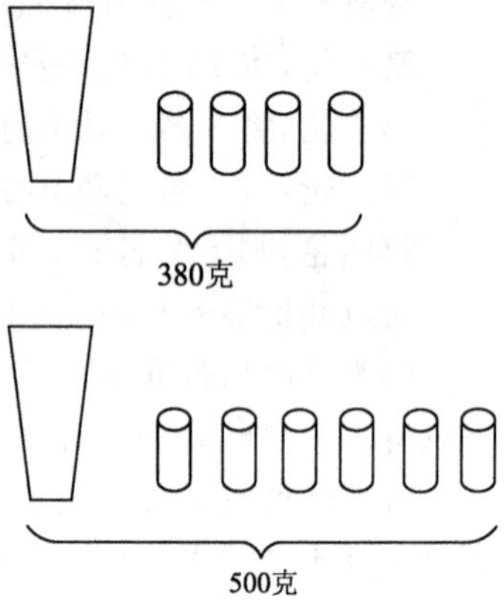

图 10-2

如果列一个二元一次方程，例 5 是很容易解决的，但如果给小学三年级学生做此题，由于没有方程的基础，所以只能用算术法解答，这时用画实物简图求解就显得简捷明了.

例 6 甲、乙两人原有存款数相等，甲取出 250 元，乙存入 350 元，乙的存款正好是甲的 3 倍，求甲、乙原来的存款各有多少元.

分析与解 根据题意，可画出如下线段图(图 10-3)，借助线段图直观分析并求解.

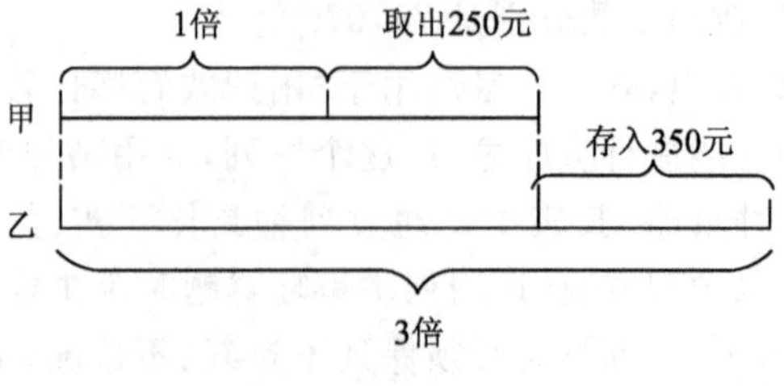

图 10-3

把甲剩下的存款量看作“1”倍，由图 10-3 可知，(250＋350)元就相当于它的

(3－1)倍，于是可以先求出“1”倍数，即甲剩下的存款量：(250＋350)÷(3－1)＝300(元)，所以甲原来的存款为 300＋250＝550(元)，乙原来的存款为 550(元).

例 7　甲、乙、丙、丁与小强 5 位同学一起比赛象棋，每两人都要比赛一盘，到现在为止，甲已经赛了 4 盘，乙赛了 3 盘，丙赛了 2 盘，丁赛了 1 盘，问小强赛了几盘？

分析与解　将 5 个人看作 5 个“点”，两人比赛过，就用线条连结相应的两个点，根据条件画线条图求解. 根据“甲已经赛了 4 盘”，画出图 10-4，再根据“丁赛了 1 盘”“乙赛了 3 盘”“丙赛了 2 盘”，画出图 10-5，从图中直接看出小强赛了 2 盘.

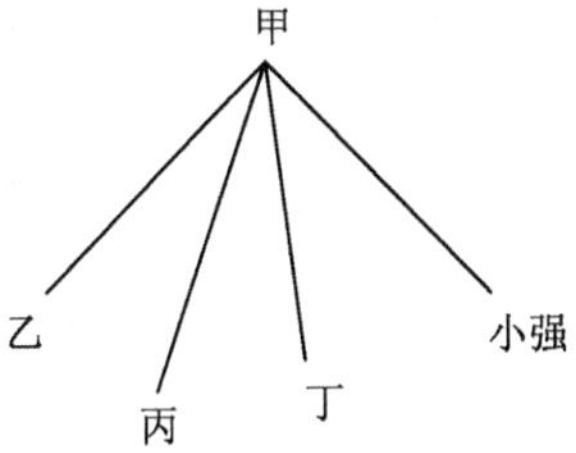

图 10-4

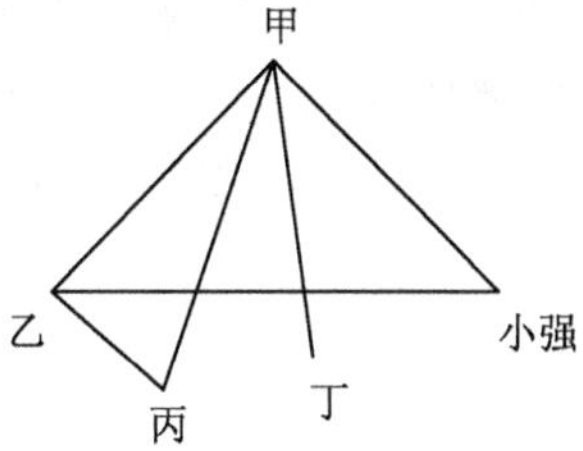

图 10-5

例 8　一辆汽车从城市开往山区，往返共用 20 小时，去的时间是回来的 1.5 倍，去时的速度比回来的速度每小时慢 1 千米，求汽车往返共行了多少千米.

分析与解　题目告诉我们往返共用 20 小时，去的时间是回来的 1.5 倍，所以很容易求出去的时间为 12 小时，回来的时间为 8 小时. 因为路程＝速度×时间，所以可用长方形的长与宽分别表示速度与时间，那么长方形的面积值就和路程值相等，可以画平面图形(图 10-6). 由于往返路程是一样的，所以长方形 $ABCD$ 与长方形 $AEFG$ 的面积相等，那么阴影①与②的面积相等，从而问题获解.

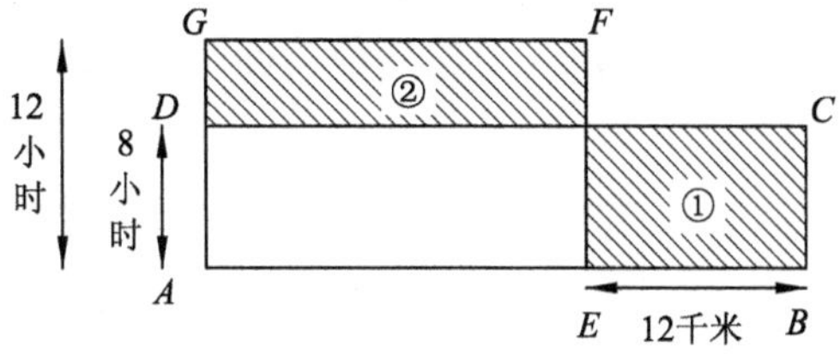

图 10-6

阴影①的面积：12×8＝96，

阴影②的边长 FG：96÷(12－8)＝24，

长方形 $ABCD$ 的长 AB：24＋12＝36，

长方形 $ABCD$ 的面积：36×8＝288，

往返路程：288×2＝576(千米).

运用图形把抽象问题具体化、直观化，从而学生能迅速地搜寻到解题的途径. 怪不得苏联心理学家克鲁切茨对天才儿童的研究发现，许多天才儿童是借助画图解决问题的，而数学上能力较差的学生在解决问题中不依靠形象图形，最主要的是他们不知道如何依靠图形(缺乏画图策略). 因而，对学生进行画图策略的指导就显得尤为重要.

画图策略所蕴涵的基本数学思想或方法是数形结合思想与相应的画图法，这种策略适用于解决“较抽象而又可以图象化”的问题，它是“用简单的图直观地显示题意、有条理地表示数量关系，从中发现解题方法、确定解题方法”的一种策略. 小学生的生活经验和知识都是十分有限的，因此在思考解决问题时难免会遇到困难. 小学生在纸上涂涂画画可以拓展思路，使用这个解题策略，比较符合小学生的思维形象性的特点. 运用此策略时要注意：(1) 让学生在画图的活动中体会方法，学会方法；(2) 画图前要理清数量关系；(3) 画的图形要与数量关系相统一.

10.2.3 列表策略

列表策略是指用列表的方法收集、整理信息，通过从已知条件出发思考或从所求问题出发思考，分析数量关系，找到解决问题的有效方法的策略.

例 9 荒地村砂场用 3 辆汽车往火车站运送砂子，5 天运 180 吨. 照这样计算，用 4 辆同样的汽车 15 天可以运送多少吨砂子?

分析与解 摘录题中条件，排列成下表：

表 10-1

辆数	天数	吨数
3	5	180
4	15	?

解此题的要点是先求出一辆车一天运多少吨. 表中由于汽车的辆数、运送的天数和吨数这三个直接相关联的数量排在同一横行，因此容易想到，$180\div5$ 得到 3 辆车 1 天运多少吨，$180\div5\div3$ 就得到一辆车一天运多少吨；接着便可想到求出 4 辆车 1 天运多少吨，15 天运多少吨. 列式如下：

一辆车一天运的吨数：$180\div5\div3=12$(吨)；

4 辆车 15 天运送的吨数：$12\times4\times15=720$(吨).

列表可以将杂乱的事物和数量整理得有条有理，这样便于发现规律，找出关系和特点，这在解决问题时很有用.

例 10 一位同学语文、数学、外语、体育、美术五门学科的平均成绩是 88 分，数学、外语两科的平均成绩是 90.5 分，语文、体育两科的平均成绩是 85 分，并且语文比体育少 10 分，外语和体育的平均成绩是 88 分. 这位同学五门学科的成绩各是多少？

分析　这道题的条件很复杂，可以将它们列成下表：

表 10-2

语文	数学	外语	体育	美术	平均(分)
√	√	√	√	√	88
	√	√			90.5
√			√		85
		√	√		88

从表中第二行信息可知五科总分，再从表中第三行、第四行信息分别可知数学、外语两科总分以及语文、体育两科总分，由此可以求出美术分数；由语文、体育总分以及语文比体育少 10 分，可求出体育分数和语文分数；从表中第五行信息可知外语、体育两科总分，结合已求出的体育分数可求出外语分数；由数学、外语两科总分以及求出的外语分数，可求出数学分数.

解答　美术的分数为 $88\times5-90.5\times2-85\times2=89$(分).

根据题意，可得体育的分数为$(85\times2+10)\div2=90$(分)，

于是语文分数为 $90-10=80$(分)，外语分数为 $88\times2-90=96$(分)，数学分数为 $90.5\times2-86=95$(分).

例 11　某市举行家庭“普法”学习竞赛，有五个家庭进入决赛，规定每个家庭有 2 名成员参加. 决赛时，进行四次比赛，每次比赛各家出 1 名成员参赛. 第一次参赛的是 A,B,C,D,E，第二次参赛的是 F,B,A,D,G，第三次参赛的是 C,H,A,I,F，第四次参赛的是 G,A,B,H,E，此外有一人 K 因故四次均未参加. 问谁和谁是一家人？

分析　如果 X,Y 两人在某一次比赛中恰好有一人(不妨设 X)参加，而且 X 在这次比赛中和其余 8 人(Y 除外)都比赛过，则 X,Y 是一家人. 由于条件比较复杂，不妨用表格形式将条件呈现出来，从中发现有价值的信息，启迪解题思路.

解答　将题目条件列成下表：

表 10-3

比赛场次	参赛人员							
一	A	B	C	D	E			
二	A	B		D		F	G		
三	A		C			F		H	I
四	A	B			E		G	H	

从表格中容易发现，A 和 B，C，D 等 8 人都比赛过，只有和 K 未同时出场，所以 A 和 K 是一家人；在另外 8 人中，因为 B 和 C，E 等 6 人都比赛过，只有和 I 未同时出场，所以 B 和 I 是一家人；同样分析可得，C 和 G，D 和 H，E 和 F 分别是一家人.

列表策略适用于解决“信息资料复杂、信息之间关系模糊”的问题，它是“把信息中的资料用表列出来，观察和理顺问题的条件，发现解题思路”的一种策略. 运用此策略时要注意：(1) 带领学生经历填表过程；(2) 引导学生理解数量之间的关系；(3) 启发学生利用表格理出解题思路，说一说自己的发现，感受函数关系.

另外，列表策略不等于列表，不能把列表目标定位在学生仅仅可以列表整理信息，而应该让学生经历从列表整理信息到根据表格分析数量关系、解决问题，再到感受价值的系列活动，体验并形成完整的解决问题的策略. 表格只是一种形式，它的内涵是对应，渗透了函数思想，所以不能止于有形的表格，应该走向无形的整理. 从有形到无形，还有许多过渡性办法，如摘录信息、箭头表示对应关系、直接在题目上勾勾画画等，最终要求学生能够把题目里的条件和问题看在眼里，在无形的思维活动中进行整理.

10.2.4 替换策略

替换策略是指将问题中的一个量用另一个量替换，通过分析替换后的数量关系求解问题的思维策略.

例 12 小明把 720 毫升果汁倒入 6 个小杯和 1 个大杯，正好都倒满. 小杯的容量是大杯的 $\frac{1}{3}$. 小杯和大杯的容量各是多少毫升？

分析与解 1 因为小杯的容量是大杯的 $\frac{1}{3}$，所以 1 个大杯可以换成 3 个小杯. 由题意，720 毫升果汁倒入 $(6+3)$ 个小杯，正好倒满，所以 $720\div(6+3)=80$

（毫升），求到的就是小杯的容量，然后用 $80\times3=240$（毫升），求到的就是大杯的容量.

分析与解 2　因为小杯的容量是大杯的$\frac{1}{3}$，所以 6 个小杯可以换成 2 个大杯. 由题意，720 毫升果汁倒入(2+1)个大杯，正好倒满，所以 $720\div(2+1)=240$（毫升），求到的就是大杯的容量，然后用 $240\times\frac{1}{3}=80$（毫升），求到的就是小杯的容量.

此例属于“倍数关系”的替换. 若将例 12 改编为如下的例 13，应如何思考呢？

例 13　小明把 720 毫升果汁倒入 6 个小杯和 1 个大杯，正好都倒满. 小杯的容量比大杯少 20 毫升. 小杯和大杯的容量各是多少毫升？

分析与解　此例属于“相差关系”的替换，因为小杯的容量比大杯少 20 毫升，所以 1 个大杯可以换成“1 个小杯，加 20 毫升”. 由题意，720 毫升果汁倒满(6+1)个小杯，还剩余 20 毫升，即(720−20)毫升果汁倒入(6+1)个小杯正好倒满，所以 $(720-20)\div(6+1)=100$（毫升），求到的就是小杯的容量，然后用 $100+20=120$（毫升），求到的就是大杯的容量.

替换的本质是通过替换将两个未知量之间的关系统一为一个未知量，目的是将问题转化为简单的、熟悉的问题. 替换策略所蕴涵的基本数学思想或方法是过程中的不变量思想以及相应的等量关系. 从方法角度看，替换也是初中解方程中“代入法”的雏形. 而作为方程，最重要的是建立等量关系. 上述“相差关系”的替换学习，完全可以和方程结合起来教学（“倍数关系”的替换，使用算术方法解答更简便，但是在理清替换过程中的等量关系时，可以借助于列方程时分析等量关系的方法进行），不要一味地从算术方法的角度去思考. 事实上，果真借助于方程中等量关系分析的思路来完成替换后，再用算术方法解题也不是难事.

“替换”不一定是实实在在事物的替换，更主要的是一种数量关系的转换. 尤其是从数学的学科本质和学生的数学思维出发，更加应该超越“物”的替换的肤浅阶段.

替换策略较适用于解决“条件关系复杂、没有直接方法可解”的问题. 运用此策略时要注意：(1) 把握替换的思路，提出假设并进行替换，分析替换后的数量关系；(2) 掌握替换的方法，在题目中寻找可以进行替换的依据，表示替换的过程；(3) 抓住替换的关键，明确什么替换什么，把握替换后的数量关系.

10.2.5　假设策略

假设策略是指依据已知条件，通过先设定某一数量、某一情节或某一结果，从假设的情况入手分析、推理、计算，并对照已知条件将数量上出现的矛盾加以适当调整，最后找到答案，使问题顺利解决的思维策略. 常用的有条件假设、问题假设、情境假设、单位假设等.

有些问题中的数量关系比较隐蔽，如果对条件作出某种假设，往往能顺利找到解决问题的途径.

例 14 玩具厂生产红、黄、白三种颜色的小汽车共 400 辆，其中红汽车是黄汽车的 4 倍，白汽车比黄汽车多 40 辆，求玩具厂生产三种小汽车各多少辆.

分析 因为红汽车和白汽车辆数都与黄汽车辆数有关，所以我们就以黄汽车辆数为标准对其他数量进行假设. 假设白汽车辆数减少 40 辆，就与黄汽车辆数同样多了，这时，三种汽车辆数的和就为 $400-40=360$(辆)，这个和对应黄汽车辆数的 $4+1+1=6$ 倍，由此可以求出黄汽车辆数，进而求出白汽车和红汽车的辆数.

解答 黄汽车辆数：$(400-40)\div(4+1+1)=360\div 6=60$(辆)，

白汽车辆数：$60+40=100$(辆)，

红汽车辆数：$60\times 4=240$(辆).

答：红汽车有 240 辆，黄汽车有 60 辆，白汽车有 100 辆.

通过条件假设，可使隐蔽的数量关系明朗化，使不便利用的已知条件便于利用.

有时问题初看似乎无从下手，可对问题提出假设性答案，然后进行推算，当所得结果与题目的条件出现差异时，再加以调整，直到与题目的条件符合，从而得出正确答案.

例 15 全班 42 人去公园划船，一共租了 10 只船. 每只大船坐 5 人，每只小船坐 3 人，位置刚好坐满. 租用的大船和小船各有几只？

分析与解 1 假设大船和小船只数相等，即大船 5 只，小船 5 只，则共坐了 $5\times 5+3\times 5=40$ 人，比全班 42 人少 2 人，为什么会少 2 人呢？因为假设的 5 只小船中有部分实际上是大船，1 只大船被当作 1 只小船会少坐 2 人，少 2 人是因为有 1 只大船被当作了小船($2\div 2=1$ 只)，所以大船 6 只，小船 4 只.

分析与解 2 假设 10 只都是大船，则共坐了 $5\times 10=50$ 人，比全班 42 人多 8 人，为什么会多 8 人呢？因为假设的 10 只大船中有部分实际上是小船，1 只小船被当作 1 只大船会多坐 2 人，多 8 人是因为有 4 只小船被当作了大船($8\div 2=4$ 只)，所以小船 4 只，大船 6 只.

分析与解 3 假设 10 只都是小船，则共坐了 $3\times 10=30$ 人，比全班 42 人少 12 人，为什么会少 12 人呢？因为假设的 10 只小船中有部分实际上是大船，1 只大船被当作 1 只小船会少坐 2 人，少 12 人是因为有 6 只大船被当作了小船（12÷2=6 只），所以大船 6 只，小船 4 只.

例 16　有一个数乘 4，将所得积减去这个数的$\frac{1}{4}$，再除以 3，然后依次减去这个数的$\frac{1}{2}$，$\frac{1}{3}$和$\frac{1}{4}$，最后得到 10，求这个数是多少.

分析　由于这个数每次都参与乘或除运算，故可以对这个数提出假设性答案，然后推算，若出现差异，再作调整.

解答　假设这个数为 12，按题中叙述进行运算得$\left(12\times4-12\times\frac{1}{4}\right)\div3-\frac{12}{2}-\frac{12}{3}-\frac{12}{4}=2$.

而题目的条件是最后应该得到 10，是根据假设进行计算所得结果 2 的 5 倍，因此所求数应该是 $12\times5=60$.

想一想，本例为什么假设“这个数为 12”？假设其他一个常数是否可以？当然，本例若设这个数为 x，列方程解肯定是可以的.

有些问题的情境比较复杂，数量关系不明显，此时可对情境作出适当的假设，使隐蔽的数量关系明朗化，达到化难为易的目的.

例 17　甲从 A 地到 B 地，每小时走 4 千米，可以准时到达，如果每小时走 5 千米，可以提前 1 小时到达，求 AB 两地的路程.

分析　由于速度已知，故欲求 AB 两地的路程，只需知道行走的时间，而第二种速度与第一种速度行走的时间不一样，可以假设二者相等，运用情境假设策略求解.

解答　“如果每小时走 5 千米，可以提前 1 小时到达”，假设到达 B 地继续前进 1 小时，则在相同的时间内会多走 5 千米. 通过比较发现，第二种速度比第一种速度每小时多走 $5-4=1$（千米），一共多走了 5 千米，说明以第一种速度从 A 地到 B 地走了 5 小时，所以 AB 两地的路程是 $4\times5=20$（千米）.

解答某些问题时，可假设涉及的某个数量为单位“1”或几，进而列式求解.

例 18　有甲、乙两筐苹果，甲筐比乙筐轻 7 千克，甲筐苹果卖出$\frac{3}{5}$，乙筐苹果卖出$\frac{11}{16}$后，两筐剩下的苹果重量相等. 问原来甲、乙两筐各有多少苹果？

分析　假设甲筐原有苹果 5（重量单位），先求出 1 重量单位苹果对应的千克数，进而求出甲筐原有苹果及乙筐原有苹果.

解答 假设甲筐原有苹果5(重量单位),卖出$\frac{3}{5}$后,还剩$5\times\left(1-\frac{3}{5}\right)=2$(重量单位),乙筐卖出$\frac{11}{16}$后,还剩$1-\frac{11}{16}=\frac{5}{16}$,由题意乙筐的$\frac{5}{16}$等于2(重量单位),所以乙筐苹果为$2\div\frac{5}{16}=6.4$(重量单位),因此甲筐比乙筐少$6.4-5=1.4$(重量单位).但实际上甲筐比乙筐轻7千克,所以每1(重量单位)相当于$7\div1.4=5$(千克),所以甲筐苹果重$5\times5=25$(千克),乙筐苹果重$25+7=32$(千克).

假设策略所蕴涵的基本数学思想或方法是不变量思想和逼近思想以及相应的等量关系和逼近方法.这种策略主要运用于解决"一些数量关系比较隐蔽"的问题,它是"根据题目中的已知条件或结论作出某种假设,然后根据假设进行推算,对数量上出现的矛盾进行适当调整,从而找到正确答案"的一种策略.

运用假设策略时要注意:(1) 根据题目的已知条件或结论作出合理的假设;(2) 要弄清楚由于假设而引起的数量上出现的矛盾,并作适当调整;(3) 根据一个单位相差多少与总数共差多少之间的数量关系解决问题;(4) 假设策略往往与替换策略结合使用.

10.2.6 倒推策略

倒推策略是指由数学问题的结果出发,运用加与减、乘与除意义之间的互逆关系,从后向前一步步地推算,使问题得以解决的思维策略.也就是把题目中的某个变量按原来变化顺序的相反顺序思考.

例19 树林中的三棵树上共落着48只鸟,如果从第一棵树上飞走8只落到第二棵树上,再从第二棵树上飞走6只落到第三棵树上,这时三棵树上鸟的只数相等.问:原来每棵树上各落多少只鸟?

分析与解 从"三棵树上鸟的只数相等"入手,采用倒退策略求解.

因最后三棵树上鸟的只数相等,可得最后出现在每棵树上鸟的只数为$48\div3=16$(只).第三棵树上现有的鸟16只是从第二棵树上飞来6只后得到的,所以第三棵树上原来有鸟$16-6=10$(只).同理,第二棵树上原来有鸟$16+6-8=14$(只).第一棵树上原来有鸟$16+8=24$(只).问题得解.

例20 一个最简分数,分子、分母的和是50,如果分子、分母都减去5,所得的分数是$\frac{2}{3}$,求这个分数原来是多少.

分析 由原来分子、分母之和50减去两个5,求出现在分子和分母的和,即

$50-2\times5=40$,得到现在的分子和分母的和以后,发现$\frac{2}{3}$的分子和分母的和明显比所得到的数 40 小,说明已经约分过了,可以用 40 除以$(2+3)$求出约分前的分子与分母的最大公约数为 8,接着运用倒推策略,就可以求出原来的分数.

解答　$50-2\times5=40$,$40\div(2+3)=8$,$2\times8+5=21$,$3\times8+5=29$,所以这个分数原来是$\frac{21}{29}$.

倒推策略所蕴涵的基本数学思想或方法是过程或运算的可逆性思想以及相应的互逆运算.这种策略主要运用于解决"已知'(1) 最终结果;(2) 到达最终结果时每一步的具体过程或做法;(3) 未知的是最初的数量'这三个条件"的问题,它是"从题目的问题或最终结果出发,根据已知条件一步一步地进行逆向推理,逐步靠拢已知条件,直至问题解决"的一种策略.

运用此策略时要注意:(1) 理清事物的发展顺序与进程,为倒推做准备;(2) 在倒推的过程中,每一步运算都是原来运算的逆运算;(3) 这类问题还可以用画线图和列表的方法来解决.

10.2.7　转化策略

转化策略是指在遇到复杂的、陌生的新问题时,可以根据题目中存在的量之间的关系,通过换角度、换方式、换叙述等转换办法,把一个数学问题变更为一类已经解决或比较容易解决的问题,从而使原问题得以解决的一种思维策略.

要实现一次转化,必须考虑到转化的方向、转化的对象和转化的方法.转化的方向即变形的目标,转化的对象有三种情况:一是转化已知条件,二是转化所求问题,三是转化整个题目.转化的方法一般有变形法和分解法.

变形法是指,在解决问题的过程中,将原问题的形式进行适当的变形,以解决变形后的问题来获得原问题的解.分解法是指,把需要解决的问题,按照可能与需要分成若干部分,直到可以圆满解决为止.波利亚说过:"当我们的问题比较困难时,我们可能感到很有必要进一步把问题再分解成几部分""分解问题后,我们试用某个新方式重新组合其元素,尤其是,我们可以尝试

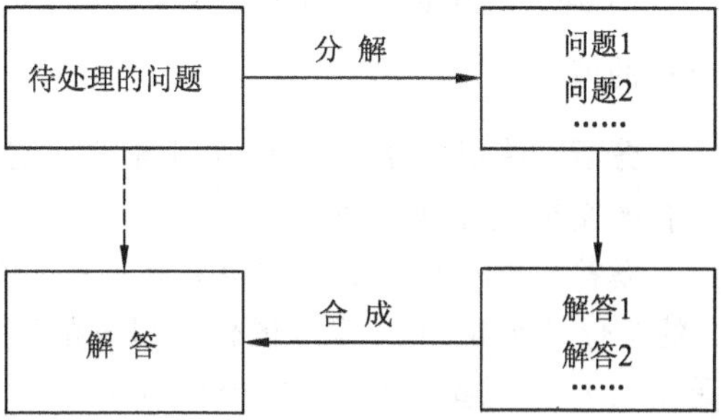

图 10-7

把问题的元素重新组合成某个新的、更好下手的问题.”其模式可以用图 10-7来表示.

比如,我国古代《孙子算经》中“物不知其数”问题:今有物不知其数,三三数之剩二,五五数之剩三,七七数之剩二,问物几何?该题看上去很困难,但稍加审题可发现,先求满足“三三数之剩二,七七数之剩二”的数是几.通过计算得到满足这两个条件的最小数是 $3\times7+2=23$(人),再看满足这两个条件的数哪一个能满足第三个条件“五五数之剩三”,这样问题就能得到解决.在这个问题的解答过程中,把满足问题的三个条件分解成两组,再把两组组合起来,就得到了问题的解.

下面重点从转化的对象角度,分类列举转化策略的具体应用.

例 21 某班级男女生人数的比是 5∶6,本学期调来一名女学生,现在男女生人数的比是 4∶5.该班级原来有学生多少人?

分析 由于女生人数在变,解题遇到困难,而男生没有变,所以可以将先后“男生与女生人数的比”转化成“女生与男生人数的比”来求解.

解答 原来男女生人数的比是 5∶6,也即女生人数是男生人数的 $\frac{6}{5}$,调来一名女生,现在男女生人数的比是 4∶5,也即女生人数是男生人数的 $\frac{5}{4}$,这样很快发现其本质关系:$\frac{5}{4}$ 与 $\frac{6}{5}$ 的差是由于调来的一名女生造成的,故男生人数为 $1\div\left(\frac{5}{4}-\frac{6}{5}\right)=20$(人),原来女生 $20\times\frac{6}{5}=24$(人),班级原来有学生 44 人.

本例中由于女生人数在变,而男生人数没有变,所以将两个关系等价变形为女生人数是男生人数的几分之几,起到了化难为易的效果.这里转化的对象是已知条件,转化的方法是变形法.

例 22 已知 n 是一个四位数,它是 6 的倍数,每个数位上的数字是 7 或 8,试求 $\frac{n}{3}$ 的值.

分析 将已知条件分解,分别求满足各个条件的对象的集合,然后再求这些集合的交集,使问题获解.

解答 由 n 是 6 的倍数得 n 是 2 的倍数,又是 3 的倍数,由 n 是 2 的倍数得 n 的个位是偶数,由 n 是 3 的倍数得 n 的数字之和是 3 的倍数,与 n 的四个数字是 7 或 8 组合起来推得 n 的个位数字是 8,令 3 位数字分别为 7,7,8,于是 n 为 7 788 或 7 878 或 8 778,从而 $\frac{n}{3}$ 的值为 2 596 或 2 626 或 2 926.

本例中转化的对象也是已知条件，转化的方法是分解法，通过分解将“n 是 6 的倍数”这个条件化难为易.

例 23　求 1 至 100 中不能被 3 整除的所有数的和.

分析 1　把所求问题转化为求“1 至 100 中所有被 3 除余数是 1 的数的和”以及“1 至 100 中被 3 除余数是 2 的数的和”.

解答 1　$1+4+7+\cdots+100=\frac{(1+100)\times 34}{2}=1\,717$，

$2+5+8+\cdots+98=\frac{(2+98)\times 33}{2}=1\,650$，

$1\,717+1\,650=3\,367$，

所以 1 至 100 中不能被 3 整除的所有数的和为 3 367.

分析 2　直接求满足条件的数的和，计算比较复杂，如果把所求问题通过分解，转化为求“1 至 100 所有数的和”以及“1 至 100 中能被 3 整除的所有数的和”，问题即可获解.

解答 2　$1+2+3+\cdots+100=\frac{(1+100)\times 100}{2}=5\,050$，

$3+6+9+\cdots+99=\frac{(3+99)\times 33}{2}=1\,683$，

$5\,050-1\,683=3\,367$，

所以 1 至 100 中不能被 3 整除的所有数的和为 3 367.

本例的解答 1 和解答 2，转化的对象都是所求问题，采用转化的方法都是分解法，但分解的思路是不同的.

例 24　四个一样的长方形和一个小正方形拼成如图 10-8 所示的一个大正方形，已知大正方形和小正方形的面积分别为 64 平方米和 16 平方米，问长方形的长和宽各为几米？

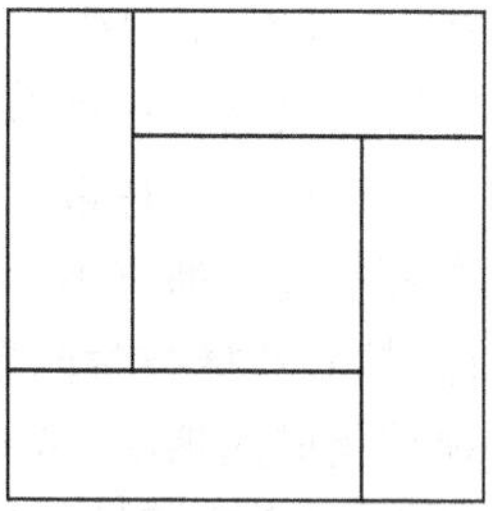

图 10-8

分析　根据图 10-8，大正方形边长等于长方形的长和宽之和，小正方形边长等于长方形的长和宽之差，于是转化为“和差问题”求解.

解答　由已知得，大正方形和小正方形边长分别为 8 米和 4 米. 根据图 10-8 得，长方形的长和宽之和为 8 米，长和宽之差为 4 米，所以长等于$(8+4)\div 2=6$ 米，宽等于$(8-4)\div 2=2$ 米.

例 25　王老师为学校买体育用品，他所带的钱可买 12 个篮球或 18 个足球. 如果王老师买了 8 个篮球，剩下的钱全部买足球，还可以买几个足球？

分析与解 题中既不知王老师所带的钱数，又不知每个篮球和足球的价钱，学生感到无从下手. 如果把总钱数理解为总工作量，把所带的钱可买12个篮球或18个足球理解为甲、乙两人完成总工作量各需12天和18天，那么可将整个题目转化为一道工程问题：“一项工程，甲做需12天，乙做需18天，现在甲先做8天后，再由乙接着做，还需多少天能完成？”撇开题目的具体内容，这道工程问题的结构和例24完全一样，由此可得例24的解答方法：$\left(1-\frac{1}{12}\times 8\right)\div\frac{1}{18}=6$(个).

例24和例25中转化的对象都是整个题目，转化的方法也是变形法.

以上结合具体的例子介绍了7种常见的解决问题的策略，至于其他的策略，诸如尝试、综合、分析、举例、猜测、验证、延伸等解决问题的策略本章不作介绍. 转化的本质是把原问题化为能解决或较易解决的问题. 它的功能是化繁为简，化难为易，化复合为单一，化抽象为具体，化隐蔽为外显. 转化的形式通常有难与易的转化、动与静的转化、顺与逆的转化、特殊与一般的转化、正与反的转化等.

其实，从古到今，转化一直是数学家们解决问题的重要思想. 这种思想始终伴随着数学的发展. 大约两千多年前，我国的数学名著《九章算术》就曾记载着一种求最大公因数的方法“以少减多，更相减损”. 比如，求51和34的最大公因数就可以转化成求它们的差17与其中较小数34的最大公因数，再转化成34与17的差和17的最大公因数，这样就求出两个数的最大公因数是17(理由是：$(a,b)=(a,a-b)(a,b\in\mathbf{N}^*,a>b)$).

匈牙利著名数学家路莎·彼得(Rozar Peter)在其名著《无穷的玩艺》中曾经指出：数学家们往往不是对问题进行正面的攻击，而是不断地将它变形，直到把它转变成能够得到解决的问题.

转化是一种常见的、极其重要的解决实际问题的方法. 可以这样说，任何一个解题过程都离不开转化. 运用转化策略时要注意：(1) 体会转化策略的实用价值，精心选择数学问题；(2) 突破运用转化策略的关键，把新问题、非常规问题分别转化成熟悉的、常规的且能够解决的问题；(3) 在丰富的题材里灵活应用转化策略，提高应用转化策略解决问题的能力.

俗话说：解题有法而无定法. 这正说明了数学问题的纷繁复杂，解题技法的灵活多变. 一个数学问题摆在面前，其思维的触须是多端的. 以上所述的几种解题策略只是平时常用的导引途径. 为了能够更有效地提高解题能力，还要学生在解题实践中不断思索探求，逐步积累解题经验，以掌握更多、更具体的解题方法和思维策略.

第 3 节　小学数学中解决问题策略的内容编排

《标准(2011)》在“解决问题”方面的总体目标中明确要求要让学生“学会解决问题的基本方法，体会策略的多样性”. 其实，解决问题的策略很多，小学阶段不可能都学习. 苏教版教材选择了一些最基本的、适用面宽的、小学生能够掌握的策略作为教学的起点，使学生初步学会一些解决问题的思想、方法与技巧，用于解答一些常规的或非常规的问题，为以后学习更多、更高级的策略打下基础.

教材是体现课程改革的载体，也是众多教育工作者智慧的结晶. 苏教版教材采用分散与集中相结合的原则，根据儿童发展的生理和心理特征，将解决问题的策略这部分教学内容作以下安排：

第一学段：

苏教版小学数学教材一年级至三年级，没有独立编写一个“解决问题的策略”的单元分别介绍一些解决问题的策略. 但是，在教材中有渗透一些基本解题策略的思想方法. 例如，二年级(下册)“乘法口诀和口诀求商”中安排列表法解决问题，使学生对这种解决问题的策略有了初步的了解. 另外，在低年级“统计”这部分内容中，用到表格统计数字，这些都为以后的进一步学习做好了充分准备.

第二学段：

从四年级(上册)到六年级(下册)，每一册教材中都安排了一个“解决问题的策略”单元，每个单元以一种策略为主，多种策略相辅，前后一共教学七个策略：列表、画图、列举、倒推、替换、假设、转化. 每个策略的学习都遵循学生形成解决问题策略的一般规律进行编排：首先是激发策略的学习需求，经历策略的形成过程；进而逐步理解策略，提升策略运用的水平.

教材在编排上具有以下特点：

一、在基础知识的教学中渗透策略

在日常教学中，教材中的许多数学知识，都是采用“问题解决”的方式编排的. 教材往往会把要教学的数学知识融入具体的情境中，形成一个需要解决的现实问题，通过问题的解答，学生既认识了新的数学知识，又经历了知识的形成过程. 在形成新知识的过程中，有学习方法的选择、使用，有对学习方法的体会、情感，学生有体会策略的条件和机会. 解答蕴涵新知识的问题时，学生一方面要调用相关的旧知识和已有的经验、方法，另一方面还要利用相应的数学思想和数学活动把相关知识组织起来，才能由此及彼，构建新的数学认识. 可以说，几乎所有数学知识的教学都离不开两大要素：知识经验、策略智慧. 例如，一年级(上册)

“9＋4＝13”，这是第一次教学一位数加一位数的进位加法，相关的知识是得数是10的加法，10加几得十几，解决问题的策略是转化，把9＋4转化成10＋3. 教材编排图文并茂的“豆荚”，力图使学生能感受和体会由新向旧、由难向易的转化过程. 再如，列举策略的学习，在第一学段教材里，也曾经有渗透，如三年级（下册）“长方形和正方形的面积”中由同桌合作，用16个1平方厘米的正方形摆成长方形或正方形，把每次摆的情况（长、宽、周长、面积）填在表格里. 因此，在日常教学中教材设计“解决问题”的方式组织教学数学内容，适当注意策略的培养（不是片面强调），使数学教学变得更加“深厚”（学生不仅掌握具体的数学知识，而且体会内在的思想方法），可以为集中的策略教学积累丰富的感性认识.

二、在经历从感性到理性的认识过程中提炼策略

解决问题策略是在学生已有的知识、经验和方法的基础上进行教学的，这些教学资源不仅是在课程里学到的，还有的是在日常生活中积累的. 学生如果没有这些资源，没有解决问题的原始办法，学习策略就会很困难. 所以教材在集中教学一个策略时，往往通过情境的创设，让学生联系自己的经验，在问题情境里激活相关的方法解决问题，然后通过例题给学生留出的操作、填表、思考等空间，加强对策略的感悟，再通过提问，引导学生对解决问题的过程进行比较理性的思考：“是什么方法?”“为什么用这种方法?”“怎样用好方法?”对这一过程的再认和反思，将理性认识提升到感性认识，帮助学生逐渐形成自己解决问题的策略.

三、在灵活使用策略解决“同质”问题的过程中巩固策略

一般情况下，教材编排每一个策略教学的例2（以及例3）都是在例1的基础上，以初步感受的策略为解决问题的上位观念，组织学生使用有关方法解决问题，进一步完善方法，继续感悟形成策略的过程. 练习里配置的一些实际问题，题材宽、题型多，要求学生仍然把解决问题的策略作为上位观念，灵活使用相关的方法解决问题，进而巩固策略，体会策略的应用价值，提升策略的运用水平.

可以看出，教学解决问题的策略，教材基本按照“初步感受（例1）→再次感悟（例2）→反复体验（练习）”这一框架，通过“提取方法→使用方法→活用方法”的系列活动，让学会和应用方法成为形成策略的前提，感受和体会方法里的数学思想则作为形成策略的关键. 详见表10-4.

表 10-4　“解决问题的策略”知识结构表

教学内容	数学思想	知识结构		
		提取方法 初步感受	使用方法 再次感悟	活用方法 反复体验
四上 列表策略	整理信息 对象分类	例 1 结合解答归一问题教学列表整理	例 2 解答类似求两数之和(差)的实际问题	结合前两次的教学进行策略的体验
四下 画图策略	数形结合	例 1 用画直观示意图的方法解决有关面积计算的实际问题	例 2 用画线段图的方法解决有关行程计算的实际问题	在“想想做做”中结合其他策略解决稍复杂的三步计算的实际问题
五上 枚举策略	有序思考 分类思想	例 1 有序列举解决王大叔围羊圈的问题，例 2 分类列举解决订书的问题	例 3 灵活选择不同的形式开展部分列举，解决订房间问题	在“练习十一”解决新颖而有趣的问题中，突出策略的应用
五下 倒推策略	可逆思维	例 1、例 2 通过操作性强、过程清晰的问题情境，借助直观图，理解并掌握倒推策略	在“练习十六”中，通过变化问题素材和表述方式，领悟倒推策略的意义及其应用特点	综合列表、画图等策略，在多次运用策略中体会倒推策略的灵活性和创新性
六上 替换策略 假设策略	等量代换 极限思想	例 1 通过大杯小杯的互换，体会用等量代换的方法实现问题的简单化	例 2 通过解决类似的“鸡兔同笼”问题，用假设的方法实现问题的简单化	在“练习十七”中进一步体会用策略解决问题的方法和步骤，提升运用水平和能力
六下 转化策略	化归思想	例 1 回顾体验转化策略在图形变化中的运用	例 2 运用转化策略解决有关分数的实际问题	结合前两次的教学，通过富有挑战性问题的解决，提升运用策略解决问题的能力

第 4 节　小学数学中解决问题策略的教学指要

苏教版义务教育课程实验教科书从四年级开始，以单元的形式增设“解决问题的策略”教学内容，这是苏教版数学教材的创新.《标准(2011)》在“解决问题”的课程目标中对“解决问题的策略”教学提出了明确要求：形成解决问题的一些基本策略，体验解决问题策略的多样性.为了将“解决问题的策略”教学目标落到实处，必须先解决：如何帮助学生形成解决问题的一些基本策略，并体验解决问题策略的多样性？解决问题策略的教学过程中有许多成功经验，也有许多迷茫，偏颇之处，不能不引起我们的反思和讨论.

一、解决问题的策略教学不等同于“解决具体的问题”

因为任何“解决问题的策略”的教学都会涉及“具体地解决问题”或“解决具体的问题”，因此，“解决问题的策略”的教学设计是以解决“具体的问题”还是以把握“解决(具体)问题的策略”为教学重点乃至教学目标，是进行“解决问题的策略”教学设计必须首先思考而且需要做出决定的一个核心问题.

不可否认，任何“解决问题”，包括小学数学中的“数与代数”“空间与图形”和“统计与概率”等领域中的“解决问题”，以及“实践与综合应用”等都会涉及“解决问题的策略”的选择与运用.但是，之所以把“解决问题的策略”提炼出来，并专门作为一个相对独立的单元或主题来设计课程并安排教材内容，是自有其独到见地的——那就是，在积累一定范围和数量的解决(数学)问题的经验的基础之上，通过抽象与概括、分析与综合等方法来对“解决问题”中所涉及的策略性知识与方法及其所蕴涵的基本数学思想与方法，进行提炼与整理，是提高解决问题的能力、发展实践能力和创新精神的有效途径与方法.所以，在“问题解决的策略”的教学设计中，应该以“解决问题的策略”而不是“解决问题”为教学重点乃至教学目标，应该以挖掘“解决问题的策略”所蕴涵的基本数学思想或方法为核心或关键问题，并始终围绕着这个核心或关键问题来展开教学设计，不能脱离.因此，那种在教学设计中把教学重点乃至教学目标设定为“问题解决”的思想是有所偏离的，而那种在教学设计中只关注“解决问题”方法的多样性、却唯独不考虑一般性的策略及其所蕴涵的基本数学思想或方法的设计思路，也是有所偏离的.

二、策略的运用不是来自教师的指令，而是来自学生解决问题的需要

在教学列表策略的时候，有些教师课前设计好了表格，让学生根据问题提供的信息，填写表格.学生仅仅是为了填表而填表，并没有感受到填表的必要性.学生只是听从指挥，老师叫怎么做我就怎么做.教师仅是“事后诸葛亮”地指出，这种方法就是列表的策略.例如，在四年级下册“画图”策略的教学中，教师出示例题：梅山小学有一块长方形花圃，长8米，在修建校园时，花圃的长增加了3米，这样花圃的面积就增加了18平方米，求花圃的面积是多少平方米.面对这样抽象的文字题，有的教师为了节省时间就直接让学生根据题目提供的信息，要求学生画出示意图.这样学生仅仅根据教师的指示,为了解题而画图,并没有真正产生画图的需要,也没有弄明白为什么要画图,更不知道画图有什么好处.如果能够引导学生进行合理的想象,想一想假如这个花圃就在我们学校的某个位置,这个长方形是怎样变化的.通过想象,让学生在自己的头脑中对这个长方形产生一个模糊图形.教师随时询问学生想象出来了没有?学生说已经能够想象到了.这时教师可以暗示学生能够用什么方法让你所想象到的图形更清楚地展现出来呢?这样就会产生画图的需要,画图的策略也就顺势而生.

心理学理论告诉我们,行为的动力来自动机,动机的发生源于需要.在学习过程中,学生对所学的知识能够有深刻的体验,真正理解,并牢固记忆在脑海中,必须根源于学习和解决问题的需要.由于策略是来自解决问题的需要,所以就会对策略产生一种迫切的需要,这种需要的心理状态能够激发学生"绞尽脑汁"地去探索解决问题的策略.因此,教师在策略教学过程中,应该创设相应的教学情境,让策略来自学生解决问题的需要,这样才能让学生对策略的价值加深体验.

三、策略的运用不是单一的,而是综合的

在课堂教学中,有些教师只是根据各个单元教学要掌握的指定策略进行教学,仅仅关注教材主讲的策略,忽视策略的综合使用.但许多问题都具有多面性,从不同角度去分析就有不同的结果,可以采用不同的策略去解决;还有一些问题具有复杂性,需要综合应用几种策略才能顺利解决.另外,在应用策略的过程中也会出现使用这种策略的同时,另一种策略也伴随出现.例如,四年级下册教学画图策略时,出示如下问题:小明家和小芳家都在学校南边,他们同时从家里出发走向学校,速度分别是每分钟走 70 米和每分钟走 60 米,经过 4 分钟两人在校门口相遇.他们两家相距多少米?按照一般思路,行程问题都是通过画示意图来分析解决,所以可以应用画图的策略.另外也可以列表,把题目中的信息整理成表格的形式(表 10-5):

表 10-5

小明从家到学校	每分钟走 70 米	走了 4 分钟
小芳从家到学校	每分钟走 60 米	走了 4 分钟

从中我们就知道该问题既可以应用画图的策略去解决,也可以用列表的策略去分析.

又如,五年级上册教学列举策略时,有这样一道题目:王大叔用 18 根 1 米长的栅栏围成一个长方形羊圈,有多少种不同的围法?该问题就是借助列表来完

成一一列举. 首先计算出长方形的长与宽的和是 9 米,然后填写下面的表格:

表 10-6

长方形的长/米	8	7	6	5
长方形的宽/米	1	2	3	4

有一些问题在运用一一列举的方法之前必须通过假设才能列举出来. 例如,五年级下册的练习题:方方有 5 元和 2 元两种人民币若干张. 他要拿 37 元,有多少种不同的拿法? 在列举之前首先要假设 5 元的要拿多少张,2 元的又可以拿多少张. 把假设合理的结果都列举出来,问题才可以解决. 在解决该问题的过程中,假设策略与列举策略同时运用. 因此,教师在教学过程中,一定要注意策略的综合使用,不能只关注策略的独立性.

四、关注策略掌握的同时不能忽视数学思想的提升

在"解决问题的策略"教学过程中,有些教师把精力都花在如何引导学生探究、选择策略,怎样应用策略,忽视了数学思想的培养. 甚至有的教师认为,策略教学只是一种知识性的教学,没有意识到将策略的理解和掌握提升为数学思想的重要性. 有些教师在课前尽管做了充分的准备,精心设计课堂教学,但是由于没有很好地理解"解决问题的策略"所蕴涵的基本数学思想与方法,而在教学中错把一个策略中的部分当成了该策略本身. 譬如,在"替换"教学中,有教师在导入时(也有在总结时)以"曹冲称象"为例,来说明"替换"策略的含义或运用,注重的是引导学生怎样进行等量替换,让学生学会替换的技能,至于为什么这样替换,却一带而过或不加分析,更没有把解决问题的经历、应用策略的技巧进行反思和体验,进而提升为数学思想. 我们认为,在解决问题的过程中,策略的形成可以发展为数学思想,也只有形成数学思想才能巩固策略的发展. 仍以"替换"教学为例,事实上,在导入与总结时运用"曹冲称象"是不同的教学设计. 引入时应着重引导学生分析其间所蕴涵的不变量("船的刻痕""船的吃水深度""船的载重量"),以及等量代换关系(大象的重量=船的载重量=石块的重量);而在总结时应放手让学生自主分析其间所蕴涵的"不变量"与"等量关系",这样不仅可以培养与发展学生的数学思想,而且还可以判断教师教学效果的好坏或效率的高低,诊断教学中可能存在的问题,进行自我评价,改善教学设计,提高教学质量.

教学中要培养数学思想已经提出多年,但是真正的数学思想体现在哪里? 很多教师自己也弄不清楚. 另外,数学思想的培养也不是立竿见影的,必须通过长期的潜移默化,逐渐渗透才能形成. 在解决问题的策略中,列表、列举策略蕴涵着分类思想,画图策略蕴涵着数形结合的思想,倒推策略体现了逆向思维过程,蕴涵着互逆思想，替换策略体现的是等量思想或者不变量思想，假设策略蕴涵着逼近思想，转化策略体现了化归思想等.学生在学习过程中，是否掌握了解决问题的策略，是可以检验出来的，但是是否形成了数学思想是比较难发现的，也可以说数学思想只能意会，不能言传.在教学过程中，要培养学生的数学思想只能靠教师的自觉行为和下意识行为，引导学生去感悟，培养相应的意识和观念.

解决问题的策略是课程改革的一个亮点，是数学知识综合应用的一个新领域、新形式.教师在教学实践过程中出现一些问题，存在一些误差是难免的，只要我们大胆面对，正确分析，理性应对，这些问题是完全可以解决的.

思　考　题

1. 一位学者逝世时的年龄是他出身年份的$\frac{1}{30}$，如果这位学者在1931年主持过一次学术研讨会，求他当时的年龄.

2. $\frac{a}{3}$，$\frac{b}{4}$，$\frac{c}{6}$是三个最简真分数，如果这三个分数的分子都加上c，则三个分数的和为6，求这三个真分数.

3. 一个人骑自行车从甲地到乙地，如果每小时行10千米，则下午1时到达；如果每小时行15千米，则上午11时到达.现在要求中午12时到达，他每小时要行多少千米？

4. 甲、乙两个冷藏库一共存肉量92吨，若从甲库运出28吨后，乙库存肉量比甲库存肉量的4倍少6吨.原来甲、乙两个冷藏库分别存肉多少吨？

5. 有蜘蛛、蜻蜓和蝉三种动物共18头，腿118条，翅膀20对.三种动物各几只？（蜘蛛、蜻蜓和蝉的腿条数分别为8，6，6，翅膀对数分别为0，2，1）

6. 甲、乙两人进行射击比赛，约定每中一发子弹得20分，脱靶一发扣12分.现两人各射击10发子弹，一共得了208分，其中甲比乙多得64分.甲、乙两人各中了几发子弹？

7. 一筐桃子，第一次取出总数的一半多一个，第二次取出余下的一半多一个，第三次取出第二次取出后余下的一半多一个，这时筐里还剩一个，原来筐里有多少个桃子？

8. 有甲、乙、丙三个油桶，各盛油若干千克，先将甲桶油倒入乙、丙两桶，使得乙、丙两桶油各增加一倍，再将乙桶油倒入甲、丙两桶，使得甲、丙两桶油各增加一倍，最后将丙桶油倒入甲、乙两桶，使得甲、乙两桶油各增加一倍，此时各桶里的油均为 16 千克. 甲、乙、丙三个油桶原来各有油多少千克?

9. 一家电器商场的一种彩电按原价销售,每台获利 180 元. 现在降价销售,降价后彩电销量增加了一倍,所获得的利润与降价前获得的利润之比是 3∶2,每台彩电降价多少元?

10. 桌上放着 15 枚硬币,两个游戏者(你和你的一位同学)轮流取走若干枚. 规则是每人每次至少取 1 枚,至多取 5 枚,谁拿到最后一枚谁就赢得全部 15 枚硬币. 有没有能保证你赢的办法呢?

参考文献

[1] 中华人民共和国教育部. 全日制义务教育数学课程标准(2011 版)[M]. 北京:北京师范大学出版社,2012.

[2] 张奠宙,等. 小学数学研究[M]. 北京:高等教育出版社,2010.

[3] 叶立军. 初等数学研究[M]. 上海:华东师范大学出版社,2008.

[4] 纪志刚. 从记数法到复数域: 数系理论的历史发展[J]. 上海交通大学学报:哲学社会科学版, 2003,6: 42—47.

[5] 张文俊. 数学欣赏[M]. 北京:科学出版社,2011.

[6] 人民教育出版社小学数学室. 小学数学教材教法(第一册)[M]. 北京:人民教育出版社,2001.

[7] 梅向明. 初等数论[M]. 北京:北京师范大学出版社,1988.

[8] 潘承彪. 初等数论[M]. 2 版. 北京:北京大学出版社,2002.

[9] 谈祥柏. 万古长空,一朝风月——关于 7 的整除性[J]. 自然杂志,2006,28(2):110—113.

[10] 盛大启,董振民,余茂錇. 数的整除中若干概念的教学小议[J]. 江苏教育,1982(3): 21—33.

[11] 吴亚萍. 帮助学生建立起线、面、体三维的概念——长度、面积、体积概念的结构教学初探[J]. 小学数学教师,2008,11: 16.

[12] 余炯沛. 多边形面积的公理化定义[J]. 数学通报,1990,29(5): 34—38.

[13] 金成梁. 小学数学疑难问题研究[M]. 南京:江苏教育出版社,2010.

[14] COMP. 数学的原理与实践[M]. 申大维,等,译. 北京:高等教育出版社,1998.

[15] 中华人民共和国教育部. 全日制义务教育数学课程标准(实验稿)[M]. 北京:北京师范大学出版社,2001.

[16] 全美数学教师理事会. 美国学校数学课程与评价标准[M]. 人民教育出版社数学室,译. 北京:人民教育出版社,1994.

[17] 朱德祥,朱维宗.初等几何研究[M].北京:高等教育出版社,2003.

[18] 刘兼,孙晓天.全日制义务教育数学课程标准解读[M].北京:北京师范大学出版社,2002.

[19] 中华人民共和国教育部.全日制义务教育数学课程标准(修订稿)[M].北京:北京师范大学出版社,2001.

[20] 孙杰远.信息技术与课程整合[M].北京:北京大学出版社,2002.

[21] 徐斌艳.数学课程与教学论[M].杭州:浙江教育出版社,2003.

[22] 杨庆余.小学数学课程与教学[M].北京:高等教育出版社,2004.

[23] 皮亚杰.发生认识论原理[M].北京:商务印书馆,1970.

[24] 初中义务教育课程标准实验教科书数学八年级(上册)[M].北京:人民教育出版社,2008.

[25] 普通高中课程标准实验教科书数学必修一[M].北京:人民教育出版社, 2009.

[26] 钱珮玲,邵光华.数学思想方法与中学数学[M].北京:北京师范大学出版社,1999.

[27] 同济大学应用数学系.高等数学(上册)[M].北京:高等教育出版社,2009.

[28] 李长明,周焕山.初等数学研究[M].北京:高等教育出版社,1995.

[29] 李金昌,程开明.逻辑视角下统计方法的或然性思想[J].统计与信息论坛,2008,3: 5—9.

[30] 唐文祥.浅谈随机思想的形成教学[J].延安职业技术学院学报,2009,23(6): 38—39,56.

[31] 魏孝章,姜根明.概率统计中的数学思想[J].陕西教育学院学报,2003,19(1): 67—69.

[32] 曹宝.略谈概率统计课的育人价值[J].中学数学(上半月),2008(3): 1—3.

[33] 王胜青.概率统计在信息社会中的教育价值[J].甘肃高师学报,2008(2): 82—84.

[34] 张丹.让学生“亲近”数据——“数据分析观念”的内涵及教学[J].小学数学教师, 2009(1): 18.

[35] 张奠宙.小学数学教材中概率统计内容述评[J].小学数学教师,2009(1): 1.

[36] 沈百军.警惕统计教学中人文关怀的缺失——对数据真实性的呼唤

[J]. 教学月刊(小学版),2004,1：18—19.

[37] 张景中. 数学与哲学[M]. 北京：中国少年儿童出版社,2003.

[38] 张景中. 漫话数学[M]. 北京：中国少年儿童出版社,2003.

[39] 龚昇. 从刘徽割圆谈起[M]. 北京：科学出版社,2002.

[40] 明清河. 数学分析的思想与方法[M]. 济南:山东大学出版社,2006.

[41] 王晓硕. 极限概念发展的几个历史阶段[J]. 高等数学研究,2001,4(3)：40—43.

[42] 王柄中,孙庆娟. 极限概念教学探索[J]. 内江师范学院学报,2011(2)：78—80.

[43] 叶林. 极限思想的发展与微积分的建立[J]. 内蒙古民族大学学报(自然科学版),2008(4)：465—468.

[44] 吴振英, 陈湛本. 论极限的思想方法[J]. 广州大学学报(自然科学版),2003,2(5)：410—413.

[45] 王延强. 浅谈“鸡兔同笼”问题的数学建模[J]. 山东教育,2011(C1)：71—72.

[46] 郑毓信. 数学教育哲学[M]. 成都:四川教育出版社,1995.

[47] 袁黎霞,郑学良. 数学建模与数学教学改革[J]. 台州学院学报,2005,27(3)：86—88.

[48] 陈金梅,蔡惠萍. 数学建模与数学教育[J]. 河北广播电视大学学报,2008(3)：67—69.

[49] 姜启源. 数学模型[M]. 北京:高等教育出版社,1993.

[50] 刘来福,曾文艺. 数学模型与数学建模[M]. 北京:北京师范大学出版社,2002.

[51] 许卫兵. 磨・模・魔——小学数学教学中渗透模型思想的思考[J]. 课程・教材・教法,2012(1)：89—94.

[52] 金成梁. 小学数学竞赛教程[M]. 徐州:中国矿业大学出版社,1993.

[53] 郑毓信. 问题解决与数学教育[M]. 南京:江苏教育出版社,1993.

[54] 陈立群. 数学教学中的知识、方法与思想[J]. 人民教育,2010(1)：34—36.

[55] 马云鹏. 小学数学教学论[M]. 北京:人民教育出版社,2006.

[56] 黄希庭. 心理学导论[M]. 北京:人民教育出版社,1991.

[57] 张天孝. 小学数学应用题教学[M]. 北京:科学出版社,1993.

[58] [匈]路莎・彼得(Rozar Peter),等. 无穷的玩艺[M]. 朱梧槚,袁相碗,

郑毓信,等,译.大连:大连理工大学出版社,2008.

[59] 叶传意."解决问题的策略"的教学策略[J].福建教育(小学版),2010(11):51—52.

[60] 朱春雷.一策为主、多策并举地学习解决问题的策略[J].小学教学研究,2009,11:10.

[61] 於红中.关注问题解决,重视策略渗透[J].小学教学研究(教师版),2010(6):31—32.

[62] 贲友林.结果与过程——关于落实"解决问题的策略"教学目标的思考[J].福建教育(小学版),2008(7):40.

[63] 王文英.把握内涵准确定位——"解决问题的策略:倒过来推想"的教学思考[J].河北教育(教学版),2009(10):29—31.

[64] 汪远珍.教学策略的预设——以《解决问题的策略》教学设计为例[J].陕西教育,2009(7):58.